2021年
改正対応

自治体のための

解説

［改訂版］

個人情報保護制度

―個人情報保護法から各分野の特別法まで―

LEGISLATION FOR THE PROTECTION OF PERSONAL INFORMATION

東京大学名誉教授

宇賀克也

［著］

第一法規

改訂版発行にあたって

　本書の初版を2018年6月に刊行後、本書で解説した法制度について大きな改正がなされた。

　すなわち、我が国には、個人情報保護の基本法としての性格と民間部門の個人情報保護の一般法としての性格を併有した個人情報保護法とは別に、公的部門の個人情報保護の一般法である行政機関個人情報保護法、独立行政法人等個人情報保護法が存在したが、「デジタル社会の形成を図るための関係法律の整備に関する法律」（令和3年法律第37号）による改正で、行政機関個人情報保護法、独立行政法人等個人情報保護法は廃止され、その内容は、修正を受けた上で、個人情報保護法5章に統合されることになった。また、我が国では、地方公共団体及び地方独立行政法人が保有する個人情報の保護は、各地方公共団体の個人情報保護条例で行うという分権的個人情報保護法制を採用していたが、同改正により、これらの個人情報についても、基本的に個人情報保護法5章の規定が適用されることになった。そこで、本書の第1部を大幅に改訂して、個人情報保護法5章の規定を解説した上で、地方公共団体が独自に対策を講ずることが望ましい論点について述べることとした。

　本書の第2部では、地方公共団体にとって重要な個人情報保護に関する特別法の解説を行っているが、そこで取り上げた法律についても、本書の初版刊行後、重要な法改正が行われた。

　マイナンバー（番号）法については、とりわけ重要なのは、戸籍関係情報を同法に基づく情報連携の対象にする「戸籍法の一部を改正する法律」（令和元年法律第17号）による改正である。災害対策基本法については、「災害対策基本法等の一部を改正する法律」（令和3年法律第30号）による改正で、避難行動要支援者のための個別避難計画の作成の努力義務が市区町村長に課された。また、統計法については、学術研究目的での調査票情報の利活用を可能にすること、公的統計の作成に当たって官民の保有する

i

既存データを積極的に活用すること、統計の司令塔機能を強化することを
三本柱とする「統計法及び独立行政法人統計センター法の一部を改正する
法律」（平成30年法律第34号）による改正が行われた。今回の改訂では、
このような法改正を踏まえて、加筆修正を行った。

　次世代医療基盤法については、2021年12月から次世代医療基盤法検討
ワーキンググループで見直しの議論が開始され、2022年6月にその「中間
とりまとめ」が公表された。そこで、その内容についての加筆を行った。

　今回の改訂に当たっても、第一法規の小川優子氏に大変お世話になっ
た。ここに記して厚くお礼申し上げたい。

　2022年11月

宇 賀 克 也

は し が き

　自治体業務の遂行においては、住民の個人情報を取り扱うことが多い。個人情報保護条例を所管する部局に配属されなくても、個人情報保護についての知識は、自治体職員にとって極めて重要である。全ての自治体職員が、個人情報保護についての基本知識を身に着けておくことが不可欠である。そこで、本書において、自治体業務に係る個人情報保護の問題について解説することとした。

　第1部においては、「行政機関の保有する個人情報の保護に関する法律」（行政機関個人情報保護法）について解説している。すでに、全ての都道府県、市区町村において個人情報保護条例が制定されているが、個人情報保護条例は、おおむね同法に準拠しているので、同法を理解できれば、個人情報保護条例を理解することも困難ではないからである。ただし、同法における「個人情報」は死者の情報を含まないのに対し、個人情報保護条例における「個人情報」は、死者の情報も含むとされていることが多いこと、個人情報保護条例には、同法にはない本人収集原則が定められていることが多いこと、個人情報保護条例には、個人情報の目的外利用・提供について、同法にはない審議会諮問条項が置かれていることが多いこと、同法は個人情報ファイル簿について定めているが、個人情報保護条例には、個人情報ファイル簿ではなく個人情報取扱事務取扱簿について定めている例が多いことなど、同法と異なる内容が個人情報保護条例に定められている場合もある。したがって、自治体職員は、同法を理解すると同時に、自分の勤務する自治体の個人情報保護条例に、同法と異なる部分がないかを確認しておく必要がある。

　第2部においては、個人情報保護に係る特別法について解説している。第1章では、「行政手続における特定の個人を識別するための番号の利用等に関する法律」（番号［マイナンバー］法）について説明している。自治体において、個人番号に関係する部局は少なくないし、政府は、個人番号

の利用範囲を拡大する方針であるので、自治体にとって同法の理解は、ますます重要になると思われる。第2章では、防災行政における個人情報の利用と保護について述べている。避難行動要支援者であるという情報は機微な個人情報であるが、他方で、避難行動支援のために利用する必要のある個人情報でもある。災害対策基本法が、両者の要請をいかに調和させているかを理解することは、防災行政に携わる職員にとって必須といえる。第3章では、医療分野の研究開発に資するための匿名加工医療情報に関する法律（次世代医療基盤法）について解説している。医療分野の研究開発のためには、患者の情報を利用する必要があるが、他面において、医療に関する個人情報は、機微性が高く、その保護の必要性は大きい。次世代医療基盤法は、個人情報を保護しつつ、医療分野の研究開発を促進することを意図した法律であるが、自治体は、医療情報取扱事業者であり、また、匿名加工医療情報取扱事業者ともなりうるので、同法を理解する必要がある。第4章では、住民基本台帳の一部の写しの閲覧や、住民票の写しの交付について、住民基本台帳法が、どのような改正を経て今日に至っているかについて解説している。逗子市ストーカー殺人事件のような不幸な事件を二度と起こさないためにも、住民基本台帳行政における個人情報保護についての理解を自治体職員の間で徹底させる必要がある。第5章では、公職選挙法が定める選挙人名簿抄本の閲覧制度における個人情報保護について論じている。第6章では、戸籍法における個人情報保護について論じている。戸籍の閲覧制度は全面的に廃止されているが、戸籍の謄抄本の交付制度については、2007年の同法改正により、個人情報保護の観点から大幅な制限がなされた。しかし、なお第三者請求の制度が存在しているため、戸籍事務に携わる職員には、個人情報保護についての十分な理解が欠かせない。住民票の写しや戸籍の謄抄本の交付請求による個人情報保護の問題に対応するため、本人通知制度を設ける自治体が増加しつつあり、これについても解説している。第7章では、地理空間情報の利用と保護の調整の問題について論じている。地理空間情報活用推進基本法は、自治体に対し

て、地理空間情報の活用の推進に関する施策を策定し、及び実施する責務を課しているが、他方で、個人情報保護のための適正な取扱いの確保を講ずる責務も課している。地理空間情報に係る個人情報保護も、自治体職員にとって重要である。第8章では、統計法における個人情報の利用と保護の要請の調和がいかに図られているかについて論じている。

本書が、自治体職員の個人情報保護の理解を向上させることに寄与できれば幸いである。末筆ながら、本書の出版を勧め、編集上の助言をいただいた第一法規の小川優子、達川俊平の両氏に謝意を表したい。

2018年4月

宇 賀 克 也

2021年改正対応　自治体のための解説　個人情報保護制度　改訂版
—個人情報保護法から各分野の特別法まで

目　　次

凡　例

1．法令

・法令の引用表記においては以下の略語を用いた。

〔法令略語〕

個人情報保護法	個人情報の保護に関する法律
行政機関個人情報保護法	行政機関の保有する個人情報の保護に関する法律
独立行政法人等個人情報保護法	独立行政法人等の保有する個人情報の保護に関する法律
行政機関情報公開法	行政機関の保有する情報の公開に関する法律
デジタル手続法	情報通信技術を活用した行政の推進等に関する法律
マイナンバー（番号）法	行政手続における特定の個人を識別するための番号の利用等に関する法律

2．文献

・文献の引用表記においては以下の略語を用いた。

〔文献略語〕

宇賀・新・個人情報保護法逐条	宇賀克也『新・個人情報保護法の逐条解説』（有斐閣、2022年）
宇賀・マイナンバー法逐条	宇賀克也『マイナンバー法の逐条解説』（有斐閣、2022年）
宇賀・情報公開逐条	宇賀克也『新・情報公開法の逐条解説〔第8版〕』（有斐閣、2018年）
宇賀・情報公開・個人情報保護	宇賀克也『情報公開・個人情報保護』（有斐閣、2013年）
宇賀・個人情報保護の理論と実務	宇賀克也『個人情報保護の理論と実務』（有斐閣、2009年）

宇賀・個人情報保護法制	宇賀克也『個人情報保護法制』（有斐閣、2019年）
宇賀・個人情報の保護と利用	宇賀克也『個人情報の保護と利用』（有斐閣、2019年）
宇賀・情報公開・オープンデータ・公文書管理	宇賀克也『情報公開・オープンデータ・公文書管理』（有斐閣、2019年）
宇賀・マイナンバー法と情報セキュリティ	宇賀克也『マイナンバー法と情報セキュリティ』（有斐閣、2020年）
宇賀・情報公開法	宇賀克也『情報公開法──アメリカの制度と運用』（日本評論社、2004年）
宇賀＝水町＝梅田・番号法解説［実務編］	宇賀克也・水町雅子・梅田健史『施行令完全対応　自治体職員のための番号法解説［実務編］』（第一法規、2014年）
宇賀監修・高野ほか・番号法解説［実例編］	宇賀克也監修＝高野祥一・苅田元洋・富山由衣・上村友和・白戸謙一『完全対応　自治体職員のための番号法解説［実例編］』（第一法規、2015年）
宇賀監修＝水町・特定個人情報保護評価	宇賀克也監修＝水町雅子『完全対応　特定個人情報保護評価のための番号法解説』（第一法規、2015年）
宇賀＝鈴木・災害弱者の救援計画	宇賀克也＝鈴木庸夫監修『災害弱者の救援計画とプライバシー保護』（地域科学研究会、2007年）
宇賀・大量閲覧防止	宇賀克也監修『大量閲覧防止の情報セキュリティ』（地域科学研究会、2006年）
宇賀・オンライン化3法	宇賀克也『行政手続オンライン化3法』（第一法規、2003年）
宇賀・行政法概説Ⅰ	宇賀克也『行政法概説Ⅰ〔第7版〕』（有斐閣、2020年）

宇賀・行政法概説Ⅲ	宇賀克也『行政法概説Ⅲ〔第 5 版〕』（有斐閣、2019年）
宇賀・地方自治法概説	宇賀克也『地方自治法概説〔第 9 版〕』（有斐閣、2021年）

3．判例

・判例の引用表記においては以下の略語を用いた。

〔裁判所略語〕

最判	最高裁判所判決
○○高判	○○高等裁判所判決
○○地判	○○地方裁判所判決

〔判例出典略語〕

民集	最高裁判所民事判例集
刑集	最高裁判所刑事判例集
判時	判例時報
判タ	判例タイムズ

・判例の引用は以下の例によった。

〔判例引用例〕

最判平成28・10・18民集70巻 7 号1725頁	平成28年10月18日最高裁判所判決 最高裁判所民事判例集70巻 7 号1725頁

第1部

個人情報保護法における行政機関等に関する定め

第1章 総則

1 目的

　個人情報保護法（以下、第1部において「本法」という）は、デジタル社会の進展に伴い個人情報の利用が著しく拡大していることに鑑み、個人情報の適正な取扱いに関し、基本理念及び政府による基本方針の作成その他の個人情報の保護に関する施策の基本となる事項を定め、国及び地方公共団体の責務等を明らかにし、個人情報を取り扱う事業者及び行政機関等についてこれらの特性に応じて遵守すべき義務等を定めるとともに、個人情報保護委員会を設置することにより、行政機関等の事務及び事業の適正かつ円滑な運営を図り、並びに個人情報の適正かつ効果的な活用が新たな産業の創出並びに活力ある経済社会及び豊かな国民生活の実現に資するものであることその他の個人情報の有用性に配慮しつつ、個人の権利利益を保護することを目的とする（本法1条）。

　平成28年法律第51号による改正前の行政機関個人情報保護法の目的規定においては、「行政の適正かつ円滑な運営を図りつつ、個人の権利利益を保護することを目的とする」と定められていた。平成28年法律第51号による行政機関個人情報保護法改正で行政機関非識別加工情報制度が導入され、行政機関が保有する個人情報を非識別加工して、民間事業者による有効活用を期待することとなったため、「個人情報の有用性に配慮」することも目的に追加された。令和3年法律第37号による改正で、行政機関個人情報保護法、独立行政法人等個人情報保護法は廃止され、本法に統合された。また、地方公共団体の保有する個人情報の保護についても、基本的に本法で定めることになった。そのため、本法の目的規定は、民間部門と公的部門の双方の個人情報の保護と利用について定めることになった。本条

の「行政機関等」には、地方公共団体の機関（議会を除く）も含まれる（本法2条11項2号）。「新たな産業の創出並びに活力ある経済社会及び豊かな国民生活の実現に資するものであること」は、個人情報の有用性の例示である。「行政機関等の事務及び事業の適正かつ円滑な運営を図り……個人情報の有用性に配慮しつつ、個人の権利利益を保護することを目的とする」とは、個人の権利利益の保護を絶対視するわけではなく、行政機関等の事務及び事業の適正かつ円滑な運営や個人情報の有用性にも配慮するが、これらを対等に比較衡量するのではなく、個人の権利利益の保護を最重要視することを意味している。

2　対象機関

　本法2条8項で定義する行政機関は、(i)法律の規定に基づき内閣に置かれる機関（内閣府を除く）及び内閣の所轄の下に置かれる機関、(ii)内閣府、宮内庁並びに内閣府設置法49条1項及び2項に規定する機関（これらの機関のうち本法2条8項4号の政令で定める機関が置かれる機関にあっては、当該政令で定める機関を除く）、(iii)国家行政組織法3条2項に規定する機関（本法2条8項5号の政令で定める機関が置かれる機関にあっては、当該政令で定める機関を除く）、(iv)内閣府設置法39条及び55条並びに宮内庁法16条2項の機関並びに内閣府設置法40条及び56条（宮内庁法18条1項において準用する場合を含む）の特別の機関で、政令で定めるもの、(v)国家行政組織法8条の2の施設等機関及び同法8条の3の特別の機関で、政令で定めるもの、(vi)会計検査院である。

　(i)の「法律の規定に基づき内閣に置かれる機関（内閣府を除く）」とは、健康・医療戦略推進法20条の規定に基づく健康・医療戦略推進本部等であり、「内閣の所轄の下に置かれる機関」とは、現在は、人事院のみである。(ii)の内閣府設置法49条1項に規定する機関とは、内閣府にその外局（宇賀・行政法概説Ⅲ189頁以下）として置かれる委員会（国家公安委員会、公正取引委員会、個人情報保護委員会、カジノ管理委員会）又は庁（金融庁、

消費者庁、こども家庭庁）である。内閣府設置法49条2項に規定する機関とは、法律で国務大臣をもってその長に充てることと定められている内閣府外局の委員会（大臣委員会）に、特に必要がある場合において置かれる委員会又は庁であり、現在、唯一の大臣委員会である国家公安委員会には、委員会又は庁は置かれていない（警察庁は、国家公安委員会が管理する特別の機関（宇賀・行政法概説Ⅲ235頁）であり、国家公安委員会の外局ではない）ので、その例はない。(iii)国家行政組織法3条2項に規定する機関とは、省及びその外局の委員会又は庁であり、国家行政組織法別表第1に列記されている。(iv)の政令で定める機関は警察庁である（本法施行令3条1項）。(v)の政令で定める機関は検察庁である（同条2項）。(vi)の会計検査院は、内閣から独立した機関であるが、実務上行政機関に位置付けられているので（宇賀・行政法概説Ⅲ251頁）対象機関とされている。行政機関で対象機関に含まれていないのは内閣のみであるが、閣議決定文書等、内閣が作成する行政文書は内閣官房が保有しており、内閣官房は対象機関になっているから、内閣が作成する行政文書に記載された保有個人情報も本法の規定の適用を受けることになる。

3　個人情報

　本法における「個人情報」とは、生存する個人に関する情報であって、(i)当該情報に含まれる氏名、生年月日その他の記述等（文書、図画若しくは電磁的記録に記載され、若しくは記録され、又は音声、動作その他の方法を用いて表された一切の事項（個人識別符号を除く）により特定の個人を識別することができるもの（他の情報と容易に照合することができ、それにより特定の個人を識別することができることとなるものを含む）、(ii)個人識別符号が含まれるもの、のいずれかに該当するものをいう（本法2条1項）。

4　個人識別符号

　「個人識別符号」は、他の情報との照合を行うまでもなく、それ単独で

表 1 － 1　個人識別符号に該当するもの

特定の個人の身体の一部の特徴を電子計算機の用に供するために変換した文字、番号、記号その他の符号であって、当該特定の個人を識別することができるもの※	細胞から採取されたデオキシリボ核酸（別名DNA）を構成する塩基の配列
	顔の骨格及び皮膚の色並びに目、鼻、口その他の顔の部位の位置及び形状によって定まる容貌
	虹彩の表面の起伏により形成される線状の模様
	発声の際の声帯の振動、声門の開閉並びに声道の形状及びその変化
	歩行の際の姿勢及び両腕の動作、歩幅その他の歩行の態様
	手のひら又は手の甲若しくは指の皮下の静脈の分岐及び端点によって定まるその静脈の形状
	指紋又は掌紋という身体の特徴
個人に提供される役務の利用若しくは個人に販売される商品の購入に関し割り当てられ、又は個人に発行されるカードその他の書類に記載され、若しくは電磁的方式により記録された文字、番号、記号その他の符号であって、その利用者若しくは購入者又は発行を受ける者ごとに異なるものとなるように割り当てられ、又は記載され、若しくは記録されることにより、特定の利用者若しくは購入者又は発行を受ける者を識別することができるもの	旅券番号
	基礎年金番号
	運転免許証番号
	住民票コード
	個人番号
	被保険者証符号等

※右欄に掲げた身体の特徴のいずれかを電子計算機の用に供するために変換した文字、番号、記号その他の符号であって、特定の個人を識別するに足りるものとして個人情報保護委員会規則で定める基準に適合するもの

個人情報になり、以下の 2 種類がある。一つは、「特定の個人の身体の一部の特徴を電子計算機の用に供するために変換した文字、番号、記号その他の符号であって、当該特定の個人を識別することができるもの」であって、政令で定めるものである（本法 2 条 2 項 1 号）。具体的には、(i)細胞から採取されたデオキシリボ核酸（別名ＤＮＡ）を構成する塩基の配列、(ii)顔の骨格及び皮膚の色並びに目、鼻、口その他の顔の部位の位置及び形状によって定まる容貌、(iii)虹彩の表面の起伏により形成される線状の模様、(iv)発声の際の声帯の振動、声門の開閉並びに声道の形状及びその変化、(v)

歩行の際の姿勢及び両腕の動作、歩幅その他の歩行の態様、(vi)手のひら又は手の甲若しくは指の皮下の静脈の分岐及び端点によって定まるその静脈の形状、(vii)指紋又は掌紋という身体の特徴のいずれかを電子計算機の用に供するために変換した文字、番号、記号その他の符号であって、特定の個人を識別するに足りるものとして個人情報保護委員会規則で定める基準に適合するものである（本法施行令1条1号）。

　いま一つは、「個人に提供される役務の利用若しくは個人に販売される商品の購入に関し割り当てられ、又は個人に発行されるカードその他の書類に記載され、若しくは電磁的方式により記録された文字、番号、記号その他の符号であって、その利用者若しくは購入者又は発行を受ける者ごとに異なるものとなるように割り当てられ、又は記載され、若しくは記録されることにより、特定の利用者若しくは購入者又は発行を受ける者を識別することができるもの」であって、政令で定めるものである（本法2条2項2号）。具体的には、旅券番号、基礎年金番号、運転免許証番号、住民票コード、個人番号、被保険者証符号、在留カード番号、特別永住者証明書番号等である（本法施行令1条2～8号、本法施行規則4条）。携帯電話番号、クレジットカード番号、メールアドレス、社員証番号、各種国家資格免許番号等は、個人識別符号とされていない。

表1-2　要配慮個人情報に該当する記述として政令で定められたもの

(i)	身体障害、知的障害、精神障害（発達障害を含む）その他の個人情報保護委員会規則で定める心身の機能に障害があること
(ii)	本人に対して医師等により行われた健康診断等の結果
(iii)	健康診断等の結果に基づき、又は疾病、負傷その他の心身の変化を理由として、本人に対して医師等により心身の状態の改善のための指導又は診療若しくは調剤が行われたこと
(iv)	本人を被疑者又は被告人として、逮捕、捜索、差押え、勾留、公訴の提起その他の刑事事件に関する手続が行われたこと
(v)	本人を少年法3条1項に規定する少年又はその疑いのある者として、調査、観護の措置、審判、保護処分その他の少年の保護事件に関する手続が行われたこと

※本人の病歴又は犯罪の経歴に該当するものを除く

5　要配慮個人情報

　「要配慮個人情報」とは、本人の人種、信条、社会的身分、病歴、犯罪の経歴、犯罪により害を被った事実その他本人に対する不当な差別、偏見その他の不利益が生じないようにその取扱いに特に配慮を要するものとして政令で定める記述等が含まれる個人情報をいう（本法2条3項）。政令で定める記述等は、(ⅰ)身体障害、知的障害、精神障害（発達障害を含む）その他の個人情報保護委員会規則で定める心身の機能の障害があること、(ⅱ)本人に対して医師その他医療に関連する職務に従事する者（以下「医師等」という）により行われた疾病の予防及び早期発見のための健康診断その他の検査（以下「健康診断等」という）の結果、(ⅲ)健康診断等の結果に基づき、又は疾病、負傷その他の心身の変化を理由として、本人に対して医師等により心身の状態の改善のための指導又は診療若しくは調剤が行われたこと、(ⅳ)本人を被疑者又は被告人として、逮捕、捜索、差押え、勾留、公訴の提起その他の刑事事件に関する手続が行われたこと、(ⅴ)本人を少年法3条1項に規定する少年又はその疑いのある者として、調査、観護の措置、審判、保護処分その他の少年の保護事件に関する手続が行われたこと、のいずれかを内容とする記述等（本人の病歴又は犯罪の経歴に該当するものを除く）である（本法施行令2条）。

6　保有個人情報

　「保有個人情報」とは、行政機関等の職員（独立行政法人等及び地方独立行政法人にあっては、その役員を含む。以下同じ）が職務上作成し、又は取得した個人情報であって、当該行政機関等の職員が組織的に利用するものとして、当該行政機関等が保有しているものをいう。ただし、行政機関情報公開法2条2項に規定する行政文書、独立行政法人等情報公開法2条2項に規定する法人文書又は地方公共団体等行政文書（地方公共団体の機関又は地方独立行政法人の職員が職務上作成し、又は取得した文書、図画及び電

磁的記録であって、当該地方公共団体の機関又は地方独立行政法人の職員が組織的に用いるものとして、当該地方公共団体の機関又は地方独立行政法人が保有しているもの（行政機関情報公開法2条2項各号に掲げるものとして政令で定めるものを除く）（以下「行政文書等」という）に記録されているものに限る（本法60条1項）。

　行政機関情報公開法2条2項各号に掲げるものとは、①官報、白書、新聞、雑誌、書籍その他不特定多数の者に販売することを目的として発行されるもの、②特定歴史公文書等、③研究所、博物館、美術館、図書館その他これらに類する施設において歴史的若しくは文化的な資料又は学術研究用の資料として特別の管理がされているものである。本法60条1項の政令により地方公共団体等行政文書から除かれるものは、(i)官報、公報、白書、新聞、雑誌、書籍その他不特定多数の者に販売することを目的として発行されるもの（本法施行令16条1号）、(ii)公文書館、研究所、博物館、美術館、図書館その他これらに類する施設として地方公共団体の長が指定する施設において歴史的若しくは文化的な資料又は学術研究用の資料として特別の管理がされているものをいう（同条2項）。

7　個人情報ファイル

　「個人情報ファイル」とは、保有個人情報を含む情報の集合物であって、(i)一定の事務の目的を達成するために特定の保有個人情報を電子計算機を用いて検索することができるように体系的に構成したもの（電算処理ファイル）、(ii)電算処理ファイルのほか、一定の事務の目的を達成するために氏名、生年月日、その他の記述等により特定の保有個人情報を容易に検索することができるように体系的に構成したもの（マニュアル処理ファイル）をいう（本法60条2項）。

8　本人

　個人情報について「本人」とは、個人情報によって識別される特定の個

人をいう（本法2条4項）。

9　匿名加工情報

　「匿名加工情報」とは、個人情報を特定の個人が識別できず、かつ、特定の個人情報を復元できないように加工して得られる情報である。加工の方法は、個人識別符号を含まない個人情報にあっては、当該個人情報に含まれる記述等の一部（氏名等）を削除する加工（当該一部の記述等を復元することのできる規則性を有しない方法により他の記述等に置き換えることを含む）を行い、個人識別符号を含む個人情報にあっては、当該個人情報に含まれる個人識別符号の全部を削除する加工（当該個人識別符号を復元することのできる規則性を有しない方法により他の記述等に置き換えることを含む）を行うことになる（本法2条6項）。

10　行政機関等匿名加工情報

　「行政機関等匿名加工情報」とは、以下の(ⅰ)～(ⅲ)のいずれにも該当する個人情報ファイルを構成する保有個人情報の全部又は一部を加工して得られる匿名加工情報をいうが、当該保有個人情報の一部に行政機関情報公開法5条に規定する不開示情報（同条1号に掲げる情報を除き、同条2号ただし書に規定する情報を含む）、独立行政法人等情報公開法5条に規定する不開示情報（同条1号に掲げる情報を除き、同条2号ただし書に規定する情報を含む）又は地方公共団体の情報公開条例（地方公共団体の機関又は地方独立行政法人の保有する情報の公開を請求する住民等の権利について定める地方公共団体の条例をいう。以下同じ）に規定する不開示情報（行政機関情報公開法5条に規定する不開示情報に相当するものをいう）が含まれているときは、当該不開示情報に該当する部分を除いて加工しなければならない（本法60条3項）。

　(ⅰ)個人情報ファイル簿の作成・公表義務が免除され、又は個人情報ファイル簿に掲載しないこととされる個人情報ファイルでないこと（匿名加工の対象となる保有個人情報は個人情報ファイル簿に掲載され、匿名加工の提案

を募集するので、そもそも、個人情報ファイル簿に掲載されない個人情報ファイルは対象外となる)。

(ⅱ)行政機関情報公開法3条に規定する行政機関の長、独立行政法人等情報公開法2条1項に規定する独立行政法人等、地方公共団体の機関又は地方独立行政法人に対し、当該個人情報ファイルを構成する保有個人情報が記録されている行政文書等の開示の請求があったとしたならば、これらの者が次のいずれかを行うこととなるものであること。

(イ)当該行政文書等に記録されている保有個人情報の全部又は一部を開示する旨の決定をすること(情報開示請求に対して全部不開示決定をせざるを得ない個人情報ファイルは対象外となる)。

(ロ)行政機関情報公開法13条1項若しくは2項、独立行政法人等情報公開法14条1項若しくは2項又は情報公開条例(行政機関情報公開法13条1項又は2項の規定に相当する規定を設けているものに限る)の規定により意見書提出の機会を与えること。

(ⅲ)行政機関等の事務および事業の適正かつ円滑な運営に支障のない範囲内で、当該個人情報ファイルを構成する保有個人情報を加工して匿名加工情報を作成することができるものであること(マニュアル処理ファイルは、この要件を満たさないと考えられる)。

11　行政機関等匿名加工情報ファイル

「行政機関等匿名加工情報ファイル」とは、行政機関等匿名加工情報を含む情報の集合物であって、(ⅰ)特定の行政機関等匿名加工情報を電子計算機を用いて検索することができるように体系的に構成したもの(電算処理ファイル)、(ⅱ)前記(ⅰ)に掲げるもののほか、行政機関等匿名加工情報を一定の規則に従って整理することにより特定の行政機関等匿名加工情報を容易に検索することができるように体系的に構成した情報の集合物であって、目次、索引その他検索を容易にするためのものを有するもの(マニュアル処理ファイル)である(本法60条4項、本法施行令17条)。

行政機関等における個人情報等の取扱い

第2章

1 個人情報の保有の制限等

　行政機関等は、個人情報等を保有するに当たっては、法令（条例を含む）の定める所掌事務又は業務を遂行するため必要な場合に限り、かつ、その利用の目的をできる限り特定する義務を負う（本法61条1項）。行政機関等は、特定された利用目的の達成に必要な範囲を超えて、個人情報を保有することを禁止される（同条2項）。行政機関等は、利用目的を変更する場合には、変更前の利用目的と相当の関連性を有すると合理的に認められる範囲を超えて行うことはできない（同条3項）。

2 利用目的の明示

　行政機関等は、本人から直接書面（電磁的記録を含む）に記録された当該本人の個人情報を取得するときは、原則として、事前に、本人に対し、その利用目的を明示する義務を負う。その例外が認められるのは、(i)人の生命、身体又は財産の保護のために緊急に必要があるとき、(ii)利用目的を本人に明示することにより、本人又は第三者の生命、身体、財産その他の権利利益を害するおそれがあるとき、(iii)利用目的を本人に明示することにより、国の機関、独立行政法人等、地方公共団体又は地方独立行政法人が行う事務又は事業の適正な遂行に支障を及ぼすおそれがあるとき、(iv)取得の状況からみて利用目的が明らかであると認められるときの4つの場合に限られる（本法62条）。

3 不適正な利用の禁止

　行政機関の長（本法2条8項4号及び5号の政令で定める機関にあっては、

その機関ごとに政令で定める者をいう）、地方公共団体の機関、独立行政法人等及び地方独立行政法人（以下「行政機関の長等」という）は、違法又は不当な行為を助長し、又は誘発するおそれがある方法により個人情報を利用してはならない（本法63条）。

4　適正な取得

　行政機関の長等は、偽りその他不正の手段により個人情報を取得してはならない（本法64条）。

5　正確性の確保

　行政機関の長等は、利用目的の達成に必要な範囲内で、保有個人情報が過去又は現在の事実と合致するよう努めなければならない（本法65条）。利用目的の達成に必要な範囲内で努力義務を課しているので、過去の事実を記載することが利用目的であれば、現在の事実に改訂する必要はない。

6　安全管理措置

　行政機関の長等は、保有個人情報の漏えい、滅失又は毀損の防止その他の保有個人情報の安全管理のために必要かつ適切な措置を講ずる義務を負う（本法66条1項）。①行政機関等から個人情報の取扱いの委託を受けた者が受託した業務を行う場合、②指定管理者が公の施設の管理の業務を行う場合、③本法58条1項各号に掲げる者が法令に基づき行う業務であって政令で定めるものを行う場合、④本法58条2項各号に掲げる者が同項各号に掲げる業務のうち法令に基づき行う業務であって政令で定めるものを行う場合、⑤上記①〜④に掲げる者から当該業務の委託（2以上の段階にわたる委託を含む）を受けた者が当該受託業務を行う場合にも、安全管理措置を講ずる義務を負う（本法66条2項）。

　③の「本法58条1項各号に掲げる者」とは、(i)別表第2に掲げる法人、(ii)地方独立行政法人のうち地方独立行政法人法21条1号に掲げる業務を主

たる目的とするもの又は同条2号若しくは3号（チに係る部分に限る）に掲げる業務を目的とするものである。別表第2に掲げる法人とは、沖縄科学技術大学院大学学園、国立研究開発法人、国立大学法人、大学共同利用機関法人、独立行政法人国立病院機構、独立行政法人地域医療機能推進機構、放送大学学園を意味する。これらの法人は学術研究機関等としての性格も有する。これらの法人が実施する学術研究は、民間の学術研究機関（私立大学等）による学術研究と同質のものである。また、これらの法人が実施する医療事業も、民間の医療機関が行う医療事業と異質のものではない。そのため、個人情報取扱事業者等から除かれる独立行政法人等（本法16条2項3号）から別表第2に掲げる法人は除外されている（本法2条11項3号）。しかし、心神喪失等の状態で重大な他害行為を行った者の医療及び観察等に関する法律2条4項に規定する指定入院医療機関として同法の規定に基づき行う業務（本法施行令19条1項6号）のように公権力性の高い業務を別表第2に掲げる法人が行う場合には、行政機関の長等と同等の安全管理措置を講ずべきであるため、行政機関の長等の安全管理措置に関する規定が準用されている。

　④の「58条2項各号に掲げる者」とは、㋐地方公共団体の機関、㋑独立行政法人労働者健康安全機構であり、「同項各号に掲げる業務」とは、㋐については病院及び診療所並びに大学の運営であり、㋑については病院の運営である。㋐及び㋑の機関が行う上記の業務における個人情報、仮名加工情報又は個人関連情報の取扱いについては、個人情報取扱事業者、仮名加工情報取扱事業者又は個人関連情報取扱事業者による個人情報、仮名加工情報又は個人関連情報の取扱いとみなすこととされている（本法58条2項）。しかし、これらの機関が行う当該業務の中で、心神喪失等の状態で重大な他害行為を行った者の医療及び観察等に関する法律2条4項に規定する指定入院医療機関として同法の規定に基づき行う業務（本法施行令19条2項1号）のように公権力性の高い業務については、例外的に、行政機関の長等と同等の安全管理措置を講ずべきであるため、行政機関の長等の

安全管理措置に関する規定が準用されている。行政機関等匿名加工情報、削除情報及び行政機関等匿名加工情報の作成に用いた加工の方法に該当するものについては、本法121条2項で安全管理義務が定められている。

7　従事者の義務

　個人情報の取扱いに従事する行政機関等の職員若しくは職員であった者又は、①行政機関等から個人情報の取扱いの委託を受けた者が行う当該委託を受けた業務、②指定管理者が行う公の施設の管理の業務、③本法58条1項各号に掲げる者が法令に基づき行う業務であって政令で定めるもの、④本法58条2項各号に掲げる者が行う同項各号に掲げる業務のうち法令に基づき行う業務であって政令で定めるもの、⑤上記①～④に掲げる者から当該業務の委託（2以上の段階にわたる委託を含む）を受けた者が行う当該委託を受けた業務のいずれかに従事している者若しくは従事していた者又は行政機関等において個人情報の取扱いに従事している派遣労働者若しくは従事していた派遣労働者は、その業務に関して知り得た個人情報の内容をみだりに他人に知らせ、又は不当な目的に利用することを禁止される（本法67条）。「行政機関等の職員」は、国、独立行政法人等、地方公共団体、地方独立行政法人と雇用関係にある職員であり、派遣労働者は、労働者派遣事業の事業主との雇用関係の下にあり、国、独立行政法人等、地方公共団体、地方独立行政法人に雇用されているわけではないので、「行政機関等の職員」には含まれない。個人情報保護条例においても、「実施機関の職員」には、派遣労働者は含まれないので、新宿区個人情報保護条例では、実施機関の職員、受託業務従事者等若しくは指定管理業務従事者等又はこれらであった者のみならず、派遣労働者又は派遣労働者であった者にも守秘義務を課し（同条例15条3項）、その違反に対して罰則を設けていた（同条例43条、44条）。派遣労働者又は派遣労働者であった者に係るその他の個人情報保護条例における規定例について、宇賀・個人情報保護逐条471頁を参照されたい。

8　利用及び提供の制限

（1）目的外利用・提供禁止原則とその例外

　行政機関の長等は、法令に基づく場合を除き、利用目的以外の目的のために保有個人情報を自ら利用し、又は提供してはならない（本法69条1項）。これが、目的外利用・提供禁止原則である。「利用」とは、当該行政機関等内で使用する場合であり、「提供」とは、当該行政機関等外で保有個人情報を使用させることである。この原則の例外を一切認めないと、本人に不利益を与えたり、公共の福祉を害するおそれがある。そこで、以下の場合には、例外が認められる。

　第1に、本人の同意があるとき、又は本人に提供するときである。この場合には、目的外利用・提供を認めないことにより、本人に不利益を与える場合もある。第2に、行政機関等が法令の定める所掌事務又は業務の遂行に必要な限度で保有個人情報を内部で利用する場合であって、当該保有個人情報を利用することについて相当な理由のあるときである。第3に、他の行政機関、独立行政法人等、地方公共団体の機関又は地方独立行政法人に保有個人情報を提供する場合において、保有個人情報の提供を受ける者が、法令の定める事務又は業務の遂行に必要な限度で提供に係る個人情報を利用し、かつ、当該個人情報を利用することについて相当な理由のあるときである。第4に、以上に掲げる場合のほか、専ら統計の作成又は学術研究の目的のために保有個人情報を提供するとき、本人以外の者に提供することが明らかに本人の利益になるとき、その他保有個人情報を提供することについて特別の理由のあるときである。

　第4の「特別の理由」は、第2、第3の「相当な理由」に匹敵する理由でなければならない。以上の4つの場合には、目的外利用・提供を認めることのメリットが大きいと考えられるために例外が認められているが、これらの場合であっても、保有個人情報を利用目的以外の目的のために自ら利用し、又は提供することによって、本人又は第三者の権利利益を不当に

侵害するおそれがあると認められるときは、目的外利用・提供は認められ
ない（同条2項）。なお、保有個人情報の利用又は提供を制限する他の法
令の規定がある場合には、それが特別法として優先することになる（同条
3項）。本人確認情報の受領者が目的外に本人確認情報を利用・提供する
ことを禁止した住民基本台帳法30条の29、特定個人情報の目的外利用を厳
格に制限したマイナンバー法30条1項、提供が可能な場合を制限列記した
同法19条がその例である（詳しくは、宇賀・マイナンバー法逐条122頁以下、
200頁以下参照）。

　行政機関の長等は、個人の権利利益を保護するため特に必要があると認
めるときは、保有個人情報の利用目的以外の目的のための行政機関等の内
部における利用を特定の部局若しくは機関又は職員に限るものとされてい
る（本法69条4項）。

（2）保有個人情報の提供を受ける者に対する措置要求

　行政機関の長等は、利用目的のために又は本法69条2項3号若しくは4
号の規定に基づき、保有個人情報を提供する場合において、必要があると
認めるときは、保有個人情報の提供を受ける者に対し、提供に係る個人情
報について、その利用の目的若しくは方法の制限その他必要な制限を付
し、又はその漏えいの防止その他の個人情報の適切な管理のために必要な
措置を講ずることを求めるものとされている（本法70条）。

9　外国にある第三者への提供の制限

　行政機関の長等は、外国（本邦の域外にある国又は地域をいう。以下本章
において同じ）にある第三者に利用目的以外の目的のために保有個人情報
を提供する場合には、原則として、あらかじめ外国にある第三者への提供
を認める旨の本人の同意を得なければならない。ただし、個人の権利利益
を保護する上で我が国と同等の水準にあると認められる個人情報の保護に
関する制度を有している外国として個人情報保護委員会規則で定めるもの
は、ここでいう外国から除かれる（以下同じ）。また、個人データの取扱

いについて本法4章2節に規定する個人情報取扱事業者が講ずべきとされている措置に相当する措置（以下「相当措置」という）を継続的に講ずるために必要なものとして個人情報保護委員会規則で定める基準に適合する体制を整備している者は、ここでいう第三者から除かれる。ここでいう個人情報保護委員会規則で定める基準は、(i)行政機関の長等と保有個人情報の提供を受ける者との間で、当該提供を受ける者における当該保有個人情報の取扱いについて、適切かつ合理的な方法により、本法4章2節の規定の趣旨に沿った措置の実施が確保されていること、又は(ii)保有個人情報の提供を受ける者が、個人情報の取扱いに係る国際的な枠組みに基づく認定を受けていることである（本法施行規則46条）。かかる体制を整備している者に個人データを提供する場合には、事前の本人同意は不要である。さらに、相当措置を継続的に講ずるために必要なものとして個人情報保護委員会規則で定める基準に適合する体制を整備していない者であって、外国にあるものに個人データを提供する場合においても、①法令に基づく場合、②専ら統計の作成又は学術研究の目的のために保有個人情報を提供するとき、本人以外の者に提供することが明らかに本人の利益になるとき、その他保有個人情報を提供することについて特別の理由があるときには、事前の本人同意は不要である（本法71条1項）。

　行政機関の長等は、外国にある第三者への個人データの提供について本人の同意を得ようとする場合には、個人情報保護委員会規則で定めるところにより、あらかじめ、当該外国における個人情報の保護に関する制度、当該第三者が講ずる個人情報の保護のための措置その他当該本人に参考となるべき情報を当該本人に提供しなければならない（同条2項）。この提供の方法は、電磁的記録の提供による方法、書面の交付による方法その他の適切な方法である（本法施行規則47条1項）。提供する情報は、①当該外国の名称、②適切かつ合理的な方法により得られた当該外国における個人情報の保護に関する情報、③当該第三者が講ずる個人情報の保護のための措置に関する情報である（同条2項）。行政機関の長等は、本人同意を得

ようとする時点において、当該外国の名称を特定できない場合には、当該
外国の名称及び適切かつ合理的な方法により得られた当該外国における個
人情報保護制度に関する情報に代えて、当該外国の名称を特定できない旨
及びその理由、当該外国の名称に代わる本人に参考となるべき情報がある
場合には、当該情報を提供しなければならない（同条 3 項）。また、行政
機関の長等は、本人同意を得ようとする時点において、当該第三者が講ず
る個人情報の保護のための措置に関する情報を提供できない場合には、そ
の旨及びその理由について情報提供しなければならない（同条 4 項）。

　行政機関の長等は、保有個人情報を外国にある第三者（本法71条 1 項に
規定する体制を整備している者に限る）に利用目的以外の目的のために提供
した場合には、法令に基づく場合及び本法69条 2 項 4 号に掲げる場合を除
くほか、個人情報保護委員会規則で定めるところにより、当該第三者によ
る相当措置の継続的な実施を確保するために必要な措置を講ずるととも
に、本人の求めに応じて当該必要な措置に関する情報を当該本人に提供し
なければならない（本法71条 3 項）。

　外国にある第三者による相当措置の継続的な実施を確保するために必要
な措置は、(ア)当該第三者による相当措置の実施状況並びに当該相当措置の
実施に影響を及ぼすおそれのある当該外国の制度の有無及びその内容を、
適切かつ合理的な方法により、定期的に確認すること、(イ)当該第三者によ
る相当措置の実施に支障が生じたときは、必要かつ適切な措置を講ずると
ともに、当該相当措置の継続的な実施の確保が困難となったときは、保有
個人情報の当該第三者への提供を停止することである（本法施行規則48条
1 項）。本法71条 3 項の規定により情報を提供する方法は、電磁的記録の
提供による方法、書面の交付による方法その他の適切な方法である（本法
施行規則48条 2 項）。本法71条 3 項の規定により、本人から情報提供の求め
を受けたときは、本人に対し、遅滞なく、(a)当該第三者による本法71条 1
項に規定する体制の整備の方法、(b)当該第三者が実施する相当措置の概
要、(c)本法施行規則48条 1 項 1 号の規定による確認の頻度及び方法、(d)当

該外国の名称、(e)当該第三者による相当措置の実施に影響を及ぼすおそれ
のある当該外国の制度の有無及びその概要、(f)当該第三者による相当措置
の実施に関する支障の有無及びその概要、(g)上記(f)の支障に関して本法施
行規則48条1項2号の規定により当該行政機関の長等が講ずる措置の概要
について情報提供しなければならない。ただし、情報提供することにより
当該行政機関の長等の属する行政機関等が行う事務又は事業の適正な遂行
に支障を及ぼすおそれがある場合は、その全部又は一部を提供しないこと
ができる（本法施行規則48条3項）。行政機関の長等は、本法71条3項の規
定による求めに係る情報の全部又は一部について提供しない旨の決定をし
たときは、本人に対し、遅滞なく、その旨を通知しなければならない（本
法施行規則48条4項）。その場合、行政機関の長等は、本人に対し、その理
由を説明するよう努めなければならない（同条5項）。

10　個人関連情報の提供を受ける者に対する措置要求

　行政機関の長等は、第三者に個人関連情報を提供する場合（当該第三者
が当該個人関連情報を個人情報として取得することが想定される場合に限る）
において、必要があると認めるときは、当該第三者に対し、提供に係る個
人関連情報について、その利用の目的若しくは方法の制限その他必要な制
限を付し、又はその漏えいの防止その他の個人関連情報の適切な管理のた
めに必要な措置を講ずることを求めるものとされている（本法72条）。

11　仮名加工情報の取扱いに係る義務

　行政機関の長等は、法令に基づく場合を除くほか、仮名加工情報（個人
情報であるものを除く。以下同じ）を第三者（当該仮名加工情報の取扱いの委
託を受けた者を除く）に提供してはならない（本法73条1項）。行政機関の
長等は、その取り扱う仮名加工情報の漏えいの防止その他仮名加工情報の
安全管理のために必要かつ適切な措置を講じなければならない（同条2
項）。行政機関の長等は、仮名加工情報を取り扱うに当たっては、法令に

基づく場合を除き、当該仮名加工情報の作成に用いられた個人情報に係る本人を識別するために、削除情報等（仮名加工情報の作成に用いられた個人情報から削除された記述等及び個人識別符号並びに加工の方法に関する情報をいう）を取得し、又は当該仮名加工情報を他の情報と照合してはならない（同条3項）。行政機関の長等は、仮名加工情報を取り扱うに当たっては、法令に基づく場合を除き、電話をかけ、郵便若しくは信書便により送付し、電報を送達し、ファクシミリ装置若しくは電磁的方法を用いて送信し、又は住居を訪問するために、当該仮名加工情報に含まれる連絡先その他の情報を利用してはならない（同条4項）。ここでいう電磁的方法は、①電話番号を送受信のために用いて電磁的記録を相手方の使用に係る携帯して使用する通信端末機器に送信する方法（他人に委託して行う場合を含む）、②電子メールを送信する方法（他人に委託して行う場合を含む）、③以上に定めるもののほか、その受信をする者を特定して情報を伝達するために用いられる電気通信（電気通信事業法2条1号に規定する電気通信をいう）を送信する方法（他人に委託して行う場合を含む）である（本法施行規則49条）。行政機関の長等から仮名加工情報の取扱いの委託（2以上の段階にわたる委託を含む）を受けた者が受託した業務を行う場合にも、以上の仮名加工情報の取扱いに係る義務が課されている（本法73条5項）。

第3章 個人情報ファイル

1 個人情報ファイルの保有等に関する事前通知

　行政機関（会計検査院を除く）が個人情報ファイルを保有しようとするとき、又は通知した事項を変更しようとするときは、当該行政機関の長は、あらかじめ、個人情報保護委員会に対し、(i)個人情報ファイルの名称、(ii)当該機関の名称及び個人情報ファイルが利用に供される事務をつかさどる組織の名称、(iii)個人情報ファイルの利用目的、(iv)個人情報ファイルの記録項目及び本人（他の個人の氏名、生年月日その他の記述等によらないで検索し得る者に限る）として個人情報ファイルに記録される個人の範囲（以下「記録範囲」という）、(v)個人情報ファイルに記録される個人情報（以下「記録情報」という）の収集方法、(vi)記録情報に要配慮個人情報が含まれるときは、その旨、(vii)記録情報を当該機関以外の者に経常的に提供する場合には、その提供先、(viii)記録項目の一部若しくは記録情報の収集方法若しくは経常的提供先を個人情報ファイル簿に記載しないこととするとき、又は個人情報ファイルを個人情報ファイル簿に掲載しないこととするときは、その旨、(ix)開示請求権、訂正請求権、利用停止請求権に基づく請求を受理する組織の名称及び所在地、(x)保有個人情報の訂正又は利用停止について、他の法令で特別の手続が定められている場合はその旨、(xi)個人情報ファイル保有開始の予定年月日、他の法令で訂正・利用停止の特別の手続が定められている場合の当該法令の条項、通知した事項を変更しようとするときの変更予定年月日を通知する義務を負う（本法74条1項、本法施行令20条1項、本法施行規則50条）。会計検査院について、個人情報保護委員会への事前通知義務が課されていないのは、会計検査院が内閣から独立した機関であるからである。

表1－3　個人情報ファイルを保有しようとするときに個人情報保護委員会への通知が必要となる事項

(i)	個人情報ファイルの名称
(ii)	当該機関の名称及び個人情報ファイルが利用に供される事務をつかさどる組織の名称
(iii)	個人情報ファイルの利用目的
(iv)	個人情報ファイルの記録項目及び記録範囲
(v)	記録情報の収集方法
(vi)	記録情報に要配慮個人情報が含まれるときは、その旨
(vii)	記録情報を当該機関以外の者に経常的に提供する場合には、その提供先
(viii)	記録項目の一部若しくは(v)若しくは(vii)を個人情報ファイル簿に記載しないこととするとき、又は個人情報ファイルを個人情報ファイル簿に掲載しないこととするときは、その旨
(ix)	開示請求権、訂正請求権、利用停止請求権に基づく請求を受理する組織の名称及び所在地
(x)	保有個人情報の訂正又は利用停止について、他の法令で特別の手続が定められている場合はその旨
(xi)	個人情報ファイル保有開始の予定年月日、他の法令で訂正・利用停止の特別の手続が定められている場合の当該法令の条項、通知した事項を変更しようとするときの変更予定年月日

※上記の事項について変更しようとするときも、個人情報保護委員会への通知が必要となる。

　個人情報ファイルの保有等に関する事前通知義務は、以下の個人情報ファイルについては、課されていない。すなわち、(ア)国の安全、外交上の秘密その他の国の重大な利益に関する事項を記録する個人情報ファイル、(イ)犯罪の捜査、租税に関する法律の規定に基づく犯則事件の調査又は公訴の提起若しくは維持のために作成し、又は取得する個人情報ファイル、(ウ)当該機関の職員又は職員であった者に係る個人情報ファイルであって、専らその人事、給与若しくは福利厚生に関する事項又はこれらに準ずる事項を記録するもの（当該機関が行う職員の採用試験に関する個人情報ファイルを含む）、(エ)専ら試験的な電子計算機処理の用に供するための個人情報ファイル、(オ)個人情報保護委員会への事前通知に係る個人情報ファイルに記録されている記録情報の全部又は一部を記録した個人情報ファイルであっ

て、その利用目的、記録項目及び記録範囲が当該通知に係るこれらの事項の範囲内のもの、㋕1年以内に消去することとなる記録情報のみを記録する個人情報ファイル、㋖資料その他の物品若しくは金銭の送付又は業務上必要な連絡のために利用する記録情報を記録した個人情報ファイルであって、送付又は連絡の相手方の氏名、住所その他の送付又は連絡に必要な事項のみを記録するもの、㋗職員が学術研究の用に供するためその発意に基づき作成し、又は取得する個人情報ファイルであって、記録情報を専ら当該学術研究の目的のために利用するもの、㋘本人の数が1000に満たない個人情報ファイル、㋙当該機関以外の行政機関等の職員、行政機関の職員以外の国家公務員であって行政機関若しくは行政機関の長の任命に係る者、行政機関が雇い入れる者であって国以外のもののために労務に服するもの若しくは行政機関若しくは行政機関の長から委託された事務に従事する者であって当該事務に1年以上にわたり専ら従事すべきもの又はこれらの者であった者に係る個人情報ファイルであって、専らその人事、給与若しくは福利厚生に関する事項又はこれらに準ずる事項を記録するもの（これらの者の採用又は選定のための試験に関する個人情報ファイルを含む）、㋚上記㋒又は上記㋙に規定する者の被扶養者若しくは遺族に係る個人情報ファイル、㋛上記㋒に規定する者及び上記㋙又は㋚に掲げる者を併せて記録する個人情報ファイルであって、専らその人事、給与若しくは福利厚生に関する事項又はこれらに準ずる事項を記録するもの、㋜マニュアル処理ファイルである（本法74条2項、本法施行令20条2項・3項）。

　行政機関の長は、個人情報保護委員会に通知した個人情報ファイルについて、当該行政機関がその保有をやめたとき、又はその個人情報ファイルに含まれる本人の数が1000に満たなくなったときは、遅滞なく、個人情報保護委員会に対しその旨を通知しなければならない（本法74条3項）。

2　個人情報ファイル簿の作成及び公表

　行政機関の長等は、当該行政機関が保有している個人情報ファイルにつ

いて、それぞれ(ⅰ)個人情報ファイルの名称、(ⅱ)当該機関の名称及び個人情報ファイルが利用に供される事務をつかさどる組織の名称、(ⅲ)個人情報ファイルの利用目的、(ⅳ)個人情報ファイルの記録項目及び記録範囲、(ⅴ)記録情報の収集方法、(ⅵ)記録情報に要配慮個人情報が含まれるときは、その旨、(ⅶ)記録情報を当該機関以外の者に経常的に提供する場合には、その提供先、(ⅷ)開示請求権、訂正請求権、利用停止請求権に基づく請求を受理する組織の名称及び所在地、(ⅸ)保有個人情報の訂正又は利用停止について、他の法令で特別の手続が定められている場合はその旨等を記載した帳簿（以下「個人情報ファイル簿」という）を作成し、公表しなければならない（本法75条1項）。ただし、本法74条2項1号から10号までにより個人情報ファイルの保有等に関する個人情報保護委員会への事前通知の適用除外となっている個人情報ファイル、公表に係る個人情報ファイルに記録されている記録情報の全部又は一部を記録した個人情報ファイルであって、その利用目的、記録項目及び記録範囲が当該公表に係るこれらの事項の範囲内のもの、マニュアル処理ファイルで、その利用目的及び記録範囲が、個人情報ファイル簿によってすでに公表されている電算処理ファイルの利用目的及び記録範囲の範囲内であるものについては、個人情報ファイル簿の作

表1－4　個人情報ファイル簿への記載が必要となる事項

(ⅰ)	個人情報ファイルの名称
(ⅱ)	当該機関の名称及び個人情報ファイルが利用に供される事務をつかさどる組織の名称
(ⅲ)	個人情報ファイルの利用目的
(ⅳ)	個人情報ファイルの記録項目及び記録範囲
(ⅴ)	記録情報の収集方法
(ⅵ)	記録情報に要配慮個人情報が含まれるときは、その旨
(ⅶ)	記録情報を当該機関以外の者に経常的に提供する場合には、その提供先
(ⅷ)	開示請求権、訂正請求権、利用停止請求権に基づく請求を受理する組織の名称及び所在地
(ⅸ)	保有個人情報の訂正又は利用停止について、他の法令で特別の手続が定められている場合はその旨

成・公表義務はかからない（同条 2 項、本法施行令21条 7 項）。

　さらに、行政機関の長は、記録項目の一部若しくは記録情報の収集方法若しくは経常的提供先を個人情報ファイル簿に記載し、又は個人情報ファイルを個人情報ファイル簿に掲載することにより、利用目的に係る事務又は事業の性質上、当該事務又は事業の適正な遂行に著しい支障を及ぼすおそれがあると認めるときは、その記録項目の一部若しくは事項を記載せず、又はその個人情報ファイルを個人情報ファイル簿に掲載しないことができる（本法75条 3 項）。

　地方公共団体の機関又は地方独立行政法人については、個人情報ファイル簿に記載する事項に「記録情報に条例要配慮個人情報が含まれているときは、その旨」も記載することになる（同条 4 項）。なお、地方公共団体の機関又は地方独立行政法人は、従前、個人情報ファイル簿ではなく個人情報取扱事務登録簿を作成するものが少なくなかった。住民にとっては、個人情報取扱事務単位で保有する個人情報が示される個人情報取扱事務登録簿は有用であることから、地方公共団体の機関又は地方独立行政法人が、条例で定めるところにより、個人情報ファイル簿とは別に、個人情報取扱事務登録簿のように、個人情報ファイル簿とは別の個人情報の保有の状況に関する事項を記載した帳簿を作成し、公表することを妨げるものではない（同条 5 項）。

第4章 開示、訂正及び利用停止

1 開示

（1）開示請求権

　何人も、本法の定めるところにより、行政機関の長等に対し、当該行政機関等の保有する自己を本人とする保有個人情報の開示を請求することができる（本法76条1項）。未成年者若しくは成年被後見人の法定代理人又は本人の委任による代理人は、本人に代わって開示請求をすることができる（同条2項）。

（2）開示請求の手続

　開示請求は、開示請求書を行政機関の長等に提出してしなければならず、口頭による開示請求は認められていない。開示請求書には、(i)開示請求をする者の氏名及び住所又は居所、(ii)開示請求に係る保有個人情報が記録されている行政文書等の名称その他の開示請求に係る保有個人情報を特定するに足りる事項を記載しなければならない（本法77条1項）。

　開示請求者は、開示請求に係る保有個人情報の本人であること（代理人による開示請求にあっては、開示請求に係る保有個人情報の本人の代理人であること）を示す書類を提示し、又は提出しなければならない（同条2項）。行政機関の長等は、開示請求書に形式上の不備があると認めるときは、開示請求者に対し、相当の期間を定めて、その補正を求めることができる。この場合において、行政機関の長等は、開示請求者に対し、補正の参考となる情報を提供するよう努めなければならない（同条3項）。この補正の規定は、主として、保有個人情報の特定の場合を念頭に置いている。すなわち、開示請求者は保有個人情報を特定する義務を負うが、保有個人情報が記録されている行政文書等を事前に見分することができない開示請求者

にとって、それが容易ではない場合が想定され、かかる場合、保有個人情報の不特定を理由として直ちに不開示決定をするのではなく、保有個人情報の特定に資する情報を提供して、保有個人情報の特定を援助する努力義務が行政機関の長等に課されているのである。

（3）保有個人情報の開示義務

　行政機関の長等は、開示請求があったときは、開示請求に係る保有個人情報に不開示情報のいずれかが含まれている場合を除き、開示請求者に対し、当該保有個人情報を開示しなければならない（本法78条1項）。不開示情報は、(ⅰ)開示請求者（代理人が本人に代わって開示請求をする場合にあっては、当該本人）の生命、健康、生活又は財産を害するおそれがある情報、(ⅱ)開示請求者以外の個人に関する情報（事業を営む個人の当該事業に関する情報を除く）であって、当該情報に含まれる氏名、生年月日その他の記述等により開示請求者以外の特定の個人を識別することができるもの（他の情報と照合することにより、開示請求者以外の特定の個人を識別することができることとなるものを含む）若しくは個人識別符号が含まれるもの又は開示請求者以外の特定の個人を識別することはできないが、開示することにより、なお開示請求者以外の個人の権利利益を害するおそれがあるもの。ただし、(ア)法令の規定により又は慣行として開示請求者が知ることができ、又は知ることが予定されている情報、(イ)人の生命、健康、生活又は財産を保護するため、開示することが必要であると認められる情報、(ウ)当該個人が公務員等（国家公務員法2条1項に規定する国家公務員（独立行政法人通則法2条4項に規定する行政執行法人の職員を除く）、独立行政法人等の職員、地方公務員法2条に規定する地方公務員並びに地方独立行政法人の職員をいう）である場合において、当該情報がその職務の遂行に係る情報であるときは、当該情報のうち、当該公務員等の職及び当該職務遂行の内容に係る部分を除く。(ⅲ)法人その他の団体（国、独立行政法人等、地方公共団体及び地方独立行政法人を除く。以下「法人等」という）に関する情報又は開示請求者以外の事業を営む個人の当該事業に関する情報であって、(ア)開示するこ

表1-5　不開示情報に当たる個人情報

(i)	開示請求者（代理人が本人に代わって開示請求をする場合にあっては、当該本人）の生命、健康、生活又は財産を害するおそれがある情報
(ii)	開示請求者以外の個人に関する情報（事業を営む個人の当該事業に関する情報を除く）であって、当該情報に含まれる氏名、生年月日その他の記述等により開示請求者以外の特定の個人を識別することができるもの若しくは個人識別符号が含まれるもの又は開示請求者以外の特定の個人を識別することはできないが、開示することにより、なお開示請求者以外の個人の権利利益を害するおそれがあるもの ただし、次に掲げる情報は除く。 (ア)法令の規定により又は慣行として開示請求者が知ることができ、又は知ることが予定されている情報 (イ)人の生命、健康、生活又は財産を保護するため、開示することが必要であると認められる情報 (ウ)当該個人が公務員等である場合において、当該情報がその職務の遂行に係る情報であるときは、当該情報のうち、当該公務員等の職及び当該職務遂行の内容に係る部分に掲げる情報
(iii)	法人等に関する情報又は開示請求者以外の事業を営む個人の当該事業に関する情報であって、次のいずれかに該当する情報 (ア)開示することにより、当該法人等又は当該個人の権利、競争上の地位その他正当な利益を害するおそれがあるもの (イ)行政機関等の要請を受けて、開示しないとの条件で任意に提供されたものであって、法人等又は個人における通例として開示しないこととされているものその他の当該条件を付することが当該情報の性質、当時の状況等に照らして合理的であると認められるものに当たるもの。 ※人の生命、健康、生活又は財産を保護するため、開示することが必要であると認められる情報を除く。
(iv)	開示することにより、国の安全が害されるおそれ、他国若しくは国際機関との信頼関係が損なわれるおそれ又は他国若しくは国際機関との交渉上不利益を被るおそれがあると行政機関の長が認めることにつき相当の理由がある情報
(v)	開示することにより、犯罪の予防、鎮圧又は捜査、公訴の維持、刑の執行その他の公共の安全と秩序の維持に支障を及ぼすおそれがあると行政機関の長又は地方公共団体の機関（都道府県の機関に限る）が認めることにつき相当の理由がある情報
(vi)	国の機関、独立行政法人等、地方公共団体及び地方独立行政法人の内部又は相互間における審議、検討又は協議に関する情報であって、開示することにより、率直な意見の交換若しくは意思決定の中立性が不当に損なわれるおそれ、不当に国民の間に混乱を生じさせるおそれ又は特定の者に不当に利益を与え若しくは不利益を及ぼすおそれがあるもの
(vii)	国の機関、独立行政法人等、地方公共団体又は地方独立行政法人が行う事務又は事業に関する情報であって、開示することにより、当該事務又は事業の性質上、当該事務又は事業の適正な遂行に支障を及ぼすおそれがあるもの

とにより、当該法人等又は当該個人の権利、競争上の地位その他正当な利益を害するおそれがあるもの、又は(イ)行政機関等の要請を受けて、開示しないとの条件で任意に提供されたものであって、法人等又は個人における通例として開示しないこととされているものその他の当該条件を付することが当該情報の性質、当時の状況等に照らして合理的であると認められるものに当たるもの。ただし、人の生命、健康、生活又は財産を保護するため、開示することが必要であると認められる情報を除く。(iv)開示することにより、国の安全が害されるおそれ、他国若しくは国際機関との信頼関係が損なわれるおそれ又は他国若しくは国際機関との交渉上不利益を被るおそれがあると当該行政機関の長が認めることにつき相当の理由がある情報、(v)開示することにより、犯罪の予防、鎮圧又は捜査、公訴の維持、刑の執行その他の公共の安全と秩序の維持に支障を及ぼすおそれがあると当該行政機関の長又は地方公共団体の機関（都道府県の機関に限る）が認めることにつき相当の理由がある情報、(vi)国の機関、独立行政法人等、地方公共団体及び地方独立行政法人の内部又は相互間における審議、検討又は協議に関する情報であって、開示することにより、率直な意見の交換若しくは意思決定の中立性が不当に損なわれるおそれ、不当に国民の間に混乱を生じさせるおそれ、又は特定の者に不当に利益を与え若しくは不利益を及ぼすおそれがあるもの、(vii)国の機関、独立行政法人等、地方公共団体又は地方独立行政法人が行う事務又は事業に関する情報であって、開示することにより、当該事務又は事業の性質上、当該事務又は事業の適正な遂行に支障を及ぼすおそれがあるものである。(vii)については、典型例として、(ア)独立行政法人等、地方公共団体の機関又は地方独立行政法人が開示決定等をする場合において、国の安全が害されるおそれ、他国若しくは国際機関との信頼関係が損なわれるおそれ又は他国若しくは国際機関との交渉上不利益を被るおそれ、(イ)独立行政法人等、地方公共団体の機関（都道府県の機関を除く）又は地方独立行政法人が開示決定等をする場合において、犯罪の予防、鎮圧又は捜査その他の公共の安全と秩序の維持に支障を及ぼ

すおそれ、㈼監査、検査、取締り、試験又は租税の賦課若しくは徴収に係
る事務に関し、正確な事実の把握を困難にするおそれ又は違法若しくは不
当な行為を容易にし、若しくはその発見を困難にするおそれ、㈽契約、交
渉又は争訟に係る事務に関し、国、独立行政法人等、地方公共団体又は地
方独立行政法人の財産上の利益又は当事者としての地位を不当に害するお
それ、㈿調査研究に係る事務に関し、その公正かつ能率的な遂行を不当に
阻害するおそれ、㈼人事管理に係る事務に関し、公正かつ円滑な人事の確
保に支障を及ぼすおそれ、㈭独立行政法人等、地方公共団体が経営する企
業又は地方独立行政法人に係る事業に関し、その企業経営上の正当な利益
を害するおそれ、が例示されている。

（4）部分開示

　行政機関の長等は、開示請求に係る保有個人情報に不開示情報が含まれ
ている場合において、不開示情報に該当する部分を容易に区分して除くこ
とができるときは、開示請求者に対し、当該部分を除いた部分につき開示
する義務を負う（本法79条1項）。開示請求に係る保有個人情報に開示請求
者以外の特定の個人を識別することができる情報（事業を営む個人の当該
事業に関する情報を除く）が含まれている場合において、当該情報のうち、
氏名、生年月日その他の開示請求者以外の特定の個人を識別することがで
きることとなる記述等及び個人識別符号の部分を除くことにより、開示し
ても、開示請求者以外の個人の権利利益が害されるおそれがないと認めら
れるときは、当該部分を除いた部分は、個人に関する不開示情報に含まれ
ないものとみなして、部分開示規定が適用される（同条2項）。

（5）裁量的開示

　行政機関の長等は、開示請求に係る保有個人情報に不開示情報が含まれ
ている場合であっても、個人の権利利益を保護するため特に必要があると
認めるときは、開示請求者に対し、当該保有個人情報を開示することがで
きる（本法80条）。行政機関情報公開法7条が公益上の裁量的開示を定め
るのに対し、本法の開示請求権は自己情報の開示を求めるものであるか

ら、「個人の権利利益を保護するため」特に必要があると認めるときに裁量的開示を認めていることに留意する必要がある。

（6）保有個人情報の存否に関する情報

開示請求に対し、当該開示請求に係る保有個人情報が存在しているか否かを答えるだけで、不開示情報を開示することとなるときは、行政機関の長等は、当該保有個人情報の存否を明らかにしないで、当該開示請求を拒否することができる（本法81条）。たとえば、児童虐待を受けた児童が児童相談所で虐待の事実について述べた記録を、虐待した親が親権者として開示請求をしたとき、そのような記録があると答えるだけで、当該児童が児童相談所に虐待の事実を述べたことが当該親に伝わり、発言内容を不開示にしたとしても、当該児童の生命、健康又は生活を害するおそれがあるので、存否応答拒否をすべきである。

（7）開示請求に対する措置

行政機関の長等は、開示請求に係る保有個人情報の全部又は一部を開示するときは、その旨の決定をし、開示請求者に対し、その旨、開示する保有個人情報の利用目的及び求めることができる開示の実施方法、事務所における開示を実施することができる日、時間、場所等、写しの送付の方法による開示を実施する場合における準備に要する日数及び送付に要する費用、電子情報処理組織（その意味について、宇賀・オンライン化３法43頁参照）を使用して保有個人情報の開示を実施する場合における準備に要する日数その他当該開示の実施に必要な事項（行政機関等が電子情報処理組織を使用して保有個人情報の開示を実施することができる旨を定めている場合に限る）を書面により通知しなければならない（本法82条１項本文、本法施行令24条１項）。ただし、利用目的を本人に明示することにより、本人若しくは第三者の権利利益を害するおそれがある場合又は利用目的を本人に明示することにより、国の機関、独立行政法人等、地方公共団体若しくは地方独立行政法人が行う事務若しくは事業の適正な執行に支障を及ぼすおそれがある場合には、当該利用目的を明示する必要はない（本法82条１項ただ

し書）。

　行政機関の長等は、開示請求に係る保有個人情報の全部を開示しないとき（存否応答を拒否するとき及び開示請求に係る保有個人情報を保有していないときを含む）は、開示をしない旨の決定をし、開示請求者に対し、その旨を書面により通知しなければならない（同条2項）。

（8）開示決定等の期限

　開示決定等は、開示請求があった日から30日以内にしなければならない。ただし、補正を求めた場合にあっては、当該補正に要した日数は、当該期間に算入しない（本法83条1項）。ただし、行政機関の長等は、事務処理上の困難その他正当な理由があるときは、開示決定等の期間を30日以内に限り延長することができる。この場合において、行政機関の長等は、開示請求者に対し、遅滞なく、延長後の期間及び延長の理由を書面により通知しなければならない（同条2項）。

（9）開示決定等の期限の特例

　開示請求に係る保有個人情報が著しく大量であるため、開示請求があった日から60日以内にその全てについて開示決定等をすることにより事務の遂行に著しい支障が生ずるおそれがある場合には、行政機関の長等は、開示請求に係る保有個人情報のうちの相当の部分につき当該期間内（開示請求があった日から60日以内）に開示決定等をし、残りの保有個人情報については相当の期間内（たとえば3年以内）に開示決定等をすれば足りる。この場合において、行政機関の長等は、開示請求があった日から30日以内に、開示請求者に対し、(i)期限の特例規定を適用する旨及びその理由、(ii)残りの保有個人情報について開示決定等をする期限を書面により通知しなければならない（本法84条）。この規定の存在から、単に開示請求に係る保有個人情報が著しく大量であることのみでは、当該開示請求を権利濫用とすることはできないことが窺われる。

(10)　事案の移送

　行政機関の長等は、開示請求に係る保有個人情報が他の行政機関等から

提供されたものであるとき、その他他の行政機関の長等において開示決定等をすることにつき正当な理由があるときは、当該他の行政機関の長等と協議の上、当該他の行政機関の長等に対し、事案を移送することができる。この場合においては、移送をした行政機関の長等は、開示請求者に対し、事案を移送した旨を書面により通知しなければならない（本法85条1項）。事案が移送されたときは、移送を受けた行政機関の長等において、当該開示請求についての開示決定等をする義務を負う。この場合において、移送をした行政機関の長等が移送前にした開示請求の受付、開示請求書の補正の指導、手数料の受付の行為は、移送を受けた行政機関の長等がしたものとみなされる（同条2項）。移送を受けた行政機関の長等が開示決定をしたときは、当該行政機関の長等は、開示の実施をしなければならない。この場合において、移送をした行政機関の長等は、当該開示の実施に必要な協力する義務を負う（同条3項）。

(11) 第三者に対する意見書提出の機会の付与等

開示請求に係る保有個人情報に国、独立行政法人等、地方公共団体、地方独立行政法人及び開示請求者以外の者（以下「第三者」という）に関する情報が含まれているときは、行政機関の長等は、開示決定等をするに当たって、当該情報に係る第三者に対し、当該第三者に関する情報の内容、開示請求の年月日、意見書の提出先及び提出期限を通知して、意見書を提出する機会を与えることができる（本法86条1項、本法施行令25条2項）。これは、任意的意見聴取である。

また、行政機関の長等は、公益上の義務的開示（本法78条1項2号ロ又は同項3号ただし書）又は裁量的開示（本法80条）のいずれかに該当するときは、開示決定に先立ち、当該第三者に対し、開示請求に係る当該第三者に関する情報の内容、開示請求の年月日、意見書の提出先及び提出期限並びに公益上の義務的開示、裁量的開示のいずれかに該当するかの別及びその理由を書面により通知して、意見書を提出する機会を与えなければならない（本法86条2項本文、本法施行令25条3項）。これは、必要的意見聴取で

ある。ただし、当該第三者の所在が判明しない場合は、この限りでない（本法86条 2 項ただし書）。

　意見書提出の機会を与えられた第三者が当該第三者に関する情報の開示に反対の意思を表示した意見書を提出した場合において、開示決定をするときは、直ちに開示を実施すると、開示の実施の差止めの機会が保障されなくなる。保有個人情報がひとたび開示されてしまえば、その後に開示決定を取り消す利益は失われる。そこで、開示の実施の差止めの機会を保障するために、開示決定の日と開示を実施する日との間に少なくとも 2 週間を置かなければならないこととし、行政機関の長は、開示決定後直ちに、反対意見書を提出した第三者に対し、開示決定をした旨及びその理由並びに開示を実施する日を書面により通知しなければならないこととしている（同条 3 項）。

(12)　開示の実施

　保有個人情報の開示は、当該保有個人情報が、文書又は図画に記録されているときは閲覧又は写しの交付により、電磁的記録に記録されているときはその種別、情報化の進展状況等を勘案して行政機関等が定める方法により行われる。ただし、閲覧の方法による保有個人情報の開示にあっては、行政機関の長等は、当該保有個人情報が記録されている文書又は図画の保存に支障を生ずるおそれがあると認めるとき、その他正当な理由があるときは、その写しにより、これを行うことができる（本法87条 1 項）。行政機関等は、電磁的記録についての開示の方法に関する定めを一般の閲覧に供する義務を負う（同条 2 項）。開示決定に基づき保有個人情報の開示を受ける者は、当該開示決定をした行政機関の長等に対し、その求める開示の実施の方法（開示決定に係る保有個人情報の部分ごとに異なる方法による開示の実施を求める場合にあっては、その旨及び当該部分ごとの開示の実施の方法）、開示決定に係る保有個人情報の一部について開示の実施を求める場合にあっては、その旨及び当該部分、事務所における開示の実施を求める場合にあっては、事務所における開示の実施を希望する日、写しの送付

の方法による保有個人情報の開示の実施を求める場合にあっては、その旨を申し出なければならない（同条3項、本法施行令26条3項）。

　開示の実施の方法等の申出は、開示決定等の通知があった日から30日以内にしなければならない。ただし、当該期間内に当該申出をすることができないことにつき正当な理由があるときは、この限りでない（本法87条4項）。

(13)　他の法令による開示の実施との調整

　行政機関の長等は、他の法令の規定により、開示請求者に対し開示請求に係る保有個人情報が本法87条1項本文に規定する方法と同一の方法で開示することとされている場合（開示の期間が定められている場合にあっては、当該期間内に限る）には、同項本文の規定にかかわらず、当該保有個人情報については、当該同一の方法による開示を行わない。ただし、当該他の法令の規定に一定の場合には開示をしない旨の定めがあるときは、この限りでない（本法88条1項）。何人も、国土交通大臣に対して、自動車登録ファイルに記録されている事項を証明した書面（以下「登録事項等証明書」という）の交付を請求することができるが（道路運送車両法22条1項）、国土交通大臣は、この請求が不当な目的によることが明らかなとき又は登録事項等証明書の交付により知り得た事項が不当な目的に使用されるおそれがあることその他の交付請求を拒むに足りる相当な理由があるときは、当該請求を拒むことができるので（同条6項）、本法88条1項の規定による調整の対象にならず、本法に基づく写しの交付請求が可能である。他の法令の規定に定める開示の方法が縦覧であるときは、当該縦覧を本法87条1項本文の閲覧とみなして、本法88条1項の規定を適用することになる（同条2項）。

(14)　手数料

　開示請求をする者は、実費の範囲内において政令で定める額の手数料（開示請求に係る保有個人情報が記録されている行政文書1件につき300円。デジタル手続法6条1項の規定に基づく開示請求の場合には200円）を納めなけ

ればならない（本法89条1項、本法施行令27条1項）。

2　訂正

（1）訂正請求権

　何人も、自己を本人とする保有個人情報の内容が事実でないと思料するときは、本法の定めるところにより、当該保有個人情報を保有する行政機関の長等に対し、当該保有個人情報の訂正（追加又は削除を含む）を請求することができる。ただし、当該保有個人情報の訂正に関して他の法令の規定により特別の手続が定められているときは、この限りでない。本法に基づく訂正請求については、開示決定前置主義がとられており、本法又は他の法令の規定により開示を受けたものが対象になる（本法90条1項）。代理人は、本人に代わって訂正請求をすることができる（同条2項）。訂正請求は、保有個人情報の開示を受けた日から90日以内にしなければならない（同条3項）。訂正請求の対象になるのは、事実であって評価ではない。行政文書等に保有個人情報が記録されている場合、当該行政文書等の目的をいかにとらえるかにより、事実に誤りがあるかの判断が異なることになる。たとえば、診療報酬明細書（レセプト）の場合、実際に行われた診療を正確に記載することを目的とみるか、保険医療機関が行った診療報酬請求を正確に記載することを目的とみるかによって、水増請求が行われた場合に訂正をすべきかの判断が異なることになる。最判平成18・3・10判時1932号71頁は、後者の解釈を採用した。そのため、実際には自分が受けていない診療内容がレセプトに記載されているとして患者が訂正請求を行った事案において、最高裁は、当該保険医療機関が行った診療報酬請求の内容を明らかにするというレセプトの目的に照らせば、実際に行われていない診療が記載されているとして訂正することは適切でないとして、非訂正決定は適法としたのである。

（2）訂正請求の手続

　訂正請求は、訂正請求書を行政機関の長等に提出してしなければなら

ず、口頭による請求は認められない。訂正請求書には、(i)訂正請求者の氏名及び住所又は居所、(ii)訂正請求に係る保有個人情報の開示を受けた日その他当該保有個人情報を特定するに足りる事項、(iii)訂正請求の趣旨及び理由を記載しなければならない（本法91条1項）。訂正請求者は、訂正請求に係る保有個人情報の本人であること（代理人による訂正請求にあっては、訂正請求に係る保有個人情報の本人の代理人であること）を示す書類を提示し、又は提出しなければならない（同条2項）。行政機関の長等は、訂正請求書に形式上の不備があると認めるときは、訂正請求者に対し、相当の期間を定めて、その補正を求めることができる（同条3項）。

（3）保有個人情報の訂正義務

　行政機関の長等は、訂正請求があった場合において、当該訂正請求に理由があると認めるときは、当該訂正請求に係る保有個人情報の利用目的の達成に必要な範囲内で、当該保有個人情報の訂正をしなければならない（本法92条）。

（4）訂正請求に対する措置

　行政機関の長等は、訂正請求に係る保有個人情報の訂正をするときは、その旨の決定をし、訂正請求者に対し、その旨を書面により通知しなければならない（本法93条1項）。他方、行政機関の長等は、訂正請求に係る保有個人情報の訂正をしないときは、その旨の決定をし、訂正請求者に対し、その旨を書面により通知しなければならない（同条2項）。

（5）訂正決定等の期限

　訂正決定等は、訂正請求があった日から30日以内にしなければならない。ただし、補正を求めた場合にあっては、当該補正に要した日数は、当該期間に算入しない（本法94条1項）。しかし、行政機関の長等は、事務処理上の困難その他正当な理由があるときは、訂正決定等の期間を30日以内に限り延長することができる。この場合において、行政機関の長等は、訂正請求者に対し、遅滞なく、延長後の期間及び延長の理由を書面により通知しなければならない（同条2項）。

（6）訂正決定等の期限の特例

　行政機関の長等は、訂正決定等に特に長期間を要すると認めるときは、例外として、相当の期間内に訂正決定等をすれば足りることとされている。この場合において、行政機関の長等は、訂正請求があった日から30日以内に、訂正請求者に対し、(i)訂正決定等の期限の特例規定を適用する旨及びその理由、(ii)訂正決定等をする期限を書面により通知しなければならない（本法95条）。

（7）事案の移送

　行政機関の長等は、訂正請求に係る保有個人情報が事案の移送を受けた行政機関の長等による開示に係るものであるとき、その他他の行政機関の長等において訂正決定等をすることにつき正当な理由があるときは、当該他の行政機関の長等と協議の上、当該他の行政機関の長等に対し、事案を移送することができる。この場合においては、移送をした行政機関の長等は、訂正請求者に対し、事案を移送した旨を書面により通知しなければならない（本法96条1項）。訂正請求に係る事案が移送されたときは、移送を受けた行政機関の長等において、当該訂正請求についての訂正決定等をする義務を負う。この場合において、移送をした行政機関の長等が移送前にした行為は、移送を受けた行政機関の長等がしたものとみなされる（同条2項）。移送を受けた行政機関の長等が訂正決定をしたときは、移送をした行政機関の長等は、当該訂正決定に基づき訂正の実施をする義務を負う（同条3項）。

（8）保有個人情報の提供先への通知

　行政機関の長等が訂正を実施しても、当該行政機関等による保有個人情報の提供先において、訂正前の不正確な保有個人情報によって誤った決定がされていたり、今後も利用され続けて誤った行政決定がなされるおそれがある場合があり得る。そこで、行政機関の長等は、訂正決定に基づく保有個人情報の訂正の実施をした場合において、必要があると認めるときは、当該保有個人情報の提供先に対し、遅滞なく、その旨を書面により通

知するものとされている（本法97条）。保有個人情報の提供先への通知は、常に行う必要はなく、「必要があると認めるとき」に行えば足りる。提供元への通知規定は置かれていないが、状況によっては、提供元への通知が望ましい場合もある。

3　利用停止

（1）利用停止請求権

　何人も、自己を本人とする保有個人情報が、(i)利用目的の達成に必要な範囲を超えて保有されているとき、不適正な利用の禁止規定に違反して取り扱われているとき、適正な取得の規定に違反して取得されたものであるとき、又は利用制限規定に違反して利用されているときに該当すると思料するときには、当該保有個人情報の利用の停止又は消去、(ii)提供制限規定に違反して提供されているときに該当すると思料するときは、当該保有個人情報の提供の停止を、当該保有個人情報を保有する行政機関の長等に対し請求することができる。ただし、当該保有個人情報の利用の停止、消去又は提供の停止（以下「利用停止」という）に関して他の法令の規定により特別の手続が定められているときは、この限りでない（本法98条1項）。代理人は、本人に代わって利用停止請求をすることができる（同条2項）。利用停止請求は、保有個人情報の開示を受けた日から90日以内にしなければならない（同条3項）。

（2）利用停止請求の手続

　利用停止請求は、(i)利用停止請求をする者の氏名及び住所又は居所、(ii)利用停止請求に係る保有個人情報の開示を受けた日その他当該保有個人情報を特定するに足りる事項、(iii)利用停止請求の趣旨及び理由を記載した利用停止請求書を行政機関の長等に提出してしなければならず、口頭による請求は認められていない（本法99条1項）。利用停止請求者は、利用停止請求に係る保有個人情報の本人であること（代理人による利用停止請求にあっては、利用停止請求に係る保有個人情報の本人の代理人であること）を示す書

類を提示し、又は提出しなければならない（同条2項）。行政機関の長等は、利用停止請求書に形式上の不備があると認めるときは、利用停止請求者に対し、相当の期間を定めて、その補正を求めることができる（同条3項）。

（3）保有個人情報の利用停止義務

行政機関の長等は、利用停止請求があった場合において、当該利用停止請求に理由があると認めるときは、当該行政機関等における個人情報の適正な取扱いを確保するために必要な限度で、当該利用停止請求に係る保有個人情報の利用停止をする義務を負う。ただし、当該保有個人情報の利用停止をすることにより、当該保有個人情報の利用目的に係る事務又は事業の性質上、当該事務又は事業の適正な遂行に著しい支障を及ぼすおそれがあると認められるときは、この限りでない（本法100条）。当該行政機関等における個人情報の適正な取扱いを確保するために必要な限度で利用停止を行えば足りるから、消去を請求された場合であっても、利用の停止により当該保有個人情報の適正な取扱いが確保される場合には、消去まで行う必要はない。

（4）利用停止請求に対する措置

行政機関の長等は、利用停止請求に係る保有個人情報の利用停止をするときは、その旨の決定をし、利用停止請求者に対し、その旨を書面により通知しなければならない（本法101条1項）。他方、行政機関の長等は、利用停止請求に係る保有個人情報の利用停止をしないときは、その旨の決定をし、利用停止請求者に対し、その旨を書面により通知しなければならない（同条2項）。

（5）利用停止決定等の期限

利用停止決定等は、利用停止請求があった日から30日以内にしなければならない。ただし、補正を求めた場合にあっては、当該補正に要した日数は、当該期間に算入しない（本法102条1項）。行政機関の長等は、事務処理上の困難その他正当な理由があるときは、利用停止決定等の期間を30日

以内に限り延長することができる。この場合において、行政機関の長等は、利用停止請求者に対し、遅滞なく、延長後の期間及び延長の理由を書面により通知しなければならない（同条2項）。

（6）利用停止決定等の期限の特例

　行政機関の長等は、利用停止決定等に特に長期間を要すると認めるときは、例外的に、相当の期間内（たとえば6月以内）に利用停止決定等をすれば足りる。この場合において、行政機関の長等は、利用停止請求があった日から30日以内に、利用停止請求者に対し、(i)期限の特例規定を適用する旨及びその理由、(ii)利用停止決定等をする期限を書面により通知しなければならない（本法103条）。

4　審査請求

（1）審理員による審理手続に関する規定の適用除外等

　行政機関の長等（地方公共団体の機関又は地方独立行政法人を除く）に対する開示決定等、訂正決定等、利用停止決定等又は開示請求、訂正請求若しくは利用停止請求に係る不作為に係る審査請求については、総務省又は会計検査院に置かれる情報公開・個人情報保護審査会が、実際に開示請求の対象となる保有個人情報を見分するインカメラ審理の権限（宇賀・情報公開逐条225頁以下、宇賀・情報公開法139頁以下参照）を有し、また、ヴォーン・インデックス（宇賀・情報公開法134頁以下参照）の提出を求めたり、意見聴取を行ったりする権限も有しているので、審理員制度を適用せず、従前通り、情報公開・個人情報保護審査会に諮問することとしている。そこで、審理員による諮問を前提とした規定及び行政不服審査会等への諮問に係る規定の適用を除外している。具体的には、審理員の指名（行政不服審査法9条）、審理員となるべき者の名簿（同法17条）、審理手続を経ないでする却下裁決（同法24条）、審理員による審理手続（同法2章3節）及び行政不服審査会等への諮問（同法2章4節）並びに裁決書への審理員意見書の添付（同法50条2項）の規定は、適用されない（本法104条1項）。

審理員制度、行政不服審査会等への諮問制度が適用されないため、共同審査請求人が総代を互選しない場合の総代の互選命令、利害関係人の参加の許可、利害関係人への参加の求めは、審査庁が行う旨に読み替える規定、審理員による執行停止をすべき旨の意見書の提出に係る部分を削除する読替え規定、行政不服審査会等の答申（書）を情報公開・個人情報保護審査会（審査庁が会計検査院長である場合にあっては、会計検査院法が定める会計検査院情報公開・個人情報保護審査会）の答申（書）に読み替える規定、裁決の主文が審理員意見書又は行政不服審査会等若しくは審議会等の答申書と異なる内容である場合に、異なることとなった理由を裁決に付記することを義務付ける規定を、情報公開・個人情報保護審査会の答申書と異なる内容である場合に読み替える規定が置かれている（同条2項）。

（2）審査会への諮問

開示決定等、訂正決定等、利用停止決定等又は開示請求、訂正請求、利用停止請求に係る不作為について審査請求があったときは、当該審査請求に対する裁決をすべき行政機関の長は、原則として、総務省に置かれる情報公開・個人情報保護審査会（審査請求に対する裁決をすべき行政機関の長が会計検査院長である場合にあっては、会計検査院情報公開・個人情報保護審査会）に諮問しなければならない。ただし、例外的に、以下の場合には、諮問義務が免除される。

第1は、審査請求が不適法であり、却下する場合である。ただし、処分性や審査請求適格のように、適法性の判断が困難な場合も少なくないので、審査請求が明らかに不適法であると認められる場合以外は、諮問をすべきであろう。第2は、裁決で、審査請求の全部を認容し、当該審査請求に係る保有個人情報の全部を開示することとする場合である。この場合には、審査請求人が完全に満足する結果を得られることになるので、諮問する意義がないからである。ただし、当該保有個人情報の開示について反対意見書が提出されている場合には、反対意見書を提出した者の利益を保護するために、諮問を行わなければならない。第3は、裁決で、審査請求の

全部を認容し、当該審査請求に係る保有個人情報の訂正をすることとする
場合であり、訂正請求については、第三者の意見聴取制度がないので、反
対意見書が提出されることはない。第4は、裁決で、審査請求の全部を認
容し、当該審査請求に係る保有個人情報の利用停止をすることとする場合
である。利用停止請求についても、第三者の意見聴取制度がないので、反
対意見書が提出されることはない（本法105条1項）。

　情報公開・個人情報保護審査会に諮問をした行政機関の長は、(i)審査請
求人及び参加人、(ii)開示請求者、訂正請求者又は利用停止請求者（これら
の者が審査請求人又は参加人である場合を除く）、(iii)当該審査請求に係る保有
個人情報の開示について反対意見書を提出した第三者（当該第三者が審査
請求人又は参加人である場合を除く）に対し、諮問をした旨を通知しなけれ
ばならない（同条2項）。

　本法105条1項及び2項の規定は、地方公共団体の機関又は地方独立行
政法人について準用されている。この場合において、本法105条1項中
「情報公開・個人情報保護審査会（審査請求に対する裁決をすべき行政機関の
長等が会計検査院長である場合にあっては、別に法律で定める審査会）」とあ
るのは、「行政不服審査法第81条第1項又は第2項の機関」と読み替えら
れる（本法105条3項）。

（3）地方公共団体の機関等における審理員による審理手続に関する規定の適用除外等

　地方公共団体の機関又は地方独立行政法人に対する開示決定等、訂正決
定等、利用停止決定等又は開示請求、訂正請求若しくは利用停止請求に係
る不作為に係る審査請求についての行政不服審査法の規定の適用につい
て、審理員や行政不服審査会等への諮問を前提とする規定の適用は除外し
たり（本法106条1項）、読み替えたり（同条2項）する必要がある。読替え
については、審理員を審査庁と読み替えたり、行政不服審査会等を同法81
条1項又は2項の機関と読み替えたりする規定が置かれている。

（4）第三者からの審査請求を棄却する場合等における手続等

　（ⅰ)開示決定に対する第三者からの審査請求を却下し又は棄却する裁決、(ⅱ)審査請求に係る開示決定等（開示請求に係る保有個人情報の全部を開示する旨の決定を除く）を変更し、当該審査請求に係る保有個人情報を開示する旨の裁決（第三者である参加人が当該第三者に関する情報の開示に反対の意思を表示している場合に限る）のいずれかに該当する裁決をする場合には、第三者が取消訴訟を提起する機会を保障するため、審査請求に対する裁決と開示の実施日との間に少なくとも2週間を置き、裁決後直ちに、反対意見書を提出した第三者に対し、当該裁決をした旨及びその理由並びに開示を実施する日を書面により通知しなければならない（本法107条1項）。

　開示決定等、訂正決定等、利用停止決定等又は開示請求、訂正請求若しくは利用停止請求に係る不作為についての審査請求については、政令（地方公共団体の機関又は地方独立行政法人にあっては、条例）で定めるところにより、行政不服審査法4条（審査請求をすべき行政庁）の規定の特例を設けることができる（本法107条2項）。

（5）条例との関係

　開示、訂正及び利用停止に係る節（本法5章4節）の規定は、地方公共団体が、保有個人情報の開示、訂正及び利用停止の手続並びに審査請求の手続に関する事項について、同節の規定に反しない限り、条例で必要な規定を定めることを妨げるものではない（本法108条）。たとえば、開示決定等の期限を本法83条1項の「開示請求があった日から30日以内」とする規定は、最長の期限を定めたものと解されるので、条例で「開示請求があった日から50日以内」とする規定は違法になるが、条例で「開示請求があった日から15日以内」と定めることは、開示請求者の便宜に資するものであり適法と考えられる。

第5章 行政機関等匿名加工情報の提供

1 行政機関等匿名加工情報の作成及び提供等

　平成28年法律第51号による本法改正により、行政機関非識別加工情報制度が導入された。令和3年法律第37号による改正で、行政機関非識別加工情報制度は、行政機関等匿名加工情報制度になった。行政機関の長等は、行政機関等匿名加工情報（行政機関等匿名加工情報ファイルを構成するものに限る）を作成することができるが（本法109条第1項）、行政機関の長等は、①法令に基づく場合及び②保有個人情報を利用目的のために第三者に提供することができる場合において、当該保有個人情報を加工して作成した行政機関等匿名加工情報を当該第三者に提供するときを除き、行政機関等匿名加工情報の提供を禁止される（同条2項）。また、本法69条の規定にかかわらず、行政機関の長等は、法令に基づく場合を除き、利用目的以外の目的のために削除情報（保有個人情報に該当するものに限る）を自ら利用し、又は提供してはならない（本法109条3項）。ここでいう「法令」には、条例は含まれない（本法61条1項かっこ書）。また、本法5章5節（行政機関等匿名加工情報の提供等）の規定に従う場合は、法令に基づく場合に当たる。「削除情報」とは、行政機関等匿名加工情報の作成に用いた保有個人情報から削除した記述等及び個人識別符号を意味する（同条4項）。

2 提案の募集に関する事項の個人情報ファイル簿への記載

　行政機関の長等は、当該行政機関等が保有している個人情報ファイルが、(i)個人情報ファイル簿が公表されていること、(ii)情報開示請求があれば少なくとも部分開示されること、(iii)行政運営に支障が生じないことのいずれにも該当すると認めるときは、当該個人情報ファイルについては、個

人情報ファイル簿に、(ｱ)行政機関等匿名加工情報をその用に供して行う事業に関する提案の募集をする個人情報ファイルである旨、(ｲ)提案を受ける組織の名称及び所在地を記載しなければならない（本法110条）。

3　提案の募集

　行政機関の長等は、毎年度1回以上、当該募集の開始の日から30日以上の期間を定めて、インターネットの利用その他の適切な方法により、行政機関等匿名加工情報をその用に供して行う事業に関する提案の募集をする個人情報ファイルについて、提案を募集するものとされている（本法111条、本法施行規則53条1項）。提案の募集に関し必要な事項は、あらかじめ公示される（同条2項）。

4　行政機関等匿名加工情報をその用に供して行う事業に関する提案

　募集に応じて個人情報ファイルを構成する保有個人情報を加工して作成する行政機関等匿名加工情報をその事業の用に供しようとする者は、行政機関の長等に対し、当該事業に関する提案をすることができる（本法112条1項）。この提案は、(i)提案をする者の氏名又は名称及び住所又は居所並びに法人その他の団体にあっては、その代表者の氏名、(ii)提案に係る個人情報ファイルの名称、(iii)提案に係る行政機関等匿名加工情報の本人の数、(iv)以上のほか、提案に係る行政機関等匿名加工情報の作成に用いる加工の方法を特定するに足りる事項、(v)提案に係る行政機関等匿名加工情報の利用の目的及び方法その他当該行政機関等匿名加工情報がその用に供される事業の内容、(vi)提案に係る行政機関等匿名加工情報を当該事業の用に供しようとする期間、(vii)提案に係る行政機関等匿名加工情報の漏えいの防止その他当該行政機関等匿名加工情報の適切な管理のために講ずる措置、(viii)提案に係る行政機関等匿名加工情報に関して希望する提供の方法を記載した書面を行政機関の長等に提出してしなければならない（同条2項、本

法施行規則54条3項）。当該書面には、㋐提案をする者が欠格事由のいずれにも該当しないことを誓約する書面、㋑提案する事業が新たな産業の創出又は活力ある経済社会若しくは豊かな国民生活の実現に資するものであることを明らかにする書面、㋒提案をする者が個人である場合にあっては、その氏名及び住所又は居所と同一の氏名及び住所又は居所が記載されている運転免許証、健康保険の被保険者証、個人番号カード、在留カード、特別永住者証明書その他法律又はこれに基づく命令の規定により交付された書類の写しであって、当該提案をする者が本人であることを確認するに足りるもの、㋓提案をする者が法人その他の団体である場合にあっては、その名称及び本店又は主たる事務所の所在地並びに代表者の氏名と同一の名称及び本店又は主たる事務所の所在地並びに氏名が記載されている登記事項証明書又は印鑑登録証明書で提案の日前6月以内に作成されたものその他法律又はこれに基づく命令の規定により交付された書類であって、その者が本人であることを確認するに足りるもの、㋔提案をする者がやむを得ない事由により前記㋒又は㋓に掲げる書類を添付できない場合にあっては、当該提案をする者が本人であることを確認するため行政機関の長が適当と認める書類、㋕以上に掲げる書類のほか、行政機関の長等が必要と認める書類を添付しなければならない（本法112条3項、本法施行規則54条4項）。

5　欠格事由

　行政機関等匿名加工情報をその事業の用に供する提案をする者については、欠格事由が定められている。すなわち、(ⅰ)未成年者(ⅱ)精神の機能の障害により行政機関等匿名加工情報をその用に供して行う事業を適正に行うに当たって必要な認知、判断及び意思疎通を適切に行うことができない者、(ⅲ)破産手続開始の決定を受けて復権を得ない者、(ⅳ)拘禁刑以上の刑に処せられ、又は本法の規定により刑に処せられ、その執行を終わり、又は執行を受けることがなくなった日から起算して2年を経過しない者、(ⅴ)行

政機関等匿名加工情報の利用に関する契約を解除され、その解除の日から
起算して2年を経過しない者、(vi)法人その他の団体であって、その役員の
うちに前記(i)～(v)のいずれかに該当する者があるものは、行政機関等匿名
加工情報をその事業の用に供する事業の提案をすることができない（本法
113条、本法施行規則55条）。

6　提案の審査等

　行政機関の長等は、前記の提案があったときは、当該提案が法定の基準
に適合するかどうかを審査しなければならない。その基準とは、(i)提案を
した者が欠格事由のいずれにも該当しないこと、(ii)提案に係る行政機関等
匿名加工情報の本人の数が、1000以上であり、かつ、提案に係る個人情報
ファイルを構成する保有個人情報の本人の数以下であること、(iii)加工の方
法が個人情報保護委員会規則で定める基準に適合するものであること、(iv)
提案する事業が新たな産業の創出又は活力ある経済社会若しくは豊かな国
民生活の実現に資するものであること、(v)行政機関等匿名加工情報を事業
の用に供しようとする期間が行政機関等匿名加工情報の利用の目的及び方
法からみて必要な期間を超えないものであること、(vi)提案に係る行政機関
等匿名加工情報の利用の目的及び方法並びに提案に係る行政機関等匿名加
工情報の漏えいの防止その他当該行政機関等匿名加工情報の適切な管理の
ために講ずる措置が当該行政機関等匿名加工情報の本人の権利利益を保護
するために適切なものであること、(vii)行政機関の長等が提案に係る行政機
関等匿名加工情報を作成する場合に当該行政機関の事務又は事業の遂行に
著しい支障を及ぼさないものであることである（本法114条1項、本法施行
規則56～58条）。

　行政機関の長等は、審査した結果、当該提案が法定の基準に適合すると
認めるときは、当該提案をした者に対し、(ア)行政機関の長等との間で行政
機関等匿名加工情報の利用に関する契約を締結することができる旨、(イ)納
付すべき手数料又は利用料（以下「手数料等」という）の額、(ウ)手数料等の

納付方法、㈔手数料等の納付期限、㈺行政機関等匿名加工情報の提供の方法を記載した通知書を送付し、通知書には、行政機関等匿名加工情報の利用に関する契約の締結の申込みに関する書類、契約の締結に関する書類を添えることとされている（本法114条2項、本法施行規則59条）。

　他方、行政機関の長等は、審査した結果、提案が法定の基準のいずれかに適合しないと認めるときは、当該提案をした者に対し、理由を付して、その旨を通知しなければならない（本法114条3項）。

7　行政機関等匿名加工情報の利用に関する契約の締結

　契約を締結できる旨の通知を受けた者は、契約の締結の申込みに関する書類、契約の締結に関する書類を提出して、行政機関の長等との間で、行政機関等匿名加工情報の利用に関する契約を締結することができる（本法115条、本法施行規則61条）。

8　行政機関等匿名加工情報の作成等

　行政機関の長等は、行政機関等匿名加工情報を作成するときは、特定の個人を識別することができないように、及びその作成に用いる保有個人情報を復元することができないようにするために必要なものとして個人情報保護委員会規則で定める基準に従い、当該保有個人情報を加工しなければならない（本法116条1項）。個人情報保護委員会規則で定める基準は、(i)保有個人情報に含まれる特定の個人を識別することができる記述等の全部又は一部を削除すること（当該全部又は一部の記述等を復元することのできる規則性を有しない方法により他の記述等に置き換えることを含む）、(ii)保有個人情報に含まれる個人識別符号の全部を削除すること（当該個人識別符号を復元することのできる規則性を有しない方法により他の記述等に置き換えることを含む）、(iii)保有個人情報と当該保有個人情報に措置を講じて得られる情報とを連結する符号（現に行政機関等において取り扱う情報を相互に連結する符号に限る）を削除すること（当該符号を復元することのできる規則性

49

を有しない方法により当該保有個人情報と当該保有個人情報に措置を講じて得
られる情報を連結することができない符号に置き換えることを含む）、(iv)特異
な記述等を削除すること（当該特異な記述等を復元することのできる規則性
を有しない方法により他の記述等に置き換えることを含む）、(v)以上に掲げる
措置のほか、保有個人情報に含まれる記述等と当該保有個人情報を含む個
人情報ファイルを構成する他の保有個人情報に含まれる記述等との差異そ
の他の当該個人情報ファイルの性質を勘案し、その結果を踏まえて適切な
措置を講ずることである（本法施行規則62条）。行政機関等から行政機関等
匿名加工情報の作成の委託（2以上の段階にわたる委託を含む）を受けた者
が受託した業務を行う場合にも、同様の基準によらなければならない（本
法116条2項）。

9　行政機関等匿名加工情報に関する事項の個人情報ファイル簿への記載

　行政機関の長等は、行政機関等匿名加工情報を作成したときは、当該行
政機関等匿名加工情報の作成に用いた保有個人情報を含む個人情報ファイ
ルについては、個人情報ファイル簿に(i)行政機関等匿名加工情報の本人の
数及び行政機関等匿名加工情報に含まれる情報の項目、(ii)提案を受ける組
織の名称及び所在地、(iii)提案をすることができる期間を記載しなければな
らない（本法117条、本法施行規則63条）。

10　作成された行政機関等匿名加工情報をその用に供して行う事業に関する提案等

　行政機関等匿名加工情報をその事業の用に供しようとする者は、行政機
関の長等に対し、当該事業に関する提案をすることができる。当該行政機
関等匿名加工情報について行政機関等匿名加工情報の利用に関する契約を
締結した者が、当該行政機関等匿名加工情報をその用に供する事業を変更
しようとするときも、同様に提案をすることが可能である（本法118条1

項)。

11　手数料

　最初に行政機関等匿名加工情報の利用に関する契約を行政機関の長等と締結する者は、政令で定めるところにより、実費を勘案して政令で定める額の手数料を納めなければならない(本法119条 1 項)。政令で定める額は、2 万1000円に(i)行政機関等匿名加工情報の作成に要する時間 1 時間までごとに3950円、(ii)行政機関等匿名加工情報の作成の委託を受けた者に対して支払う額 (当該委託をする場合に限る) の合計額を加算した額である (本法施行令31条 1 項)。追加的に行政機関等匿名加工情報の利用に関する契約を締結する者は、最初に提供を受けた者との均衡を図る観点から、最初に提供を受けた者の手数料額を参酌して政令で定める額の手数料を納めなければならないこととされている (本法119条 2 項)。政令で定める額は、①すでに作成された行政機関等匿名加工情報の利用に係る契約を締結していない者が当該行政機関等匿名加工情報の利用を希望する場合、新たに行政機関等匿名加工情報の作成が必要になるわけではないが、ただ乗りとならないように、当該行政機関等匿名加工情報の利用に関する契約を最初に行った者の手数料額と同一とされている (本法施行令31条 2 項 1 号)。他方、すでに当該行政機関等匿名加工情報の利用に係る契約を締結した者が、異なる利用目的での利用や当初の利用期間を超えた利用を希望する場合の手数料額は、当該行政機関等匿名加工情報の利用に関する費用を重ねて徴収しなくても、ただ乗りの問題は生じないので、提案に対する審査 (基準に従った加工の可否等の審査は不要)、審査結果の通知、契約の締結に係る費用のみを徴収することとし、定額の 1 万2600円を徴収することとされた(同項 2 号)。

12　行政機関等匿名加工情報の利用に関する契約の解除

　行政機関の長等は、行政機関等匿名加工情報の利用に関する契約を締結

した者が、(i)偽りその他不正の手段により当該契約を締結したとき、(ii)欠
格事由のいずれかに該当することとなったとき、(iii)当該契約において定め
られた事項について重大な違反があったときのいずれかに該当するとき
は、当該契約を解除することができる（本法120条）。

13　識別行為の禁止等

　行政機関の長等は、行政機関等匿名加工情報を取り扱うに当たっては、
法令に基づく場合を除き、当該行政機関等匿名加工情報の作成に用いられ
た個人情報に係る本人を識別するために、当該行政機関等匿名加工情報を
他の情報と照合してはならない（本法121条1項）。行政機関の長等は、行
政機関等匿名加工情報、行政機関等匿名加工情報の作成に用いた保有個人
情報から削除した記述等である削除情報及び加工の方法に関する情報（以
下「行政機関等匿名加工情報等」という）の漏えいを防止するために必要な
ものとして個人情報保護委員会規則で定める基準に従い、行政機関等匿名
加工情報等の適切な管理のために必要な措置を講ずる義務を負う（同条2
項）。個人情報保護委員会規則で定める基準とは、(i)行政機関等匿名加工
情報等を取り扱う者の権限及び責任を明確に定めること、(ii)行政機関等匿
名加工情報等の取扱いに関する規程類を整備し、当該規程類に従って行政
機関等匿名加工情報等を適切に取り扱うとともに、その取扱いの状況につ
いて評価を行い、その結果に基づき改善を図るために必要な措置を講ずる
こと、(iii)行政機関等匿名加工情報等を取り扱う正当な権限を有しない者に
よる行政機関等匿名加工情報等の取扱いを防止するために必要かつ適切な
措置を講ずることである（本法施行規則65条）。行政機関等から行政機関等
匿名加工情報等の取扱いの委託（2以上の段階にわたる委託を含む）を受け
た者が受託した業務を行う場合についても、同様の安全管理の措置を講じ
なければならない（本法121条3項）。

14　従事者の義務

　行政機関等匿名加工情報等の取扱いに従事する行政機関等の職員若しく
は職員であった者又は行政機関等匿名加工情報等の取扱いに係る受託（2
以上の段階にわたる委託を含む）業務に従事している者若しくは従事してい
た者又は行政機関等において行政機関等匿名加工情報等の取扱いに従事し
ている派遣労働者若しくは従事していた派遣労働者は、その業務に関して
知り得た行政機関等匿名加工情報等の内容をみだりに他人に知らせ又は不
当な目的に利用することを禁止される（本法122条）。

15　匿名加工情報の取扱いに係る義務

　行政機関等は、匿名加工情報（行政機関等匿名加工情報を除く。以下同じ）
を第三者に提供するときは、法令に基づく場合を除き、インターネットの
利用その他の適切な方法により、あらかじめ、第三者に提供される匿名加
工情報に含まれる個人に関する情報の項目及びその提供の方法について公
表するとともに、当該第三者に対して、当該提供に係る情報が匿名加工情
報である旨を明示しなければならない（本法123条1項、本法施行規則66条
1項）。この明示は、電子メールを送信する方法又は書面を交付する方法
その他の適切な方法により行うものとされている（同条2項）。個人情報
保護委員会規則で定める基準は、(i)匿名加工情報（行政機関等匿名加工情
報を除く。以下同条において同じ）を取り扱う者の権限及び責任を明確に定
めること、(ii)匿名加工情報の取扱いに関する規程類を整備し、当該規程類
に従って匿名加工情報を適切に取り扱うとともに、その取扱いの状況につ
いて評価を行い、その結果に基づき改善を図るために必要な措置を講ずる
こと、(iii)匿名加工情報を取り扱う正当な権限を有しない者による匿名加工
情報の取扱いを防止するために必要かつ適切な措置を講ずることである
（本法施行規則67条）。

　行政機関等は、匿名加工情報を取り扱うに当たっては、法令に基づく場

合を除き、当該匿名加工情報の作成に用いられた個人情報に係る本人を識別するために、当該個人情報から削除された記述等若しくは個人識別符号若しくは加工の方法に関する情報を取得し、又は当該匿名加工情報を他の情報と照合してはならない（本法123条 2 項）。

　行政機関等は、匿名加工情報の漏えいを防止するために必要なものとして個人情報保護委員会規則で定める基準に従い、匿名加工情報の適切な管理のために必要な措置を講じなければならない（同条 3 項）。個人情報保護委員会規則では、(i)匿名加工情報（行政機関等匿名加工情報を除く。以下同条において同じ）を取り扱う者の権限及び責任を明確に定めること、(ii)匿名加工情報の取扱いに関する規程類を整備し、当該規程類に従って匿名加工情報を適切に取り扱うとともに、その取扱いの状況について評価を行い、その結果に基づき改善を図るために必要な措置を講ずること、(iii)匿名加工情報を取り扱う正当な権限を有しない者による匿名加工情報の取扱いを防止するために必要かつ適切な措置を講ずることである（本法施行規則67条）。

　本法123条 2 項・ 3 項の規定は、行政機関等から匿名加工情報の取扱いの委託（ 2 以上の段階にわたる委託を含む）を受けた者が受託した業務を行う場合に準用される（同条 4 項）。

第6章 雑則

1 適用除外等

　本法5章4節（開示、訂正及び利用停止）の規定は、刑事事件若しくは少年の保護事件に係る裁判、検察官、検察事務官若しくは司法警察職員が行う処分、刑若しくは保護処分の執行、更生緊急保護又は恩赦に係る保有個人情報（当該裁判、処分若しくは執行を受けた者、更生緊急保護の申出をした者又は恩赦の上申があった者に係るものに限る）については、適用されない（本法124条1項）。その理由は、これらの保有個人情報が個人の犯罪の経歴、逮捕歴等の機微情報であり、開示請求の対象とすると、就職の際に本人の犯罪の経歴等を審査するために用いられ、本人の社会復帰を妨げるおそれがあること、かかる保有個人情報が記録されている訴訟関係書類に関して、刑事訴訟法、刑事確定訴訟記録法等において、関係者のプライバシー保護、捜査の密行性、刑事裁判における適正手続の確保等の各種の要請の調和を図った独自のシステムが構築されていることである。ただし、最判令和3・6・15民集75巻7号3064頁によれば、刑事施設に収容されている者が収容中に受けた診療に関する保有個人情報は、本項の保有個人情報に当たらず、開示請求等の対象になる。

　保有個人情報（行政機関情報公開法5条、独立行政法人等情報公開法5条又は情報公開条例に規定する不開示情報を専ら記録する行政文書等に記録されているものに限る）のうち、まだ分類その他の整理が行われていないもので、同一の利用目的に係るものが著しく大量にあるためその中から特定の保有個人情報を検索することが著しく困難であるものは、本法5章4節（審査請求に係る規定を除く）の規定の適用については、行政機関等に保有されていないものとみなされる（本法124条2項）。本法の開示請求は散在情報

も対象にしているが、散在情報の中には、同一の利用目的に係るもので未
整理のものが著しく大量に保有されている場合がある。これらの情報に包
含される特定の保有個人情報に対して開示請求がなされた場合、当該情報
を検索することが著しく困難であり、検索を義務付けた場合、他の業務を
完全に停止せざるを得ず、公務に著しい支障を及ぼすおそれがある。ま
た、未整理状態で保有されている保有個人情報は、整理がなされるまでは
行政目的で利用されることはないため、個人の権利利益を害するおそれも
ない。そこで、かかる場合には、当該保有個人情報は、行政機関等に保有
されていないものとみなして、不存在を理由とする不開示決定を行うこと
を可能にしている。ただし、このみなし規定が濫用されることを防ぐた
め、審査請求の規定は適用することとしている。

2　適用の特例

　地方公共団体の機関が行う病院及び診療所並びに大学の運営、独立行政
法人労働者健康安全機構が行う病院の運営に係る業務における個人情報、
仮名加工情報又は個人関連情報の取扱いについては、個人情報取扱事業
者、仮名加工情報取扱事業者又は個人関連情報取扱事業者による個人情
報、仮名加工情報又は個人関連情報の取扱いとみなして、本法 5 章（行政
機関等の義務等）ではなく、本法 4 章（32条から39条まで及び 4 節を除く）
の規定を適用することを原則としている（本法58条 2 項）。ただし、本法 5
章 1 節（総則）の定義規定は適用除外とならない。また、地方公共団体の
機関が行う病院及び診療所並びに大学の運営、独立行政法人労働者健康安
全機構が行う病院の運営に係る業務ではあるものの例外的に公権力の行使
としての性格を有するものの安全管理措置については、本法66条 1 項の公
的部門の規律が適用される（本法66条 2 項 4 号）。本法66条 2 項 5 号（同項
4 号に係る部分に限る）は、例外的に公権力の行使としての性格を有し、
公的部門の規律を受けることが適当な業務の委託（ 2 以上の段階にわたる
委託を含む）を受けた場合の安全管理措置については、同条 1 項の公的部

門の規律が適用されるとしている。本法75条は個人情報ファイル簿の作成
及び公表に係る規定である。地方公共団体の機関が行う病院及び診療所並
びに大学の運営、独立行政法人労働者健康安全機構が行う病院の運営に係
る業務についても、個人情報ファイル簿の作成及び公表は行われるべきと
考えられるので、同条の規定は適用除外とされていない。本法 5 章 4 節
（開示、訂正及び利用停止）、 5 節（行政機関等匿名加工情報）についても、
地方公共団体の機関が行う病院及び診療所並びに大学の運営、独立行政法
人等労働者健康安全機構が行う病院の業務に適用される。本法124条 2 項
は、保有個人情報（行政機関情報公開法 5 条、独立行政法人等情報公開法 5 条
又は情報公開条例に規定する不開示情報を専ら記録する行政文書等に記録され
ているものに限る）のうち、まだ分類その他の整理が行われていないもの
で、同一の利用目的に係るものが著しく大量であるため、その中から特定
の保有個人情報を検索することが著しく困難であるものは、本法 5 章 4 節
（審査請求に係る 4 款を除く）の規定の適用については、行政機関等に保有
されていないものとみなす規定である。地方公共団体の機関が行う病院及
び診療所並びに大学の運営、独立行政法人労働者健康安全機構が行う病院
の運営についても、この規定は適用される。本法127条は、開示請求等を
しようとする者に対する情報提供の規定であり、本人の関与に関する規定
であるので、地方公共団体の機関が行う病院及び診療所並びに大学の運
営、独立行政法人労働者健康安全機構が行う病院の運営についても、公的
部門の規律が適用される。本法176条は個人の秘密に属する事項が記録さ
れた個人情報ファイルの不正提供に対する罰則、本法180条は保有個人情
報の不正な利益を図る目的で行われる提供・盗用に対する罰則を定める規
定である。本法58条 2 項各号に掲げる者が行う当該各号に定める業務にお
ける個人情報の取扱いについてであっても、公権力の行使に係る業務の場
合には、これらの罰則規定が適用される。本法181条は、職権濫用により
個人の秘密に属する事項が記録された文書等の収集に係る罪であり、この
規定は、本法58条 2 項各号に掲げる者が行う当該各号に定める業務におけ

る個人情報の取扱いには適用されない（本法125条1項）。

　本法58条1項各号に掲げる者は、①別表第2に掲げる法人及び②地方独立行政法人のうち地方独立行政法人法21条1号に掲げる業務（試験研究）を主たる目的とするもの又は同条2号（大学又は大学及び高等専門学校の設置及び管理を行うこと並びに当該大学又は大学及び高等専門学校における技術に関する研究の成果の活用を促進する事業であって政令で定めるものを実施する者に対し、出資を行こと）若しくは3号チ（病院事業）に掲げる業務を目的とするものである。①は、本法2条11項3号の「独立行政法人等」から原則として除外される。また、②は、本法2条11項4号の「地方独立行政法人」から原則として除外されている。したがって、①及び②については、本法5章ではなく、本法4章の規定が適用されるのが原則になるが、本法4章の規定のうち、本法32条から39条まで及び本法4章4節（匿名加工情取扱事業者等の義務）の規定を適用しないこととしている（本法58条1項）。そして、本法5章1節（定義規定）、75条（個人情報ファイル簿の作成及び公表）、4節（開示、訂正及び利用停止）、5節（行政機関等匿名加工情報の提供等）、124条2項（未分類の大量文書の特例）、127条（開示請求等をしようとする者に対する情報の提供等）、6章（個人情報保護委員会）、7章（雑則）、8章（罰則）の規定は、①及び②に掲げる者にも適用される。ただし、本法176条（個人の秘密に属する事項が記録された個人情報ファイルの不正提供に対する罰則）、180条（保有個人情報を不正な利益を図る目的で提供・盗用することに対する罰則）、181条（職権濫用により個人の秘密に属する事項が記録された文書等を収集することに対する罰則）の規定は、①及び②による個人情報又は匿名加工情報の取扱いについては適用されない（本法125条2項）。

　本法58条1項各号及び2項各号に掲げる者（同項各号に定める業務を行う場合に限る）についても、本法98条の利用停止請求権の規定は適用されるが、必要な読替が行われている（本法125条3項）。

3　権限又は事務の委任

　行政機関の長は、政令（人事院にあっては人事院規則、会計検査院にあっては会計検査院規則）で定めるところにより、本法 5 章 2 節から 5 章 5 節まで（74条及び 4 章 4 節 4 款を除く）に定める権限又は事務を当該行政機関の職員に委任することが認められている（本法126条）。本法74条の個人情報ファイルの保有等に関する事前通知は、個人情報ファイルに係る法適用の統一性及び法適合性を確保するという重要な事務であるため、行政機関の長は委任を行うことを認められていない。また、本法 4 章 4 節 4 款の審査請求に係る権限又は事務は、争訟の解決という重要な機能を持つものであるので、下級機関に処理させることは適切ではない。そこで、委任は認められていない。

4　開示請求等をしようとする者に対する情報の提供等

　行政機関の長等は、開示請求、訂正請求若しくは利用停止請求又は行政機関等匿名加工情報をその用に供して行う事業に関する提案（以下「開示請求等」という）をしようとする者がそれぞれ容易かつ的確に開示請求等をすることができるよう、当該行政機関等が保有する保有個人情報の特定又は当該提案に資する情報の提供その他開示請求等をしようとする者の利便に資する情報の提供その他開示請求等をしようとする者の利便を考慮した適切な措置を講ずるものとされている（本法127条）。

5　行政機関等における個人情報の取扱いに関する苦情処理

　行政機関の長等は、行政機関等における個人情報、仮名加工情報又は匿名加工情報の取扱いに関する苦情を適切かつ迅速に処理する努力義務を負う（本法128条）。

6　地方公共団体に置く審議会等への諮問

　地方公共団体の機関は、条例で定めるところにより、地方公共団体の施策を講ずる場合その他の場合において、個人情報の適正な取扱いを確保するため専門的な知見に基づく意見を聴くことが特に必要であると認めるときは、審議会その他の合議制の機関に諮問することができる（本法129条）。

第7章 罰則

　行政機関等の職員若しくは職員であった者若しくは受託業務等に従事している者若しくは従事していた者又は行政機関等において個人情報、仮名加工情報若しくは匿名加工情報の取扱いに従事している派遣労働者若しくは従事していた派遣労働者が、正当な理由がないのに、個人の秘密に属する事項が記録された電算処理ファイル（その全部又は一部を複製し、又は加工したものを含む）を提供したときは、2年以下の拘禁刑又は100万円以下の罰金に処せられる（本法176条）。以上の者が、その業務に関して知り得た保有個人情報を自己若しくは第三者の不正な利益を図る目的で提供し、又は盗用したときは、1年以下の拘禁刑又は50万円以下の罰金に処せられる（本法180条）。行政機関等の職員がその職権を濫用して、専らその職務の用以外の用に供する目的で個人の秘密に属する事項が記録された文書、図画又は電磁的記録を収集したときは、1年以下の拘禁刑又は50万円以下の罰金に処せられる（本法181条）。以上については、国外犯も処罰される（本法183条）。偽りその他不正の手段により、開示決定に基づく保有個人情報の開示を受けた者については、刑罰ではなく秩序罰を科すこととされており、10万円以下の過料に処せられる（本法185条3号）。

第8章 個人情報保護法の改正と地方公共団体の対応

1 2021年改正

　令和3年法律第37号により、行政機関個人情報保護法、独立行政法人等個人情報保護法は廃止され、その内容は、一定の修正を受けた上で、個人情報保護法5章（行政機関等の義務等）に統合された。また、同章の規定は、基本的に地方公共団体にも適用されることになった。我が国の個人情報保護法制の大きな特色をなしていた分権的個人情報保護法制は転換を余儀なくされたのである。もっとも、令和3年法律第37号の下でも、地方公共団体が、一定の範囲で個人情報保護に関する条例を制定することは可能である。そこで、以下、令和3年法律第37号の下での個人情報保護に関する条例について述べることとする。

2 理念・責務規定

　従前の個人情報保護条例の中には、前文において個人情報保護の基本理念を謳ったり、実施機関のみならず、事業者や住民の責務についても定めたりするものが稀でなかった。本法においては、3条で基本理念が定められているが、より詳細な基本理念を本法施行条例に規定することは可能である。また、本法は、国の責務（4条）及び地方公共団体の責務（5条）について定めているが、個人情報保護条例の中には、事業者や国民の責務についても定めるものがあった。本法施行条例においても、事業者や国民の責務について定めることは可能である。

3　死者に関する情報

　個人情報保護条例においては、死者の情報も「個人情報」に含めるものが少なくなかった。

　2020年2月27日から3月23日にかけて個人情報保護委員会事務局が行った個人情報保護条例に係る実態調査結果によると、都道府県の約64パーセント、市区町村の約58パーセント、一部事務組合等（一部事務組合、広域連合、地方開発事業団）の約35パーセントが、死者に関する情報を「個人情報」に含めていた。しかし、個人情報保護法は、公的部門と民間部門を通じて、「個人情報」を生存する個人に関する情報に限定したため、地方公共団体又は地方独立行政法人が保有する死者の情報は「個人情報」に該当しないことになった。もっとも、死者の情報を適切に取り扱うことは、死者及びその遺族の尊厳を守るために必要なことである。したがって、これまで死者の情報を個人情報保護条例で保護していた地方公共団体はもとより、そうでなかった地方公共団体も、個人情報保護法施行条例とは別に、死者の情報を保護する条例を制定すべきであろう。

4　議会

　個人情報保護条例においては、議会を実施機関とするものが多かった。これに対して、本法2条11項における「行政機関等」の定義規定においては、「地方公共団体の機関」から議会が除外されている（同項2号）。しかし、議会の保有する個人情報の取扱いに関する法的規制がなくなることは、個人情報保護の大きな後退といわざるを得ない。本来であれば、国会についても、その事務局、法制局については、行政機関と同様に、本法と同内容の法的規律があってしかるべきであり、個人情報保護に関する法的規律について、地方議会が国会に合わせるべきではない。したがって、これまで、議会を個人情報保護条例の実施機関としていた地方公共団体はもとより、そうでなかった地方公共団体においても、議会の保有する個人情

報の保護に関する条例を制定すべきであろう。

5　条例要配慮個人情報

　地方公共団体の機関又は地方独立行政法人が保有する個人情報（要配慮個人情報を除く）のうち、地域の特性その他の事情に応じて、本人に対する不当な差別、偏見その他の不利益が生じないようにその取扱いに特に配慮を要するものとして地方公共団体が条例で定める記述等が含まれる個人情報を「条例要配慮個人情報」という（本法60条5項）。地方公共団体が条例要配慮個人情報を定めた場合は、記録情報に条例要配慮個人情報が含まれているときは、その旨を個人情報ファイル簿に記載する必要がある（本法75条4項）。

6　個人情報ファイル簿

　地方公共団体の機関及び地方独立行政法人も、個人情報ファイル簿を作成し公表することを本法で義務付けられた（本法75条1項）。他方、行政機関（会計検査院を除く）が個人情報ファイルを保有しようとするときは、当該行政機関の長は、あらかじめ、個人情報保護委員会に所定の事項を通知することとされているのに対し（本法74条1項）、地方公共団体の機関又は地方独立行政法人が個人情報ファイルを保有しようとするときの事前通知についての定めは本法には置かれていない。しかし、地方公共団体の機関又は地方独立行政法人においても、個人情報ファイルの名称及びその利用目的、ファイル記録項目並びにファイル記録範囲等について、長等に事前通知し、長等が事前チェックする必要性は認められる。そのような事前通知制度は地方公共団体又は地方独立行政法人の内部管理の問題であり、本法施行条例で定めることが可能である。

　また、本法74条2項9号、本法施行令20条2項により、本人の数が1000人未満の個人情報ファイルについては、個人情報ファイル簿の作成・公表義務は課されていない。しかし、地方公共団体又は地方独立行政法人にお

いては、個人情報取扱事務登録簿について、かかる人数による裾切りは、一般に行われてこなかった（東京都個人情報の保護に関する条例 5 条、神奈川県個人情報保護条例 7 条、大阪府個人情報保護条例 6 条等参照）。したがって、本法74条 2 項 9 号、本法施行令20条 2 項は、地方公共団体及び地方独立行政法人にとっては、個人情報保護の後退になり得る。そこで、地方公共団体は、本法施行条例において、かかる裾切りを廃止することができると解される。

7　個人情報取扱事務登録簿

　本法75条 1 項は、個人情報ファイル簿の作成及び公表を地方公共団体及び地方独立行政法人にも義務付けている。しかし、地方公共団体及び地方独立行政法人の中には、従前、個人情報ファイル簿ではなく、個人情報取扱事務登録簿を作成していたものが多かった。総務省が2019年 4 月 1 日を調査基準日として行った調査によると、全ての都道府県及び約95パーセントの市区町村が個人情報の保有状況を記録した帳簿等を作成していたが、個人情報ファイル簿を作成していたものは、都道府県の約 9 パーセント、市区町村の約31パーセントにとどまっていた。本法の下では、地方公共団体及び地方独立行政法人も、個人情報ファイル簿の作成及び公表の義務を負うが、住民の側からみれば、個人情報取扱事務単位で、いかなる個人情報が保有されているかを認識できることは便利であり、個人情報取扱事務登録簿が個人情報ファイル簿に置き換わることは不便と感ずる者が少なくないと思われる。そこで、地方公共団体の機関又は地方独立行政法人は、条例で定めれば、個人情報ファイル簿とは別に個人情報取扱事務登録簿を作成及び公表することが可能とされている（同条 5 項）。従前、個人情報取扱事務登録簿を作成及び公表していた地方公共団体の機関及び地方独立行政法人は、住民サービスの低下とならないように、個人情報取扱事務登録簿の作成及び公表も可能とするように条例で定めることが望ましいと思われる。

8　不開示情報

　従前、地方公共団体においては、情報公開条例と個人情報保護条例は表裏一体のものとして運用されてきた。両者の不開示情報についての定めも、密接に関係していた。そのため、不開示情報に係る改正について審議する審議会や、個別の不服申立事案について審査する審査会も、情報公開・個人情報保護審議会や情報公開・個人情報保護審査会として組織されることが稀でなかった。令和3年法律第37号は、地方公共団体又は地方独立行政法人の保有個人情報についても、不開示情報を一律に定めているが（本法78条1項）、同項で不開示情報とされているものが情報公開条例では不開示情報とされていなかったり、逆に、同項では不開示情報とされていないものが情報公開条例では不開示情報とされていたりするという事態が生じ得る。そこで、同項で不開示情報とされているものが情報公開条例では開示することとされている場合には、当該情報を条例で定めることにより同項の不開示情報から除くことができる。他方、同項で不開示情報とされていないものが、情報公開条例において不開示とすることとされている場合には、当該情報公例との整合性を確保するため、当該情報を条例で定めることにより、不開示情報として追加することができる。

9　開示請求等及び開示決定等に係る手続的事項

　本法5章4節（開示、訂正及び利用停止）の規定は、地方公共団体が、保有個人情報の開示、訂正及び利用停止の手続並びに審査請求の手続に関する事項について、同節の規定に反しない限り、条例で必要な事項を定めることを妨げるものではない（本法108条）。たとえば、任意代理人のなりすましを防止するため、本人に確認書を送付する手続を本法施行条例で定めることは可能である。

　本法は、開示請求は書面を行政機関の長等に提出してしなければならないとし（77条1項）、開示決定や不開示決定の通知も書面で行うこととし

ている（82条）。しかし、個人情報保護条例の中には、実施機関があらか
じめ定めた個人情報について、例外的に、口頭で開示の請求を行うことを
認め（京都府県個人情報保護条例18条1項）、かかる口頭による開示請求が
あったときは、開示の方法は、実施機関が別に定める方法によることとし
（同条2項）、「口頭により開示請求をすることができる個人情報の決定」
（平成8年京都府告示651号）で開示の方法を定めている。たとえば、会計年
度任用職員採用選考試験の総合ランクについては、合格発表の日から起算
して1か月間、閲覧を認めることとしている。実施機関が事前に定める一
定の場合に、口頭による簡易な開示請求を認めることは、開示請求者の便
宜に資するものであり、本法108条の規定に基づき、条例で定めることは
差し支えないと思われる。また、開示の実施についても、開示請求後、直
ちに開示が実施されることは、開示請求者の便宜に資するものであり、条
例で定めることは妨げられないと思われる。ただし、本法87条1項におい
て、保有個人情報の開示は、当該保有個人情報が文書又は図画に記録され
ているときは閲覧又は写しの交付により行うとされていることに鑑みる
と、簡易開示とはいえ、閲覧の方法に限定してよいか、また、閲覧期間を
限定してよいかという問題がある、また、同項において、電磁的記録の開
示は、電磁的記録の種別、情報化の進展状況等を勘案して行政機関等が定
める方法により行うとされているところ、電磁的記録を用紙に出力したも
のの交付、電磁的記録媒体の提供、汎用受付等システムに開示の実施の対
象となる電磁的記録をアップロードし、それを開示請求者が自己の電子計
算機にダウンロードする方法等も考えられるので（個人情報保護委員会事
務局「個人情報の保護に関する法律についての事務対応ガイド（行政機関
等向け）Ⅳ6−1−8−(1)②参照」、電磁的記録についても、閲覧のみ
ならず写しの交付も認めることになると思われる。そうであるとすると、
簡易開示で閲覧のみを認め、写しの交付を認めないことは、本法に抵触す
るおそれがある。そこで、条例で簡易開示の仕組みを設ける場合には、本
法に基づく開示の実施方法に代替するものとしてではなく、本法に基づく

開示の実施方法に加えて選択できるものとして条例で定めることが適切と思われる。

　また、個人情報保護条例においては、開示決定等の期限について、開示請求があった日から14日以内（東京都個人情報の保護に関する条例14条 1 項、横浜市個人情報の保護に関する条例26条 1 項等）、15日以内（神奈川県個人情報保護条例22条 1 項、大阪府個人情報保護条例19条 1 項、埼玉県個人情報保護条例22条 1 項、千葉県個人情報保護条例22条 1 項等）等、本法83条 1 項の「開示請求があった日から30日以内」より短い期間を定めるものが多い。したがって、本法83条 1 項の規定が適用されることは、開示請求者にとって、開示決定等が遅延するという不利益が生ずる可能性が高くなる。したがって、地方公共団体は、本法施行条例で、開示決定等の期限について、従前の開示決定等の期限まで短縮するようにすべきであろう。また、本法83条 2 項前段は、事務処理上の困難その他正当な理由があるときは、開示決定等の期間を30日以内に限り延長することができるとしている。この延長期間についても、条例で短縮することができる。さらに、本法84条は、開示請求に係る保有個人情報が著しく大量であるため、開示請求があった日から60日以内にその全てについて開示決定等をすることにより事務の遂行に著しい支障が生ずるおそれがある場合には、行政機関の長等は、開示請求に係る保有個人情報のうちの相当の部分につき60日以内に開示決定等をし、残りの保有個人情報については相当の期間内に開示決定等をすれば足りるという特例を設けている。この特例の「相当の期間内」について上限を設け、当該上限に達しても、対象文書の全てについて開示決定等ができない場合には不開示決定があったものとみなすという「みなし拒否」（宇賀・行政法概説 I 106頁参照）の制度を条例で定めることも可能と考えられる。

　個人情報保護条例の中には、不開示決定をする際に、不開示情報を開示することができるようになる期日を明示可能なときは、当該期日を明示することを実施機関に義務付けるものがあるが（青森県個人情報保護条例16条

4項、長野県個人情報保護条例16条3項等参照）、かかる規定は開示請求者の便宜に資するものであり、本法施行条例において、かかる規定を設けることは可能である。

10　手数料

　本法89条2項は、地方公共団体の機関に対し開示請求をする者は、条例で定めるところにより、実費の範囲内において条例で定める額の手数料を納めなければならないと規定している。したがって、地方公共団体は、開示請求に係る手数料を条例で定めなければならない。本法89条1項、本法施行令27条1項で定める手数料と同額とする必要はないが、「実費の範囲内」という制約を遵守しなければならない。そこで、何が「実費」に当たるかが問題になる。開示請求を受け付け、保有個人情報を検索し、開示決定の可否を審査し、開示決定等の通知書を送付するまでの費用（申請処理事務費用）及び開示決定された行政文書等の写しの作成経費等が「実費」に当たる。開示決定の可否を審査する費用は、事案により大きく異なり得る。そこで審査に要した時間及び人員を勘案した手数料を定めると、手数料額は事案により千差万別になり、その算定のための行政コストが大きくなるのみならず、事案によっては、手数料額が相当に多額となり、「できる限り利用しやすい額とする」という本法89条3項の規定と抵触するおそれがある。そこで、開示決定の可否を審査する費用は、条例で手数料を定める際に、積算に含めないことが妥当であろう。なお、「実費の範囲内」で「できる限り利用しやすい額とする」ことが地方公共団体に求められているので、手数料を無料とすることも可能である。また、本法89条1項、本法施行令27条1項で定める手数料は、「開示請求に係る手数料」と「開示の実施に係る手数料」を分けていないが、条例において両者を分けて、写しの作成に要する費用（コピー代等）や記録媒体（DVD等）の費用を「開示請求に係る手数料」に含めず、「開示の実施に係る手数料」として徴収する内容の条例とすることも可能である。本法89条1項、本法施行令27条

1 項においては、手数料の減免規定は設けられていない。しかし、条例で
手数料の減免規定を設けることは、「実費の範囲内」で「できる限り利用
しやすい額とする」という観点から否定されるべきではなく、可能と考え
られる。

11　訂正請求及び利用停止請求に係る開示決定前置

　本法90条 1 項及び99条 1 項 2 号は、制度の安定的運用を図る趣旨から、
訂正請求及び利用停止請求の対象を本法の開示決定に基づき開示を受けた
保有個人情報又は他の法令の規定の開示決定に基づき開示を受けた保有個
人情報に限定している。しかし、個人情報保護条例においては、訂正請求
及び利用停止請求について、開示決定前置主義を採らないものもあった
（神奈川県個人情報保護条例27条 1 項、28条 1 項、34条 1 項、35条 1 項、大阪府
個人情報保護条例23条 1 項、25条 1 項、31条 1 項、31条の 3 第 1 項等。その他
の例について、宇賀・新・個人情報保護逐条622頁参照）。本法施行条例にお
いて開示決定前置主義を採らないようにすることは、訂正請求及び利用停
止請求の要件を緩和し、請求者の便宜に資するのであり、本法108条の規
定に基づき条例で定めることができると解される。

12　審査請求

　令和 3 年法律第37号による改正前、個人情報保護条例に基づく開示決定
等に係る審査請求について諮問を受ける機関として、個人情報保護審査会
（又は情報公開・個人情報保護審査会）が存在した。令和 3 年法律第37号に
よる改正法の全面施行後も、従前の個人情報保護審査会（又は情報公開・
個人情報保護審査会）を本法に基づく開示決定等に係る審査請求について
諮問を受ける機関（本法105条 3 項の「行政不服審査法第81条第 1 項又は第 2
項の機関」）と位置付けることにより、当該審査会を引き続き活用するこ
とが可能になる。また、当該審査会と本法129条の規定に基づく審議会の
機能を兼備させることも可能である。

13　苦情処理

　行政機関の長等は、行政機関等における個人情報、仮名加工情報又は匿名加工情報の取扱いに関する苦情を適切かつ迅速に処理する努力義務を負う（本法128条）。この努力義務を履行する方法として、苦情処理委員を本法施行条例で定め、当該委員に苦情処理の受付、地方公共団体の機関に対する事実確認、地方公共団体に対する改善勧告を嘱託することは可能と考えられる。

14　地方公共団体に置く審議会等への諮問

　地方公共団体の機関は、条例で定めることにより、本法3章3節（地方公共団体の施策）の施策を講ずる場合その他の場合において、個人情報の適正な取扱いを確保するため専門的な知見に基づく意見を聴くことが特に必要であると認めるときは、審議会その他の合議制の機関に諮問することができる（本法129条）。「個人情報の適正な取扱いを確保するため専門的な知見に基づく意見を聴くことが特に必要であると認めるとき」としては、以下のような場合が考えられる。

　第1に、本法や「個人情報の保護に関する法律についてのガイドライン（行政機関等編）」（令和4年個人情報保護委員会告示第1号）の運用基準を事前に策定しておくことが有意義と認められる場合である。具体的には、本法62条の規定に基づく利用目的の明示方法、本法65条の規定に基づく正確性確保措置、本法66条の規定に基づく安全管理措置、本法69条2項1号の規定に基づく本人の同意取得方法等を具体化する運用基準について諮問することが考えられる。また、行政機関等匿名加工情報をその用に供して行う事業に関する提案の審査の基準（本法114条1項）の中には、容易に判断できるものもあれば、不確定概念を用いた基準であるため判断が困難なものもあり、後者については、より具体的な基準が必要になる。たとえば、当該事業が新たな産業の創出又は活力ある経済社会若しくは豊かな

国民生活の実現に資するものであるか（同項4号）の判断には行政裁量が認められ、実務上、より具体的な運用基準が不可欠である。そこで、かかる基準を策定するために、有識者からなる本法129条の審議会等に諮問することは可能と考えられる。

　第2に、条例要配慮個人情報について定める場合のように、地方公共団体が地域の特性に応じて独自の個人情報保護施策を実施する場合には、有識者や地域の代表者からなる審議会等に諮問して、その意見を聴取することは有意義なことが多いと思われる。

　第3に、本法施行条例の改正を検討する場合にも、有識者や地域の代表者からなる審議会等に諮問して、その意見を聴取することは有意義なことが多いと思われる。

15　首長部局の内部組織

　普通地方公共団体の長は、その権限に属する事務を分掌させるため、必要な内部組織を設けることができる。この場合において、当該普通地方公共団体の長の直近下位の内部組織の設置及びその分掌する事務については、条例で定めるものとされている（地方自治法158条1項）。情報公開や個人情報保護に関する事務を所掌する局を都道府県が設けたり、かかる事務を担当する部を市町村が設けたりすることは、自主組織権（宇賀・地方自治法概説156頁以下参照）の問題であり、各地方公共団体の判断で自由に行うことができる。なお、2020年2月27日から3月23日にかけて個人情報保護委員会事務局が行った個人情報保護条例に係る実態調査結果によると、都道府県の約40パーセント、市区町村の59パーセントが、組織全体における個人情報保護の責任者について規定しており、各部署における個人情報保護の責任者について規定している団体の割合は、都道府県の約64パーセント、市区町村の約69パーセントにのぼった。責任者の権能については、都道府県の約62パーセント、市区町村の約42パーセントが教育訓練の実施、都道府県の約55パーセント、市区町村の約43パーセントが指導・

是正を挙げていた。また、都道府県の約60パーセント、市区町村の約37パーセントが安全ルールの策定を挙げていた。これらの事項は、地方公共団体の内部管理の問題であり、本法施行条例で定めることは差し支えない。

16　施行状況の公表

本法165条１項において、個人情報保護委員会は、行政機関の長等に対し、本法の施行の状況について報告を求めることができるとされ、同条２項において、個人情報保護委員会は、毎年度、上記の報告を取りまとめ、その概要を公表するものとされている。したがって、地方公共団体及び地方独立行政法人における本法の施行状況についても、個人情報保護委員会により公表されることになる。しかし、自分が居住する地方公共団体又は自分が居住する地方公共団体が設置した地方独立行政法人における個人情報の取扱いに特化したかたちで、当該地方公共団体のウェブサイトや公報で公表されるほうが、実際に当該地方公共団体の住民に情報が伝達される可能性がはるかに大きくなると思われる。したがって、地方公共団体は、本法施行条例において、当該地方公共団体及びその設立した地方独立行政法人における個人情報の取扱いについて、毎年度公表する義務を定めることが望ましいと思われる。

17　行政機関等匿名加工情報

令和３年法律第37号の附則により、都道府県及び政令指定都市以外の地方公共団体並びに地方独立行政法人は、当分の間、行政機関等匿名加工情報制度の実施を猶予されている。そこで、当分の間、行政機関等匿名加工情報制度の実施を義務付けられていない地方公共団体及び地方独立行政法人が、任意にこの制度を実施すべきかの判断の一素材を提供する趣旨で、行政機関等匿名加工情報制度の趣旨について述べておきたい。

（1）オープンデータ政策における位置付け

　行政機関等匿名加工情報制度は、オープンデータ政策を推進する制度の一環として位置付け得る（オープンデータについての文献は枚挙に暇がない。宇賀・情報公開・オープンデータ・公文書管理269頁以下及びそこで掲げられた文献、宇賀克也「『オープンデータの法制度と課題』および『リスク社会と行政訴訟』—東アジア行政法学会国際学術総会（第12回大会）」行政法研究16号92頁以下、友岡史人『行政情報法制の現代的構造』（信山社、2022年）22頁以下、宍戸常寿＝庄司昌彦＝野口祐子「オープンデータ活用のゆくえ（鼎談）」ジュリ1508号 2 頁以下等参照）。従前のオープンデータ政策は、行政機関情報公開法の不開示情報に当たる情報は対象外としてきた。したがって、パーソナルデータについても、不開示情報に当たる部分を削除して、不開示情報に当たらない部分をオープンデータの対象とすることはあっても、不開示情報に当たる部分は、オープンデータの対象外とせざるを得なかった。行政機関等匿名加工情報は、不開示情報に当たる個人情報についても、匿名加工を行うことにより、特定の個人を識別することができず、また、加工元の個人情報を復元することができないようにしたものであり、この制度は、オープンデータ政策を一段深化させたものとみることができる。もっとも、統計の分野においては、一般の利用に供することを目的として調査票情報を特定の個人又は法人その他の団体の識別ができないように加工した匿名データ（統計法 2 条12項）を、一般からの求めに応じ、行政機関の長等が提供する制度が、平成19年法律第53号による改正（宇賀克也＝中島隆信＝中田睦＝廣松毅「全面施行された新統計法（座談会）」ジュリ1381号 4 頁以下、宇賀・個人情報の保護と利用251頁以下及びそこに掲げた文献参照）で新設されている。個人情報を加工して特定の個人が識別できないようにして一般の利用に供することができるようにするという点では、匿名データ制度は、匿名加工情報制度に先行するものといえる。もっとも、匿名データを提供できる場合は、(i)学術研究、(ii)教育、(iii)国際社会における我が国の利益の増進及び国際経済社会の健全な発展、(iv)デジタル社会形成基本法37

条2項13号に規定する特定公共分野に係る統計の作成等であって、国民経済の健全な発展又は国民生活の向上に寄与すると認められるもの等のいずれかに資すると認められることが必要条件になっている（統計法施行規則35条1項。詳しくは、宇賀・個人情報の保護と利用280頁以下参照）。これに対して、行政機関等匿名加工情報制度は、「新たな産業の創出又は活力ある経済社会若しくは豊かな国民生活の実現に資するものであること」（個人情報保護法114条1項4号）を目的としており、民間の営利活動であっても、それが上記の要件を充足する場合には、同項が定める他の要件を満たし、同法113条が定める欠格事由に該当しない限り、行政機関等匿名加工情報の利用に関する契約が締結されることになる。このように行政機関等匿名加工情報の提供要件と匿名データの提供要件は、必ずしも同一とはいえず、その運用によっては、行政機関等匿名加工情報制度は、匿名データ制度と比較しても、オープンデータ政策を深化させたものとなり得ると思われる。

（2）官民データ活用推進基本法との関係

　地方公共団体が保有するパーソナルデータのうち、マニュアル処理されたものは、ビッグデータとしての活用には適さず、また、これを行政機関等匿名加工情報の対象にした場合、行政コストが過大になり、行政の適正かつ円滑な運営に支障を生ずるおそれがある。行政機関等匿名加工情報も、行政の適正かつ円滑な運営に支障のない範囲内で、個人情報ファイルを構成する保有個人情報を加工して匿名加工情報を作成することができるものであることを要件の一つとしており（個人情報保護法60条3項3号）、マニュアル処理ファイルは、この要件を満たさないと考えられる（宇賀・新・個人情報保護法逐条450〜451頁参照）。

　官民データ活用推進基本法2条1項の「官民データ」は、地方公共団体が管理、利用、提供する電磁的記録（国の安全を損ない、公の秩序の維持を妨げ、又は公衆の安全の保護に支障を来すことになるおそれがあるものを除く）に記録された情報も含んでおり、匿名加工の対象になるデータベース化さ

れた個人情報ファイルは、この「電磁的記録」に当たるから、地方公共団体の行政機関等加工情報制度を構想するに当たっても、官民データ活用推進基本法の「官民データ」に係る規律に配慮する必要がある。同法5条は、基本理念にのっとり、官民データ活用の推進に関し、国との適切な役割分担を踏まえて、その地方公共団体の区域の経済的条件等に応じた施策を策定し及び実施する責務を地方公共団体に課している。同法3条は8項目にわたり基本理念を定めているが、(i)官民データ活用の推進は、個人及び法人の権利利益を保護しつつ情報の円滑な流通の確保を図ることを旨として行われなければならないこと、(ii)官民データ活用の推進は、地域経済の活性化及び地域における就業の機会の創出を通じた自立的で個性豊かな地域社会の形成並びに新たな事業の創出並びに産業の健全な発展及び国際競争力の強化を図ることにより、活力ある日本社会の実現に寄与することを旨として行われなければならないこと、(iii)官民データ活用の推進は、国及び地方公共団体における施策の企画及び立案が官民データ活用により得られた情報を根拠として行われることにより、効果的かつ効率的な行政の推進に資することを旨として行われなければならないこと、(iv)官民データ活用の推進に当たっては、個人及び法人の権利利益を保護しつつ、個人に関する官民データの適正な活用を図るために必要な基盤の整備がなされなければならないこととしており、行政機関等匿名加工情報制度の導入は、官民データ活用推進基本法の官民データの活用の一環ととらえることができる。同法9条は、官民データ活用推進計画の策定を都道府県に義務付け（同条1項）、市区町村に策定の努力義務を課している（同条3項）。地方公共団体の官民データ活用推進計画においては、地方公共団体が任意に行政機関等匿名加工情報制度を導入する場合には、官民データ活用推進基本計画も策定し、同計画の一環として、行政機関等匿名加工情報制度を位置付けることが望ましいと思われる。

第 2 部

個人情報保護に係る特別法

第1章 マイナンバー（番号）法

1　マイナンバー（番号）制度導入の経緯

　我が国において、全国民を対象とした共通番号制度導入の検討は、佐藤栄作内閣時代の1970年、当時の行政管理庁の主導により、「各省庁統一個人コード連絡研究会議」で事務処理用統一個人コードが検討されたのを嚆矢とする。この時には、国民総背番号制の導入につながるという批判が多く、1973年４月、福田赳夫行政管理庁長官は、事務処理用統一個人コードについて、「世界の大勢、国民のコンセンサスの流れを見た上で結論を得べきものである」との国会答弁を行い、以後、この問題についての政府部内での検討は中止された。

　1980年には、グリーン・カード制度を導入する所得税法改正が実現したが、少額貯蓄非課税制度を不正利用していた資金が郵便局、金融機関から外国債券等に流出し、グリーン・カード制度への反対運動が高まり、1983年にその実施が延期され、1985年には、この制度は廃止された。

　1999年に住民基本台帳ネットワークシステムを導入する住民基本台帳法の改正が行われたが、これに対しては、個人情報の漏えい等への国民の不安の声が強く、住民基本台帳法改正法附則１条２項の規定に基づき、民間部門を対象とした個人情報保護法制の整備が政府に義務付けられることになった。その後も、政府において、納税者番号、社会保障番号や国民ＩＤの検討は進められ、2009年３月に成立した「所得税法等の一部を改正する法律」附則104条３項６号において、納税者番号制度の導入の準備を含め、納税者の利便の向上及び課税の適正化を図ることとされた。

　さらに、民主党が「マニフェスト2009」において、税と社会保障の共通番号制度導入を謳い、「マニフェスト政策各論」において、所得の把握を

確実に行うため、税・社会保障制度の共通番号制度を導入することを宣言した。政権交代後、民主党を中心とした連立政権が作成した平成22年度税制改正大綱において、「社会保障制度と税制を一体化し、真に手を差し伸べるべき人に対する社会保障を充実させるとともに、社会保障制度の効率化を進めるため、また所得税の公正性を担保するために、正しい所得把握体制の環境整備が必要不可欠です。そのために社会保障・税共通の番号制度の導入を進めます」と宣言され、これを契機にマイナンバー（番号）制度導入の動きが急速に進行することとなった。2010年10月からは、政府・与党社会保障改革検討本部において検討が深められ、2011年6月30日に、「社会保障・税番号大綱」が同本部で決定され、これに基づき法案作成作業が進められた。2012年2月14日に、「行政手続における特定の個人を識別するための番号の利用等に関する法律案」、「行政手続における特定の個人を識別するための番号の利用等に関する法律の施行に伴う関係法律の整備等に関する法律案」、「地方公共団体情報システム機構法案」（以下「旧マイナンバー〔番号〕関係3法案」という）が閣議決定され、第180回国会に提出されたが、同国会では継続審査となり、第181回国会において、同年11月16日の衆議院解散に伴い廃案となった。

　政権交代で自公政権が復活したが、自公民の3党は、旧マイナンバー（番号）関係3法案を一部修正して、再提出することに合意し、2013年3月1日、「行政手続における特定の個人を識別するための番号の利用等に関する法律案」、「行政手続における特定の個人を識別するための番号の利用等に関する法律の施行に伴う関係法律の整備等に関する法律案」、「地方公共団体情報システム機構法案」が「内閣法等の一部を改正する法律案」とともに、マイナンバー（番号）関係4法案として第183回国会に提出された。そして、同年4月26日に衆議院内閣委員会で「行政手続における特定の個人を識別するための番号の利用等に関する法律案」、「内閣法等の一部を改正する法律案」は一部修正の上、賛成多数で可決され、「行政手続における特定の個人を識別するための番号の利用等に関する法律の施行に

伴う関係法律の整備等に関する法律案」、「地方公共団体情報システム機構法案」は原案通り賛成多数で可決され、これらの 4 法案は、同年 5 月 9 日に衆議院本会議で賛成多数で可決された。参議院では、同月23日に、「行政手続における特定の個人を識別するための番号の利用等に関する法律案」、「行政手続における特定の個人を識別するための番号の利用等に関する法律の施行に伴う関係法律の整備等に関する法律案」、「内閣法等の一部を改正する法律案」が内閣委員会において全会一致で可決され、「地方公共団体情報システム機構法案」が総務委員会で賛成多数で可決され、これら 4 法案は、翌日の本会議で賛成多数で可決され、同月31日に平成25年法律第22号、第27号、第28号、第29号として公布されている。

2　マイナンバー（番号）制度導入の意義と課題

　マイナンバー（番号）制度導入の最大の意義は、行政事務の効率化であると考えられる。すなわち、個人番号は、悉皆性、唯一無二性を有し、原則として不変性も有するので、正確・迅速に特定の個人を識別することができ、かつ、この機能によって異なる分野に属する情報を照合してこれらが同一の者に係るものであるかを確認することができる（データマッチング）。

　具体的に説明すると、給与等の支払者が法定調書に記載した個人番号と給与等の受取者が納税申告書に記載した個人番号を突合することにより、個人の所得情報を正確かつ迅速に把握することが可能となり、また、扶養控除の重複申請を発見することも容易になる。これにより、所得を正確に把握し得る範囲が拡大することは確かである。また、社会保障の分野で総合合算制度を導入しようとする場合にも、個人番号を用いることにより合算を容易に行うことができるようになり、よりきめ細かな社会保障制度を構築することが可能になる。さらに、災害により住所を移転した被災者支援も、個人番号を用いることにより効率的に行うことが可能になると考えられる。そして、社会保障給付の判定に当たり所得要件を審査するような

場合にも、個人番号を用いた情報連携により、効率性が大幅に向上することになると考えられる。

　以上は、主として行政側からみたメリットであるが、私人の側からみると、社会保障給付の申請に当たり所得証明書等の提出を求められてきたが、情報提供ネットワークシステムを使用した情報連携により添付書類が不要になることにより、行政手続が簡素化し、私人の負担が軽減することになる。また、情報提供等記録開示システム（以下「マイナポータル」という）により、プッシュ型情報提供が行われると、受給資格があることを認識せずに申請を懈怠し、結果として受給権を喪失するという「申請主義の壁」（山口道宏・「申請主義」の壁！－年金・介護・生活保護をめぐって［現代書館、2010年］参照）を越えることも期待できる。さらに、自己の特定個人情報の開示をマイナポータルにより簡潔に実現することができるようになり、情報提供ネットワークシステムの情報提供等の記録（アクセス・ログ）をチェックし、自己に係る特定個人情報の授受を監視することができ、さらに、一部の分野においてではあるが、ワンストップサービスが導入されている。所得証明書等を添付した申請を頻繁に行っていた一部の者を除けば、一般私人にとって、マイナンバー（番号）制度のメリットを実感できるのは、マイナポータルで提供されるサービスが充実し、簡易にその利用が可能になってからになるのではないかと思われる。

　もとより、マイナンバー（番号）制度にも限界がある。課税の適正化についていえば、個々の売買について、個人番号付きで領収書を作成し、事業者と購買者に個人番号付きで当該売買を届け出ることを義務付けているわけではないので、事業所得の把握には限界がある（森信茂樹＝河本敏夫・マイナンバー─社会保障・税番号制度─課題と展望［金融財政事情研究会、2012年］105頁、森信茂樹＝小林洋子・どうなる？どうする！共通番号［日本経済新聞出版社、2011年］158頁参照）。社会保障についても、所得のみならず資産まで把握しなければ、真に手を差し伸べるべき者を確定することはできないが、現行のマイナンバー（番号）制度では、資産の把握までできる

わけではない（平成27年法律第65号によるマイナンバー〔番号〕法改正により、預金口座への付番ができることになったが、付番は任意である）。2021年にデジタル改革関連法の一部として成立した「預貯金者の意思に基づく個人番号の利用による預貯金口座の管理等に関する法律」は、一度に複数の預貯金口座への付番を可能としているが、預貯金者本人の同意を前提としていることに変わりはない。また、マイナンバー（番号）制度の最大の課題は、個人番号、特定個人情報の保護である。個人番号は正確に特定の個人を識別する機能を有し、かつ、社会保障・税・災害対策の分野で共通番号として用いられるので、芋づる式に特定個人情報が漏えいするおそれがある。したがって、一般の個人情報以上に強力な保護措置を講ずる必要があり、同法の規定の大半が、個人番号、特定個人情報の保護に係るものになっているのも、そのためである。

3　目的

　マイナンバー（番号）法（以下、本章において「本法」という）は、悉皆性、唯一無二性により高度の特定個人識別機能を有する個人番号を利用して、個人情報を迅速・的確に把握し、情報入力コストの削減等により行政運営の効率性を向上させ、所得の過少申告や社会保障給付の不正受給を抑止するなど公正な負担と給付の確保を図り、プッシュ型情報提供等によるきめ細かな行政サービスの実現、添付書類の削減など手続の簡素化による国民負担の軽減を主要な目的とする。

4　地方公共団体の責務

　本法5条において、地方公共団体は、本法3条が定める基本理念にのっとり、個人番号その他の特定個人情報の取扱いの適正を確保するために必要な措置を講ずるとともに、個人番号及び法人番号の利用に関し、国との連携を図りながら、自主的かつ主体的に、その地域の特性に応じた施策を実施するものとされている。以下においては、本法の制定を受けて、地方

公共団体がとるべき措置について、法的観点から論ずることとしたい。

5　法定受託事務に係る市区町村長の対応

（1）個人番号の指定

　市区町村長は、地方公共団体情報システム機構に対し、個人番号を指定しようとする者に係る住民票に記載された住民票コードを通知するとともに、当該住民票コードを変換して個人番号とすべき番号を生成するように求めることとされている（本法8条1項、2項2号）。本法施行時に住民基本台帳に記録されている者等については、個人番号を指定して通知カードで通知し（初期一斉付番。本法制定附則3条1項〜3項）、爾後、出生届等を受けて住民票に住民票コードを記載したときは、速やかに、地方公共団体情報システム機構に住民票コードを通知するとともに、個人番号とすべき番号の生成を求め（本法8条1項）、地方公共団体情報システム機構から通知された個人番号とすべき番号をその者の個人番号として指定し、その者に対し、当該個人番号を通知しなければならない（本法7条1項）。個人番号が悉皆的に指定・通知されることがマイナンバー（番号）制度の実効性を確保するために重要であるので、これを市区町村長に義務付けている。個人番号の指定の対象になるのは、住民票コードが住民票に記載される(i)日本国籍を有する者、(ii)一定の外国人住民（中長期在留者、特別永住者、一時庇護許可者、仮滞在許可者、経過滞在者）である。通知は郵送で行われるので、住民は来庁する必要はない。

　住民票コードの変更は自由に行うことができるが、個人番号については自由に変更を認めると、行政運営の効率化を阻害するおそれがあるとして、原則として変更が認められないこととされている。しかし、個人番号が漏えいして不正に用いられるおそれがあると認められるときは、市区町村長は、その者の請求又は職権により、その者の従前の個人番号に代えて、地方公共団体情報システム機構に新たな個人番号の生成を求め、地方公共団体情報システム機構から通知された個人番号とすべき番号をその者

の個人番号として指定し、速やかに、その者に対し、当該個人番号を通知しなければならない（同条 2 項）。職権による変更も認めているのは、本人の請求を待っていては、なりすまし被害の発生・拡大を防止できない場合も想定され得るからである。

（2）個人番号カードの交付

申請に基づき個人番号カードを取得した場合（本法17条 1 項）、同カードには顔写真が貼付されているので、同カードのみで本人確認を行うことが可能である（本法16条）。

市区町村長は、個人番号を通知された者から交付申請があれば、本人確認の上、個人番号カードを交付する（本法17条 1 項）。転入届その他の個人番号カードの記録事項の変更届を受けた市区町村長は、当該個人番号カードについて、カード記録事項の変更その他当該個人番号カードの適切な利用を確保するために必要な措置を講じ、これを返還しなければならない（同条 3 項、4 項）。以上の市区町村の事務は、地方自治法 2 条 9 項 1 号に規定する第 1 号法定受託事務とされている（本法44条）。

個人番号カードには顔写真が貼付されるので、本人確認手段として用いられることが予定されており、これが不正取得されると、その変造等によるなりすまし被害が生ずるおそれがある。そこで、本法55条は、偽りその他不正の手段により個人番号カードの交付を受けた者は、6 月以下の拘禁刑又は50万円以下の罰金に処すると定めている。

個人番号カードは、対面で提示することにより、本人確認及び個人番号の真正性の確認に用いられるのみならず、後述するマイナポータルにログインする際にも用いられる。

6　個人番号利用事務実施者としての地方公共団体

個人番号は、住民票コードを変換して得られる番号であり（本法 2 条 5 項）、住民基本台帳に記載される者には悉皆的に付番される。この個人番号を利用することができる事務は、当面、社会保障、税、災害対策の分野

に限定されており（ただし、「デジタル社会の実現に向けた重点計画（2022年
6月7日閣議決定）」では、現行制度におけるマイナンバーの利用を徹底するほ
か、在留外国人や在外邦人等に対する行政手続の事務、国家資格等の事務［た
とえば教員や行政書士等］、個人に関する属性情報の登録等を要する事務（たと
えば自動車登録等）等、検討の具体化を進め、マイナンバー利用の拡大を図る
こととされ、国民の理解を得つつ、2023年の通常国会に必要な法律案を提出す
ることとされている）、個人番号を主体的に利用することが認められた個人
番号利用事務は、(i)同法別表第1に列記された事務、(ii)社会保障、地方税
又は防災に関する事務その他これらに類する事務であって条例で定める事
務、(iii)戸籍関係情報の副本に記録されている情報の電子計算機処理等を行
うことにより作成することができる戸籍又は除かれた戸籍の副本に記録さ
れている戸籍等記録者についての他の戸籍記録者等との間の親子関係の存
否に関する情報その他の身分関係の形成に関する情報のうち、本法19条8
号または9号の規定により提供するものとして法務省令で定めるもので
あって、情報提供用個人識別符号の提供に関する事務に限定されている
（本法2条10項、9条1項〜3項）。個人番号利用事務実施者とは、個人番号
利用事務を処理する者及び個人番号利用事務の全部又は一部の委託を受け
た者をいう（同条12項）。

　特定個人情報ファイルにおいて個人情報を効率的に検索し及び管理する
ために必要な限度で個人番号を利用することができる事務（本法9条1項）
が本法別表第1に掲げられているが、同表に列記されている事務のうち、
都道府県又は市町村の機関が主体となるものが過半数を占めている。地方
公共団体の機関は、本法別表第1列記の事務のうち、自らが個人番号利用
事務実施者（同法2条12項）とされたものについて、住民の個人番号を記
載した届出書等を受け取り、個人番号利用事務（同条10項）を行うことに
なる。

　また、地方公共団体の長その他の執行機関は、福祉、保健若しくは医療
その他の社会保障、地方税又は防災に関する事務その他これらに類する事

務であって条例で定めるものの処理に関して保有する特定個人情報ファイルにおいて個人情報を効率的に検索し及び管理するために必要な限度で個人番号を利用することができる（本法 9 条 2 項前段）。地方公共団体は、独自の社会保障給付を行っていることが稀でない。地方公共団体が法律で定められた社会保障給付に上乗せして独自の給付を行っている場合、法律で定められた事務について、本法 9 条 1 項の規定に基づく個人番号の利用により課税証明書の添付が不要になっても、地方公共団体の上乗せ給付部分の申請のために、結局、課税証明書を添付せざるを得ないのでは、「手続の簡素化による負担の軽減」（本法 1 条）という本法の目的が実現されないことになる。そこで、かかる場合、条例で定めるところにより、税務部局の課税に係る特定個人情報ファイルを個人番号を用いて検索し、福祉部局の社会保障給付のために利用することが可能になる。この例のように、地方公共団体の同一機関内（首長部局内等）で個人番号を用いる場合には、本法でいう内部での「利用」であって、外部への「提供」とはされていないため、特定個人情報の提供を限定した本法19条の規定の適用を受けない。

　上乗せ給付の場合に限らず、行政運営の効率化及び行政分野におけるより公正な負担と給付の確保を図り、国民負担の軽減を図るために、条例に基づき個人番号を独自利用することは、「自主的かつ主体的に、その地域の特性に応じた施策を実施するもの」（本法 5 条）として奨励されている。

　社会保障、地方税、防災に関する事務の外延は必ずしも明確でない。これらの事務に分類し得るか多少の疑義があっても、住民代表の議員からなる議会が条例で定める以上、類似の事務も含めて個人番号の利用を可能にし、地方公共団体における行政運営の効率化と住民負担の軽減等を図ることは、本法の定める地方公共団体の責務に照らし肯定されるべきといえる。そこで、社会保障、地方税、防災に関する事務と類似の事務について個人番号の利用が可能になるように、「その他これに類する事務」という文言を付加しているのである。

　このように、本法9条1項、2項の個人番号利用事務を地方公共団体が行う場合、地方公共団体は個人番号利用事務実施者（本法2条12項）となる。

7　個人番号関係事務実施者としての地方公共団体

　個人番号利用事務のための各種届出等、個人番号利用事務に関して行われる他人の個人番号を必要な限度で利用して行う事務を個人番号関係事務という（本法2条11項）。地方公共団体は、個人番号利用事務を行うと同時に、使用者としての立場で職員の給与所得の源泉徴収票等の法定調書に当該職員の個人番号を記載して税務署長に提出するほか、委員・講演者等への謝金の支払調書の提出等の個人番号関係事務も行う。個人番号関係事務実施者とは、個人番号関係事務を処理する者及び個人番号関係事務の全部又は一部の委託を受けた者をいう（同条13項）。地方公共団体は、職員の使用者等としての立場で職員の個人番号を利用する個人番号関係事務実施者でもある。

8　特定個人情報ファイルの作成

　本法19条13号から17号までのいずれかに該当して特定個人情報の提供を受けた者は、その提供を受けた目的を達成するために必要な限度で個人番号を利用することができるから（本法9条6項）、地方公共団体又は地方独立行政法人は、人の生命、身体又は財産の保護のために必要がある場合において、本人の同意があり、又は本人の同意を得ることが困難であるとき（本法19条16号）、その他これらに準ずるものとして個人情報保護委員会規則で定めるとき（同条17号）に該当して特定個人情報の提供を受けた場合には、その提供を受けた目的を達成するために必要な限度で個人番号を利用することができる。

　個人番号利用事務等実施者その他個人番号利用事務等に従事する者は、本法19条13号から17号までのいずれかに該当して特定個人情報を提供し、

又はその提供を受けることができる場合を除き、個人番号利用事務等を処理するために必要な範囲を超えて特定個人情報ファイルを作成することを禁止される（本法29条）。逆にいえば、地方公共団体又は地方独立行政法人は、人の生命、身体又は財産の保護のために必要がある場合において、本人の同意があり、又は本人の同意を得ることが困難であるとき（本法19条16号）、その他これらに準ずるものとして個人情報保護委員会規則で定めるとき（同条17号）に該当して特定個人情報の提供を受けた場合には、その提供を受けた目的を達成するために必要な限度で特定個人情報ファイルを作成することができ、また、個人番号利用事務等を処理するために必要な範囲で特定個人情報ファイルを作成することができる。

9　特定個人情報の提供

特定個人情報の提供は、本法19条各号が定める場合のいずれかに該当するときにのみ認められる。すなわち、個人番号利用事務実施者が個人番号利用事務の処理に必要な限度で提供する場合（1号）、個人番号関係事務実施者が個人番号関係事務の処理に必要な限度で提供する場合（2号）、本人又はその代理人が個人番号利用事務等実施者に提供する場合（3号）、一の使用者等における従業者等であった者が他の使用者等における従業者等になった場合において、当該従業者等の同意を得て、当該一の使用者等が当該他の使用者等に対し、その個人番号関係事務を処理するために必要な限度で当該従業者等の個人番号を含む特定個人情報を提供する場合（4号）、地方公共団体情報システム機構が個人番号利用事務実施者に機構保存本人確認情報を提供する場合（5号）、特定個人情報の取扱いの委託又は事業承継に伴い提供する場合（6号）、住民票の記載、消除又は記載の修正を行った場合に市区町村長が都道府県知事に本人確認情報を提供する場合など（7号）、情報提供ネットワークシステムを使用して提供する場合（8号）、本法9条2項の規定に基づく条例で個人番号を独自利用する事務を定めた場合であって、情報提供ネットワークシステムを使用して提

表2－1　特定個人情報の提供が認められる場合

主体	内容
個人番号利用事務実施者	個人番号利用事務の処理に必要な限度で提供する場合
個人番号関係事務実施者	個人番号関係事務の処理に必要な限度で提供する場合
本人又はその代理人	個人番号利用事務等実施者に提供する場合
一の使用者等	他の使用者等における従業者等になった者の特定個人情報を当該従業者等の同意を得て当該他の使用者等に提供する場合
地方公共団体情報システム機構	個人番号利用事務実施者に機構保存本人確認情報を提供する場合
委託等を行う者	特定個人情報の取扱いの委託又は事業承継に伴い提供する場合
市区町村長	住民票の記載、消除又は記載の修正を行った場合に都道府県知事に本人確認情報を提供する場合など
情報提供者	情報提供ネットワークシステムを利用して提供する場合
条例事務関係情報提供者	マイナンバー（番号）法9条2項の規定に基づく条例で個人番号を独自利用する事務を定めた場合であって、情報提供ネットワークシステムを使用して提供する場合
国税庁長官又は都道府県知事若しくは市町村長	法律の規定に基づき国税又は地方税に関する特定個人情報を提供する場合
地方公共団体の機関	条例で定めるところにより当該地方公共団体の他の機関に提供する場合
社債、株式等の振替に関する法律に規定する振替機関等	社債等の発行者又は他の振替機関等に提供する場合
特定個人情報を取り扱う者	個人情報保護委員会に提供する場合
地方公共団体情報システム機構	総務大臣による調査に応じて提供する場合
特定個人情報を取り扱う者	議院審査等の公益上の必要があるために提供される場合
特定個人情報を取り扱う者	人の生命、身体又は財産の保護のために必要がある場合において、本人の同意があり又は本人の同意を得ることが困難であるときに提供される場合
特定個人情報を取り扱う者	個人情報保護委員会規則に基づき提供される場合

供する場合（9号）、法律の規定に基づき国税又は地方税に関する特定個人情報を提供する場合（10号）、条例で定めるところにより当該地方公共団体の他の機関に提供する場合（11号）、社債、株式等の振替に関する法律に規定する振替機関等が社債等の発行者又は他の振替機関等に提供する

場合（12号）、個人情報保護委員会に提供する場合（13号）、総務大臣による調査に応じて地方公共団体情報システム機構が提供する場合（14号）、議院審査等の公益上の必要があるために提供される場合（15号）、人の生命、身体又は財産の保護のために必要がある場合において、本人の同意があり又は本人の同意を得ることが困難であるときに提供される場合（16号）、以上に準ずるものとして個人情報保護委員会規則に基づき提供される場合（17号）である。本法19条17号に該当する場合は、行政書士法13条の22第1項の規定による立入検査又は同法14条の3第2項の規定による調査が行われるとき、税理士法55条1項の規定による報告の徴収、質問又は検査が行われるとき、社会保険労務士法24条1項の規定による報告の求め又は立入検査が行われるとき、条例の規定に基づき地方公共団体の機関がした開示決定等又は開示請求等に係る不作為について審査請求があった場合において、当該審査請求に対する裁決をすべき当該地方公共団体の機関による諮問が行われるときである（「行政手続における特定の個人を識別するための番号の利用等に関する法律第19条第17号に基づき同条第15号に準ずるものとして定める特定個人情報の提供に関する規則」〔平成27年特定個人情報保護委員会規則第1号〕）。

　特定個人情報の提供制限に対応し、何人も、本法19条各号のいずれかに該当して特定個人情報の提供を受けることができる場合を除き、他人（自己と同一世帯に属する者以外の者をいう）に対し、個人番号の提供を求めてはならないとされ（本法15条）、本法19条各号のいずれかに該当する場合を除き、他人の個人番号を含む特定個人情報を収集し、又は保管してはならないとされている（本法20条）。

　当該地方公共団体の他の機関の保有する特定個人情報を用いる場合、たとえば、教育委員会が首長部局の税務課に地方税に係る特定個人情報を照会する場合は、本法では内部利用ではなく外部提供として位置付けられているが、条例に定めがあれば認められる（本法19条11号）。同一地方公共団体内での特定個人情報の授受については、情報提供ネットワークシステム

を使用する必要はない。

　地方公共団体が国、独立行政法人等、地方独立行政法人、他の地方公共団体に特定個人情報を提供する場合は、本法19条11号に該当しないため、条例で定めることにより提供が可能になるわけではなく、同条の定める他の場合に該当しなければ提供できない。

10　情報照会者、情報提供者としての地方公共団体の対応

（1）情報提供ネットワークシステムを使用した情報連携

　本法の大きな特色は、住民基本台帳ネットワークシステムでは認められていないデータマッチングを認めていることであり、ここにマイナンバー（番号）制度の本質があるといえる。マイナンバー（番号）制度における情報連携の基盤をなすのが内閣総理大臣が設置・管理する情報提供ネットワークシステム（本法2条14項）である。もっとも、特定個人情報が情報提供ネットワークシステムで集中管理されるわけではなく、特定個人情報は従前通り分散管理される。情報提供ネットワークシステムを使用した情報連携は、個人番号を直接に用いるわけではなく、情報提供ネットワークシステムが保有するのは、個人番号から生成された符号である。情報提供等記録に対する開示請求があった場合、不開示情報該当性は、情報提供された特定個人情報に含まれる情報の内容ではなく、情報提供等記録に記載された情報の内容自体が不開示情報に該当するか否かにより判断されることになる。情報提供等記録には、当該記録に規定された情報自体が不開示情報に該当する場合には、その旨を記載しておき（本法23条2項）、情報提供等記録が開示されないシステムとなっている。

　個人番号及び法人番号の利用は、情報提供ネットワークシステムその他これに準ずる情報システムを利用して迅速かつ安全に情報の授受を行い、情報を共有することによって、社会保障制度、税制その他の行政分野における給付と負担の適切な関係の維持に資することを旨として行われなければならないとされており（本法3条1項2号）、地方公共団体は、本法19条

８号・９号に係る事務については、情報提供ネットワークシステムの使用を義務付けられるが、それ以外の事務について、情報提供ネットワークシステムの使用を禁じられているわけではない。

　地方公共団体の機関は、本法別表第２に列記された特定個人情報であって、自らが情報照会者又は情報提供者になるものについて、内閣総理大臣が個人情報保護委員会と協議して設置し及び管理する情報提供ネットワークシステム（本法21条１項）を使用して授受を行う。情報提供ネットワークシステムを使用した情報連携（本法19条８号）を行うことができる事務として別表第２に列記されているものの中には、国の機関等と地方公共団体の機関との間の情報連携に係るもの、地方公共団体の機関間での情報連携に係るものが多く、このことからも、情報提供ネットワークシステムを使用した情報連携において、地方公共団体の果たす役割は非常に大きいことが窺える。

　情報提供ネットワークシステムを使用した情報連携を行うことができる(i)情報照会者、(ii)事務、(iii)情報提供者、(iv)特定個人情報は、本法別表第２に個別に列記されており、(i)〜(iv)に合致した情報照会であること、特定個人情報保護評価の手続が完了していることがシステム上確認された場合には、内閣総理大臣は、情報提供者に対し、当該特定個人情報の提供の求めがあったことを情報提供ネットワークシステムの使用により通知しなければならず（本法21条２項）、情報提供者は、この通知を受けたときは、情報照会者に対し、当該特定個人情報を提供する義務を負う（本法22条１項）。

（2）手続の簡素化による負担の軽減

　本法は、国民に「手続の簡素化による負担の軽減」（本法１条）による利益を享受させることを目的の一つとしており、「個人又は法人その他の団体から提出された情報については、これと同一の内容の情報の提出を求めることを避け、国民の負担の軽減を図ること」（本法３条１項３号）を旨として、個人番号及び法人番号の利用を行わなければならないとしている。そこで、個人番号利用事務実施者は、本人又はその代理人及び個人番

号関係事務実施者の負担の軽減並びに行政運営の効率化を図るため、同一の内容の情報が記載された書面の提出を複数の個人番号関係事務において重ねて求めることのないよう、相互に連携して情報の共有及びその適切な活用を図る努力義務を負っているが（本法13条）、情報提供ネットワークシステムを使用して特定個人情報の提供があった場合において、他の法令の規定により当該特定個人情報と同一の内容の情報を含む書面の提出が義務付けられているときは、当該書面の提出があったものとみなすこととされている（本法22条2項）。

（3）安全確保の措置

　情報連携が不正に行われないように、情報照会者及び情報提供者並びに情報提供ネットワークシステムを設置及び管理する内閣総理大臣は、情報提供等の記録を7年間保存することが義務付けられる（本法23条、本法施行令29条）。情報提供等の記録の内容は、情報照会者及び情報提供者の名称、提供の求めの日時及び提供があったときはその日時、特定個人情報の項目、提供の求めに係る事務をつかさどる組織の名称、情報照会者の処理する事務、情報照会者・情報提供者・情報照会者の処理する事務又は当該事務を処理するために必要な特定個人情報の項目が別表第2に掲げるものに該当しないときはその旨、当該特定個人情報が記録されることとなる情報照会者の保有する特定個人情報ファイル又は当該特定個人情報が記録されている情報提供者の保有する特定個人情報ファイルについて、特定個人情報保護評価に係る本法28条（3項及び5項を除く）に違反する事実があったと認めるときはその旨、特定個人情報の提供の求め及び提供を管理するためにインターフェイスシステムが生成する番号、特定個人情報の提供の求め（本法21条2項各号のいずれかに該当し、情報提供ネットワークシステムを使用できない場合を除く）又は提供が不適法に行われた場合はその旨である（本法23条、行政手続における特定の個人を識別するための番号の利用等に関する法律に規定する個人番号、個人番号カード、特定個人情報の提供等に関する命令47条1項、「行政手続における特定の個人を識別するための番号の利用

等に関する法律に規定する個人番号、個人番号カード、特定個人情報の提供等に関する省令第40条第2項第5号等の規定に基づき内閣総理大臣が定める事項」（平成27年総務省告示第402号））。内閣総理大臣並びに情報照会者及び情報提供者は、情報提供等事務に関する秘密について、その漏えいの防止その他の適切な管理のために、情報提供ネットワークシステム並びに情報照会者及び情報提供者が情報提供等事務に使用する電子計算機の安全性及び信頼性を確保することその他の必要な措置を講ずる義務を負う（本法24条）。また、情報提供等事務又は情報提供ネットワークシステムの運営に関する事務に従事する者又は従事していた者は、その業務に関して知り得た当該事務に関する秘密を漏らし、又は盗用することを禁じられている（本法25条）。

11　特定個人情報保護評価

　本法は、我が国の法律として初めてプライバシー影響評価（Privacy Impact Assessment. 以下「ＰＩＡ」という）（ＰＩＡについては、宇賀・マイナンバー法と情報セキュリティ55頁以下参照）を義務付ける規定を設けている。本法が特定個人情報保護評価を法制化したことは高く評価されよう。特定個人情報保護評価の仕組みは本法28条、特定個人情報保護評価に関する規則（平成26年特定個人情報保護委員会規則第1号）、特定個人情報保護評価指針（平成26年特定個人情報保護委員会告示第4号）に定められている。

　特定個人情報保護評価を義務付けられるのは、「行政機関の長等」であり（本法28条1項）、「行政機関の長等」とは、行政機関の長、地方公共団体の機関、独立行政法人等、地方独立行政法人及び地方公共団体情報システム機構並びに本法19条8号に規定する情報照会者及び情報提供者並びに同条9号に規定する条例事務関係情報照会者及び条例事務関係情報提供者である（本法2条14項）。「行政機関の長等」には地方公共団体の機関及び地方独立行政法人が含まれているが、本法28条1項の規定は、特定個人情報保護評価に関する規則4条10号で地方公共団体の機関及び地方独立行政

法人（同規則2条3号参照）については適用除外とされた後に、同規則7条の規定により、改めて特定個人情報保護評価の実施が義務付けられている。また、基礎項目評価、重点項目評価については、本法には規定はなく特定個人情報保護評価に関する規則5条、6条で定義されており、最も重要な特定個人情報保護評価である全項目評価という文言は、本法においても特定個人情報保護評価に関する規則においても用いられておらず、特定個人情報保護評価指針第2（定義）4で登場する。特定個人情報保護評価指針が定めるように、本法28条が定める特定個人情報保護評価は、当該個人情報ファイルを保有しようとする場合の全てにおいて必要になるわけではなく、一部が適用除外となるほか、しきい値判断の結果、(i)基礎項目評価のみで足りる場合、(ii)重点項目評価が必要な場合、(iii)厳格な評価（全項目評価）が必要な場合に振り分けられる。本法28条は、全項目評価に対応するものとして位置付けられており、基礎項目評価、重点項目評価については、特定個人情報保護評価に関する規則5条、6条で手続が定められている。地方公共団体の機関又は地方独立行政法人が行う全項目評価に係る特定個人情報保護評価案については、広く住民その他の者の意見を求めた上で当該評価書の見直しが行われなければならない（特定個人情報保護評価に関する規則7条1項）。また、個人情報保護委員会の承認を受ける必要はないが、第三者点検が必要である（同条4項）。東京都では、情報公開・個人情報保護審議会に特定個人情報保護評価部会を設け、同部会で第三者点検を行うこととし、2014年12月に東京都情報公開条例を改正して、東京都情報公開・個人情報保護審議会の所掌事務に特定個人情報保護評価書案の点検を加え、併せて、東京都情報公開・個人情報保護審議会規則を改正し、臨時委員の任命（同規則2条の2）、定足数（同規則4条2項）、議決方法（同条3項）、部会の質問調査権（同規則6条3項）について定めている。他方、神奈川県では、部会を設けず、情報公開・個人情報保護審議会で第三者点検を行っている。特定個人情報保護評価に関する規則7条では、住民等の意見募集、第三者点検の手続が義務付けられているのは全項目評価

のみであるが、それ以外のものについても、これらの手続を任意に行うことが禁じられているわけではないので、重点項目評価について、地方公共団体の判断により、重点項目評価書を公示し広く国民の意見を求めた上で当該評価書の見直しを行うこと、第三者点検を実施することも可能であり、実際にそのような運用がされることが少なくない（特定個人情報保護評価実施マニュアル［東京都生活文化局広報広聴部情報公開課、2014年7月］14頁、33〜34頁参照）。基礎項目評価、重点項目評価、全項目評価の結果は原則として全て公表が義務付けられている。また、地方公共団体等はこれらの評価書を個人情報保護委員会に対して提出しなければならない。これにより、個人情報保護委員会は、地方公共団体等の特定個人情報保護評価を把握することが可能になり、必要に応じ、各種調査・監督権限を行使することにより法運用の統一性・法適合性を確保するための調整などを行うことができることになる。

　特定個人情報保護評価はＰＩＡの一種であるが、ＰＩＡは、元来、共通番号の付された個人情報のみに対象を限定する制度ではなく、諸外国で行われているＰＩＡにおいては、そのような限定はない。したがって、特定個人情報でなくても、たとえば、機微情報を扱う個人情報ファイルを作成しようとするとき等に、ＰＩＡを行う等、ＰＩＡの対象を拡大する検討も行うことが望ましい（本法に基づく特定個人情報保護評価のみならず、ＰＩＡ一般についても詳述するものとして、宇賀監修＝水町・特定個人情報保護評価参照）。

12　個人番号カードの独自利用

　個人番号カードは、ＩＣカードであり、本法16条の規定による本人確認に利用するほか、(i)市区町村の機関が条例で定めるところにより、地域住民の利便性の向上に資するものとして条例で定める事務、(ii)行政機関に使用される庁舎等の入退館及び入退室の管理に係る事務、行政機関が管理する設備又は物品を使用する権限を有する者であることの識別及び認証等に

係る事務、(iii)独立行政法人等に使用される庁舎等の入退館及び入退室の管理に係る事務、独立行政法人等が管理する設備又は物品を使用する権限を有する者であることの識別及び認証等に係る事務、(iv)地方公共団体情報システム機構に使用される事務所等の入退館及び入退室の管理に係る事務、地方公共団体情報システム機構が管理する設備又は物品を使用する権限を有する者であることの識別及び認証等に係る事務、(v)株式会社ＴＫＣ、日本電気株式会社、エヌ・ティ・ティ・コミュニケーションズ株式会社、株式会社内田洋行、株式会社エヌ・ティ・ティ・データ、日本郵船株式会社、日本郵便株式会社、株式会社ゆうちょ銀行、株式会社かんぽ生命保険に使用される事務所等の入退館及び入退室の管理に係る事務、株式会社ＴＫＣ、エヌ・ティ・ティ・コミュニケーションズ株式会社、日本郵船株式会社、日本郵便株式会社、株式会社ゆうちょ銀行、株式会社かんぽ生命保険が管理する設備又は物品を使用する権限を有する者であることの識別及び認証等に係る事務に利用することができる。個人番号カードのこの独自利用は、個人番号カードのカード記録事項が記録された部分と区分された部分に、前記事務を処理するために必要な事項を電磁的方法により記録して行うことになる。この場合において、これらの者は、カード記録事項の漏えい、滅失又は毀損の防止その他のカード記録事項の安全管理を図るため必要なものとして「個人番号カードに関する技術的基準」（平成27年総務省告示第314号）に従って個人番号カードを取り扱わなければならない（本法18条）。

　住民基本台帳カードのＩＣチップ内の空き領域を利用した市区町村の執行機関による独自の住民サービスが条例で定めるところにより認められてきたが（平成25年法律第28号による改正前の住民基本台帳法30条の44第12項）、すでに、公共施設の予約、自動交付機による証明書の交付、地元商店街のポイントカード、地域通貨の電子マネーカード、図書の貸出し等に住民基本台帳カードを利用している例がある中で、個人番号カード制度の導入に伴い、住民基本台帳カード制度は廃止され、個人番号カードは、住民基本

台帳カードの機能を代替することになるので、市区町村が条例で定めるところにより住民基本台帳カードを活用して行ってきた住民サービスは、個人番号カード制度の下でも実現可能にする必要があり、本法18条 1 号は、そのために設けられたものである。条例で定めるところによることとされたのは、個人番号カードには個人番号等の個人情報が記載されているので、個人番号カードを本人確認以外の用途に用いることを認める場合には、個人情報保護の観点から、首長の賛同のみならず議会での可決も要件とすることにより、二元代表制の下で、地方公共団体の団体としての意思決定によらしめることが適切と考えられたからである。

　本法18条 2 号の利用は、住民基本台帳カードでは認められていなかったもので、個人番号カードの本人確認手段としての利用価値を高め、マイナンバー（番号）制度導入に伴う国民生活への利便性を高めるとともに、個人番号カードの普及を促進させるために規定されたものである。また、個人番号カードについては、個人番号等の個人情報が記録された領域における個人情報保護に支障が生じないように、独自利用する領域は、個人番号等の個人情報が記録された領域と厳格に区分することとされている。

13　一般法と特別法

　個人番号も特定個人情報も基本的に個人情報である。ただし、個人番号は死者の番号を含む一方、個人情報保護法上の個人情報は死者の情報を含まないので、死者の個人番号は個人情報ではない。個人番号、特定個人情報も、個人情報保護のための一般法制（個人情報保護法）の適用を受ける。しかし、本法は、これらの一般法制に対する特別法として、種々の特例を定めている。その中には、後述するように、本法自体が新たに規定を設けたものもあるが、個人情報保護法について、読替規定や適用除外規定を置くことにより、特例を定めているものも少なくない（宇賀・マイナンバー法逐条200頁以下参照）。

14　本法独自の規制

（1）再委託の承認制等

　本法は、個人番号を検索キーとしたデータマッチングが不正に行われないように、特定個人情報について、一般の個人情報よりも手厚い保護をしている。その中には、本法独自の規定として設けられ、地方公共団体・地方独立行政法人も規制の名あて人としている場合もある。本法10条による再委託の承認制、15条による特定個人情報の提供の求めの制限、20条による特定個人情報の収集・保管制限、29条による特定個人情報ファイルの作成制限等である。また、本法19条による特定個人情報の提供制限規定も、何人も名あて人としており、地方公共団体・地方独立行政法人にも適用され、条例に本法19条では認められない目的外提供を特定個人情報について可能にする規定があったとしても、当該規定は本法19条に違反するものとして無効となるから、かかる規定を改正する必要は必ずしもない。しかし、住民にとっても、地方公共団体の職員にとっても、本法19条の規定と矛盾する内容の規定が条例に置かれていることは混乱を招き望ましいことではない。したがって、特定個人情報の提供について、本法19条と同様の制限規定を条例等に置くべきと思われる。

（2）個人番号の安全確保の措置

　本法独自の規制としての性質を併有する規定としては、本法12条もあり、個人番号利用事務等実施者は、個人番号の漏えい、滅失又は毀損の防止その他の個人番号の適切な管理のために必要な措置を講じなければならないと定められている。個人情報保護法においては、地方公共団体の機関及び地方独立行政法人にも保有個人情報の安全管理義務が課されているが（個人情報保護法66条1項）、個人情報は生存する個人に関する情報であって特定個人識別性があるものに限定されている（同法2条1項）。他方、本法の定義する個人番号（本法2条5項）は、死者に付番されているものも包含している。これは、死者の個人番号であっても、それを検索キーとし

て死者の情報が名寄せされ集積されて漏えい等が発生した場合、死者の名誉や遺族等のプライバシーを中核とする権利利益に与える影響は、個人番号による名寄せ・集積が行われていない情報が個別に漏えい等した場合よりも深刻になることに配慮したからである。個人番号利用事務等の委託を受けた者も個人番号利用事務等実施者であるので（本法2条12項、13項）、個人番号の安全管理義務を負う。

（3）罰則

　罰則について、本法は、特定個人情報保護の重要性に鑑み、個人情報保護法の対応する違反類型に比して法定刑を重くし、さらに、個人情報保護法にはない行為類型（人を欺き、人に暴行を加え、若しくは人を脅迫する行為により、又は財物の窃取、施設への侵入、不正アクセス行為の禁止等に関する法律2条4項に規定する不正アクセス行為その他の個人番号を保有する者の管理を害する行為により、個人番号を取得する行為）についても罰則を設けている（本法51条1項）。本法の罰則規定の中には、地方公共団体の職員、地方独立行政法人の役員・職員も対象とするものもある。

15　地方公共団体の留意点

（1）庁内連携

　同一の地方公共団体内の他の執行機関に特定個人情報を提供することは、条例で定めれば可能であることが本法19条11号に明記されている。これに対して、同一の執行機関内で特定個人情報を目的外利用する場合については、本法に明文の規定がない。しかし、他の執行機関への特定個人情報の提供は条例で定めれば可能であるにもかかわらず、同一の執行機関内での目的外利用は、条例で定めても行えないことは均衡を失する（この問題については、宇賀監修・髙野ほか・番号法解説［実例編］11頁以下、30頁以下、111頁以下参照）。そこで、国においては、庁内連携は、本法9条2項の規定に基づく条例で定めることにより可能と解している。特定個人情報保護評価指針第2（定義）9において、「特定個人情報の移転」は、評価

実施機関内において、特定個人情報ファイルに記録された特定個人情報を特定個人情報保護評価の対象となる事務以外の事務を処理する者の使用に供することと定義されている。これは、庁内連携を意味するものと考えられる。地方公共団体は、個人番号の利用に関する条例において、庁内連携を可能とする規定を設けておく必要がある。

（2）開示請求書への個人番号の記載

　特定個人情報の開示請求書に本人の個人番号が記載されていなければ、正確に特定個人情報の本人を確認することが困難な場合が生じ得る。しかし、本法15条は、何人も、本法19条各号のいずれかに該当して特定個人情報の提供を受けることができる場合を除き、他人の個人番号の提供を求めてはならないと規定しており、本法19条には、本人からの特定個人情報の開示請求に当たり個人番号の提供を求めることを認める明文の規定は置かれていない。しかし、開示請求書への個人番号の記載なしに、特定個人情報の開示請求制度を正確に運用していくことは困難であるから、開示請求書への個人番号の記載を求めることが本法に違反すると解することは、実質的にみて妥当でない。実際、東京都特定個人情報の保護に関する条例においても、開示請求書に開示請求者の個人番号を記載することが義務付けられている（同条例27条1項1号）。

（3）任意代理

　特定個人情報の開示請求については任意代理が認められているが、任意代理人に授権するに当たり、本人が十分な考慮なく、特定個人情報を具体的に特定せずに委任してしまうことも想定し得る。そこで東京都では、保有特定個人情報開示請求委任状の様式において、請求に係る特定個人情報の内容を記載させることとしている。

　また、任意代理を認めることに伴うなりすまし対策を検討する必要がある。委任状を提出させても、委任状自体が偽造されるおそれもあるので、この検討は重要である。運用上考えられる方法としては、任意代理人から開示請求があった時点で本人にその旨を通知すること、開示請求の審査を

行うに当たり、本人と任意代理人の利益相反の有無を確認するために、本人に通知することである。

（4）評価対象特定個人情報及び保有特定個人情報

　特定個人情報ファイルとは、個人番号をその内容に含む個人情報ファイルを意味するが（本法2条9項）、特定個人情報保護評価指針の解説第4（特定個人情報保護評価の対象）3（特定個人情報ファイル）によれば、個人番号をその内容に含む個人情報ファイルとは、単に個人番号が含まれているテーブル（表）のみを意味するのではなく、個人番号にアクセスできる者が、個人番号と紐付けてアクセスできる情報を意味することになると考えられる。これは、特定個人情報保護評価の対象についての説明であり、その観点からは合理的な考えであるといえる。他方、異なるサーバ上に置かれたデータについて、特定個人情報ファイルに含まれる自己の特定個人情報の開示請求がなされた場合には、同一の公文書に記録された一体的な特定個人情報とみるとすれば、情報の開示にあたって編集加工作業を行うことになると考えられ、自己情報の開示請求に対する従前の実務との乖離が生ずることになる。そこで、東京都では、特定個人情報保護評価の対象となる「評価対象特定個人情報」（東京都特定個人情報の保護に関する条例2条10項）と開示請求の対象となる「保有特定個人情報」（同条8項）を区別し、「保有特定個人情報」は、個人番号とそれ以外の個人情報が同一の公文書（東京都情報公開条例2条2項に規定する公文書）に記録されているものに限るとしている（詳しくは、宇賀監修・髙野ほか・番号法解説［実例編］23頁以下参照）。他の地方公共団体においても、特定個人情報保護評価の対象となる特定個人情報と開示請求の対象になる特定個人情報の関係について吟味する必要があると思われる。

（5）不開示事由

　開示請求の対象になった特定個人情報に他人の特定個人情報が含まれている場合が考えられる。開示請求者以外の個人情報であっても、一般的な個人情報であれば、「法令等の規定により又は慣行として開示請求者が知

ることができ、又は知ることが予定されている情報」であれば、一般に不開示情報にはならない（その趣旨について、宇賀・新・個人情報保護法逐条548頁以下参照）。しかし、本法が、特定個人情報を提供できる場合を厳格に限定している趣旨に照らすと、他人の特定個人情報については、かかる留保を伴うことなく、不開示情報として位置付けるべきと思われる（東京都特定個人情報の保護に関する条例30条9号）。他方、本法15条は、自己と同一の世帯に属する者は「他人」には含めず、個人番号の提供の求めを可能にしている。したがって、開示請求者と同一の世帯に属する者の保有特定個人情報については、開示請求者に開示することによって、当該同一世帯に属する者の利益に反するおそれがあるものに限り、不開示情報とすることとすべきと思われる（東京都特定個人情報の保護に関する条例30条10号）。

（6）特定個人情報保護評価の審査体制の整備

特定個人情報保護評価に係る全項目評価書については、第三者点検を実施しなければならない。この第三者点検のために既存の個人情報保護審議会を活用する場合には、個人情報保護条例等を改正して、その所掌事務に特定個人情報保護評価の審査を追加することが必要になり得るし、新たに特定個人情報保護評価審議会を設置する場合には、そのための条例の制定又は改正が必要になる。また、自ら特定個人情報保護評価の審査を行う諮問機関を設置することが困難な地方公共団体は、諮問機関を共同設置したり、他の地方公共団体に事務委託を行ったりする対応が求められる。合議制機関に諮問するのではなく、外部の有識者にヒアリングをする方法も第三者点検の方法として認められる。

16　独自利用条例の検討

地方公共団体は、本法9条2項の規定に基づく独自利用条例の制定の検討を行う必要がある。東京都においては、「行政手続における特定の個人を識別するための番号の利用等に関する法律に基づく個人番号の利用並びに特定個人情報の利用及び提供に関する条例」（平成27年条例第111号）4

条1項の規定により、知事が行う難病等にり患した者に対する医療費等の助成に関する事務であって規則で定めるもの、知事が行う都難病規則によるB型ウイルス肝炎又はC型ウイルス肝炎にり患した者に対する医療費の助成に関する事務であって規則で定めるもの、知事が行う東京都重度心身障害者手当条例による重度心身障害者手当の支給に関する事務であって規則で定めるもの、知事が行う障害者の日常生活及び社会生活を総合的に支援するための法律施行細則による精神通院医療費の助成に関する事務であって規則で定めるもの、知事が行う感染症の予防及び感染症の患者に対する医療に関する法律施行細則による結核患者の医療費の助成に関する事務であって規則で定めるもの、生活に困窮する外国人に対して行われる生活保護法による保護に準じた措置の実施に関する事務であって規則で定めるもの、知事が行う東京都立産業技術高等専門学校における奨学のための給付金の支給に関する事務であって規則で定めるもの、知事が行う東京都内に設置されている私立高等学校等（高等学校等就学支援金の支給に関する法律2条に規定する高等学校等のうち、国立及び公立のものを除いたものをいう）及び東京都立産業技術高等専門学校における学び直し支援金の支給に関する事務であって規則で定めるもの、知事が行う東京都立産業技術高等専門学校における授業料負担の軽減及び選択的学習活動に係る経費の支援に関する事務であって規則で定めるもの、教育委員会が行う東京都立学校の授業料等徴収条例による授業料及び通信教育受講料の減免に関する事務であって東京都教育委員会規則で定めるもの、教育委員会が行う高等学校等就学支援金の支給に関する法律2条1号・2号及び4号に規定する高等学校等（私立のもの及び東京都立産業技術高等専門学校を除く）における奨学のための給付金の支給に関する事務であって東京都教育委員会規則で定めるもの、教育委員会が行う東京都立高等学校における学び直し支援金の支給に関する事務であって東京都教育委員会規則で定めるもの、教育委員会が行う東京都立高等学校における給付型奨学金の支給に関する事務であって東京都教育委員会規則で定めるもの、教育委員会が行う東京都立特別支

援学校への就学のため必要な経費の支弁に関する事務（特別支援学校への就学奨励に関する法律によるものを除く）であって東京都教育委員会規則で定めるものが規定されている。

　また、神奈川県においては、「行政手続における特定の個人を識別するための番号の利用等に関する法律に基づく個人番号の利用範囲を定める条例」（平成27年条例第71号）１条の規定により、知事が行う神奈川県在宅重度障害者等手当支給条例による手当の支給に関する事務であって規則で定めるもの、知事が行う神奈川県特別母子福祉資金貸付条例を廃止する条例による廃止前の神奈川県特別母子福祉資金貸付条例による貸付けに係る債権の管理に関する事務であって規則で定めるもの、知事が行う生活に困窮する外国人に対する保護の決定及び実施、安定した職業に就いたことその他の事由により保護を必要としなくなった者に対する給付金の支給若しくは18歳に達する日以後の最初の３月31日までの間にある者等であって教育訓練施設に確実に入学すると見込まれるものに対する給付金の支給、被保護者健康管理支援事業の実施、保護に要する費用の返還又は徴収金の徴収に関する事務であって規則で定めるもの等が独自利用事務として条例で定められている。目黒区個人番号の利用に関する条例（平成27年条例第27号）３条１項、横浜市行政手続における特定の個人を識別するための番号の利用等に関する法律の施行に関する条例（平成27年条例第52号）４条１項等も参照されたい。

　なお、平成27年法律第65号による本法の改正により、独自利用条例に基づく事務についても、情報提供ネットワークシステムを用いた情報連携が認められるようになった（本法19条９号）。いまだ、本法９条２項の規定に基づく独自利用条例の検討を行っていない地方公共団体は、遅滞なく検討を行い、必要に応じて、独自利用条例を制定することが望まれる。

防災行政における
個人情報の利用と保護

第2章

1　災害対策基本法改正の経緯

（1）災害時要援護者の避難支援の強化充実の必要性

　災害の犠牲者に高齢者や障害者が多いことは周知の事実である。東日本
大震災においても、死者の約6割は高齢者（65歳以上）であり、障害者が
占める死亡率の割合は健常者のそれと比較して約2倍であったと推計され
ている。したがって、災害時に自ら迅速な避難行動をとることが困難な災
害時要援護者の避難支援の強化充実が、喫緊の課題になっている。この問
題が強く認識される契機になったのが、2004年7月に発生した新潟県・福
島県での豪雨水害、同年10月に発生した中越地震、台風23号水害であり、
同年に発生した風水害による死者・行方不明者の約6割が高齢者であっ
た。そのため、2005年3月に内閣府・消防庁により「災害時要援護者の避
難支援ガイドライン」が作成され、翌年3月に改訂されている（同ガイド
ライン作成前からの長野市における先駆的な取組みについて、村中洋介「『避難
行動要支援名簿』と個人情報保護」行政法研究41号162頁参照）。同ガイドライ
ンは、避難支援プランの策定を市区町村に勧奨し、避難支援体制の整備を
進めていくためには、平常時からの要支援者情報の収集・共有が不可欠で
あるとして、そのための3つの方式（関係機関共有方式、手上げ方式、同意
方式）を挙げ、関係機関共有方式の積極的活用を推奨した（各方式につい
ては、宇賀＝鈴木・災害弱者の救援計画208頁以下参照）。このほか、「逆手上
げ方式」「推定同意方式」等とも呼ばれるオプトアウト方式をとる例もあ
る。オプトアウト方式をとる条例の例として、神戸市における災害時の要
援護者への支援に関する条例7条4項、中野区地域支えあい活動の推進に
関する条例8条ただし書（地縁団体への提供に限る）、横浜市震災対策条例

12条3項、足立区孤立ゼロプロジェクト推進に関する条例8条1項ただし書、2項ただし書がある。なお、新潟県三条市は、個人情報保護条例9条1項5号の「審議会の意見を聴いた上で、公益上の必要その他相当な理由がある」ときに目的外利用・提供を認める規定を活用し、災害時要援護者の名簿登載についてオプトアウト方式をとっていた（同意方式の下での災害時要援護者避難支援計画の例として、三木正夫「地域で見守る災害時要援護者避難支援計画『新・地域見守り安心ネットワーク』」市政62巻6号16頁以下参照）。

（2）関係機関共有方式採択への隘路

　個人情報保護条例の目的外利用・提供禁止原則の例外に該当しない場合には福祉部局が保有する高齢者・障害者等の個人情報を防災部局に利用させることができず、また、民生委員、消防団、自治会等に提供できないという法的制約が存在した。そして、かかる情報の目的外利用・提供が個人情報保護条例に違反するか明確でないため、関係機関共有方式による災害時要援護者名簿の作成やその利用・提供に踏み切れない例が多かった。

　「高齢者の社会的孤立の防止対策等に関する行政評価・監視結果に基づく勧告」（2013年4月、総務省）によれば、要援護者情報の収集方法について、関係機関共有方式を採用しているものは36.4パーセント、関係機関共有方式と同意方式の併用を採用（3方式併用を含む）しているものは25.0パーセントにとどまった。そして、災害時要援護者名簿の登録率（災害時要援護者名簿の対象者に対する登録者の割合）については、関係機関共有方式を採用している市区町村における平均登録率が81.4パーセントである一方、関係機関共有方式を採用していない市区町村では31.9パーセントにとどまっていた。このように、同意方式、手上げ方式では、平均して、災害時要援護者の3割程度しか登録されず、いかに登録率を高めるかが課題として認識されていた。同意方式の下で不同意であった者についても、避難支援や安否確認を行わなくてよいということにはならないので、神戸市のように、緊急時における要援護者の安否の確認及び避難生活の支援のため

に災害の発生後直ちに情報の提供が行えるよう、当該不同意に係る要援護者登録保留台帳を作成することとしている例もある（神戸市における災害時の要援護者への支援に関する条例13条1項）。新潟県長岡市も、個人情報保護審議会の了承を得て、不同意者の名簿を平常時から市の福祉・防災部局、消防団、警察、地域包括支援センター等の公的機関で共有させていた。

（3）第1弾の改正

　未曾有の被害を惹起した東日本大震災を受けて、2011年6月17日に日本弁護士連合会が「災害時要援護者及び県外避難者の情報共有に関する意見書」を公表し、国に対し、災害救助法又は災害対策基本法に災害時要援護者情報の関係機関共有を正当化する根拠規定を新設することを要望した。このような背景のもと、内閣府は、2011年9月に「災害対策法制のあり方に関する研究会」を開催した。また、同年10月に、中央防災会議の専門調査会として、関係閣僚及び有識者からなる防災対策推進検討会議が設けられ、翌2012年3月7日、中間報告（「東日本大震災の教訓を活かし、ゆるぎない日本の再構築を」）（この中間報告については、志田文毅「東日本大震災を教訓とした災害対策関連法制の見直しについて」地方財政51巻8号49頁以下参照）が公表された。これを受けて、同月29日、中央防災会議が「防災対策の充実・強化に向けた当面の取組方針」（志田・前掲52頁以下参照）を決定した。同方針においては、災害対策の法制に関わる課題のうち、大規模災害時における対応の円滑化、迅速化等、緊急性が高いものから法制化の検討を進め、関連法案の同年通常国会への提出を目指し、その他の法制上の課題についても、2013年通常国会も含めて、引き続き国会への法案提出に向けた検討を進めることとされた。そして、2012年5月8日、「災害対策基本法の一部を改正する法律案」が閣議決定されて国会に提出され、衆議院での修正を経て、同年6月20日、全会一致で成立し、同月27日に公布された。この改正法の概要については、武田文男「災害対策基本法の見直しと今後の課題（2・完）」自治研89巻1号87頁以下、野口貴公美「東日本

大震災後の災害対策法制：災害対策基本法改正案と『教訓の伝承』（パネルディスカッション〜これからの社会安全と警察：東日本大震災の教訓、地域の力で守る社会の安全)」警察政策15巻60頁以下、志田・前掲63頁以下、同「東日本大震災を教訓とした災害対策関連法制の見直し『第 2 弾』について：『災害対策基本法の一部を改正する法律』及び『大規模災害からの復興に関する法律』の概要」地方財政52巻 8 号50頁以下、伊藤光明「災害対策基本法の一部を改正する法律」法令解説資料総覧376号 6 頁以下、村田和彦「東日本大震災の教訓を踏まえた災害対策法制の見直し－災害対策基本法、大規模復興法」立法と調査345号128頁以下等を、この改正に至るまでの一連の災害対策基本法の改正の歴史については、武田文男「災害対策基本法の見直しと今後の課題（ 1)」自治研究88巻12号24頁以下を参照されたい。この改正により、災害応急対策責任者は、災害に関する情報を共有し、相互に連携して災害応急対策を実施する努力義務を負うことが明記された（災害対策基本法51条 3 項)。

（4）第 2 弾の改正

　この第 1 弾の改正の後、同改正法附則 2 条及び衆参両院の災害対策特別委員会における附帯決議を踏まえて、さらなる検討が政府で行われた。そして、防災対策推進検討会議の最終報告（「ゆるぎない日本の再構築を目指して」)が、同年 7 月31日に取りまとめられた。政府は、翌日、内閣府政策統括官（防災担当）の下に災害対策法制企画室を設置して、この最終報告を基礎に立案作業を進め、2013年 4 月12日に「災害対策基本法等の一部を改正する法律案」を閣議決定して国会に提出した。同法案は、同年 6 月17日に全会一致で可決成立し、同月21日に公布された。この改正法の概要については、岡本正＝山崎栄一＝板倉陽一郎・自治体の個人情報保護と共有の実務－地域における災害対策・避難支援（ぎょうせい、2013年）64頁以下（岡本正執筆)、生田長人・防災法（信山社、2013年）78頁以下、210頁以下、小宮大一郎「災害対策基本法等の一部を改正する法律の概要」自治体法務研究34号 6 頁以下、伊藤光明「災害対策基本法等の改正」時法1940

号6頁以下、志田・前掲・地方財政52巻8号53頁以下、村田・前掲130頁
以下を、また、法案段階での概要の紹介として、奥津茂樹「災害対策基本
法の改正」ガバナンス145号110頁以下を参照されたい。改正の内容は多岐
にわたるが、以下においては、防災行政における個人情報の利用と保護に
関する内容のみを対象とする。

　2012年に成立した「災害対策基本法の一部を改正する法律」附則2条に
おいては、衆議院における修正により、「防災上の配慮を要する者に係る
個人情報の取扱いの在り方」について所要の法改正を含む検討を加え、そ
の結果に基づいて必要な措置を講ずることが明記され、また、衆参両院の
災害対策特別委員会の附帯決議において、避難等の災害に関する基本的考
え方について迅速に検討を進め、必要な法案を策定し提出することとされ
ており、自ら避難することが困難な災害時要援護者の支援を個人情報保護
に配慮しつつ強化することは、国会が政府に課した課題でもあった。2013
年の「災害対策基本法等の一部を改正する法律」においては、この問題に
ついて、以下に述べるような重要な法改正が行われている。また、この改
正を受けて、「災害時要援護者の避難支援ガイドライン」を全面的に改定
した「避難行動要支援者の避難行動支援に関する取組方針」（2013年8月、
内閣府［防災担当］）（以下「取組方針」という）が策定されている。

2　避難行動要支援者名簿

（1）作成の義務付け

　我が国は、遺憾ながら自然災害の多発国であり、いかなる市区町村にお
いても、その発生を免れえない。そこで、災害対策基本法（以下、本章に
おいて「本法」という）は、全ての市区町村長（本法110条において、同法の
適用については特別区は市とみなすこととされているので、本法の条文にお
ける「市町村長」は「市区町村長」を意味する）に、避難行動要支援者名簿の
作成を義務付けている。すなわち、本法49条の10第1項は、当該市区町村
に居住する要配慮者のうち、災害が発生し、又は災害が発生するおそれが

ある場合に自ら避難することが困難な者であって、その円滑かつ迅速な避難の確保を図るため特に支援を要するものを「避難行動要支援者」と定義し、市区町村長に対して、その把握に努めるとともに、地域防災計画の定めるところにより、避難行動要支援者について避難の支援、安否の確認その他の避難行動要支援者の生命又は身体を災害から保護するために必要な措置（以下「避難支援等」という）を実施するための基礎とする名簿（以下「避難行動要支援者名簿」という）を作成することを義務付けている。地方分権の観点から義務付け・枠付けの緩和が進む中、災害対策基本法が、市区町村長に避難行動要支援者名簿作成を義務付けたことは、避難行動要支援者の生命・身体の安全を確保するためには、かかる名簿を作成し活用することが極めて重要という認識によるものといえる。なお、要配慮者とは、高齢者、障害者、乳幼児その他の特に配慮を要する者である（本法 8 条 2 項15号）。津波対策の推進に関する法律 9 条 3 項は、高齢者、障害者のほか、乳幼児、旅行者、日本語を理解できない者その他避難について特に配慮を要する者の津波からの避難について留意しなければならないと定めている。なお、観光客を要配慮者としてとらえ、避難行動支援のための諸種の提言を行うものとして、安藤高広＝堀川和義＝矢幡哲夫＝中矢建章＝渕上実＝伊波興有「災害時要援護者の生命と財産を守る－観光客を守れ（沖縄県北谷町の事例）」自治実務セミナー52巻 6 号36頁以下を参照されたい。避難行動要支援者名簿に係る規定は、2014年 4 月 1 日から施行されている。

（2）バックアップ対策

　東日本大震災の教訓は、市区町村の行政機能が災害により壊滅的打撃を受けることもあり得るということである。東日本大震災により本庁舎が使用できず行政機能を移転した市町村は35にのぼったのである。したがって、避難行動要支援者名簿についても、バックアップ対策を講じておく必要がある。クラウドサービスの利用は、そのための有効な手法であろう（現用文書のバックアップ対策について、宇賀・情報公開・個人情報保護192頁

以下参照）。もっとも、災害による停電の可能性も考慮し、電子媒体のみならず紙媒体の名簿も保管しておく必要がある（取組指針第Ⅰ部［改正災対法に基づき取り組む必要がある事項］第 2［避難行動要支援者名簿の作成等］2［避難行動要支援者名簿の作成］（3）［避難行動要支援者名簿のバックアップ］）。

（3）避難行動要支援者名簿の管理

　避難行動要支援者名簿には機微情報が含まれており、個人情報保護の観点から、市区町村が適正な管理を行うことは極めて重要である。市区町村は、「地方公共団体における情報セキュリティポリシーに関するガイドライン」（総務省）に基づき情報セキュリティポリシーを定めており、それに従って避難行動要支援者名簿を適正に管理する必要がある。そのことは、市区町村の避難支援等に対する住民の信頼を確保し、避難支援等を円滑に行うことにも資するといえよう。

（4）避難行動要支援者の選別

　問題は、避難行動要支援者をいかに選別するかである。「災害対策基本法等の一部を改正する法律による改正後の災害対策基本法の運用について」（2013年 6 月21日府政防第559号、消防災第246号、社援総発0621第 1 号、各都道府県防災主管部長宛内閣府政策統括官（防災担当）付参事官（総括担当）、消防庁国民保護・防災部防災課長、厚生労働省社会・援護局総務課長通知。以下「運用通知」という）第一Ⅳ 5（2）①ア）に示されているように、重要な考慮要素は、(i)要配慮者個人としての判断能力、(ii)避難支援の必要性である。(i)については、(ｱ)警報、避難勧告・指示等の災害関連情報の取得能力、(ｲ)避難の必要性、避難方法等についての判断能力、(ｳ)避難行動をとる上での身体能力が主要な考慮要素になる。(ii)については、(ｴ)同居親族の有無や社会福祉施設等への入所の有無、(ｵ)各市区町村における浸水想定区域や土砂災害警戒区域等の分布状況、(ｶ)災害関連情報の発信方法が主要な考慮要素になる。(ｴ)について敷衍すると、同居親族が高齢者又は障害者で避難支援等を期待できない場合もあるし、同居親族が長時間にわたり外で勤

務しているため要配慮者が大半の時間帯は単身で在宅している場合もあるので、同居親族がいることのみで避難行動要支援者に該当しないとすることは妥当でない。社会福祉施設等への入所者の場合には、避難支援等の対象者が当該施設等により定められていると考えられるため、在宅者を優先して避難行動要支援者として名簿に掲載することとしている。㋑について敷衍すると、防災無線による放送は聴覚障害者には認識され難いので、緊急速報メール等の視覚情報での発信が行われないことは、聴覚障害者の避難行動を支援する必要性を肯定する判断要素の一つになる。また、外国語での発信が行われないことは、日本語能力が十分でない外国人の避難行動を支援する必要性を肯定する判断要素の一つになる。なお、避難行動要支援者の形式要件を満たさないとされた者について、本人又は避難支援等関係者から避難行動要支援者名簿への掲載を求める仕組みを整備することが望ましい（地方公共団体が定める要支援者の範囲の具体例について、村中・前掲167頁参照）。

（5）地域防災計画への記載

　避難行動要支援者名簿は、地域防災計画の定めるところにより作成しておかなければならない（本法49条の10第1項）。(i)名簿に登載する者の範囲、(ii)名簿作成に関する関係部署の役割分担、(iii)名簿作成に必要な個人情報及びその入手方法、(iv)名簿の更新についての基本的事項は地域防災計画自体において定めることが必要であるが、細目については下位計画等に委任することが可能である（運用通知第1Ⅳ5（2）①イ））。もとより、本法は、地域防災計画に記載する事項を前記(i)～(iv)に限定する趣旨ではないので、それ以外の事項を地域防災計画に記載することは可能である（取組方針第Ⅰ部［改正災対法に基づき取り組む必要がある事項］第1［全体計画・地域防災計画の策定］1［全体計画・地域防災計画]）。

（6）避難行動要支援者名簿作成の目的

　避難行動要支援者名簿作成の目的は、避難支援等を実施するための基礎とすることである。「避難」とは、災害が発生し、又は発生するおそれが

ある場合に危難を回避することであり、避難支援等には、(i)避難支援、(ii)安否確認、(iii)その他の避難行動要支援者の生命又は身体を災害から保護するために必要な措置が含まれる。(i)は、災害の発生のおそれが認識された時点において、避難行動要支援者を迅速に指定緊急避難場所等に避難させることを支援することであり、台風、津波等の自然現象の発生から災害の発生までにタイムラグがあるときに、避難支援が重要な意味を持つ。他方、地震のように、事前の避難を可能にするような時間的余裕を持った予知が困難な自然災害の場合、被災家屋等に取り残されている蓋然性が高い避難行動要支援者の安否確認のために避難行動要支援者名簿を活用し、しかる後に避難支援を行うことが多いと思われる。(iii)の「その他の避難行動要支援者の生命又は身体を災害から保護するために必要な措置」には、平常時からの避難訓練のために避難行動要支援者名簿を活用すること等が含まれる（運用通知第一Ⅳ5（2）①ウ））。

（7）避難行動要支援者名簿作成の更新

　避難行動要支援者名簿をひとたび作成しても、住民の出生、転出入、死亡により住民の範囲自体が変動するし、また、同一の住民が病気や障害により避難行動要支援者になることもある。避難行動要支援者が社会福祉施設等に長期間の入所をしたことにより、避難行動要支援者名簿に掲載する必要がなくなる場合もある。したがって、避難行動要支援者名簿は、恒常的に更新する必要がある。そこで、本法49条の10第1項においても、市区町村長に、避難行動要支援者を把握する努力義務が課されている。努力義務にとどめているのは、絶えず変動する避難行動要支援者をリアルタイムで完璧に把握することは困難であるからである。この努力義務を履行するためには、防災部局が避難行動要支援者名簿を作成する場合、障害者情報を把握している福祉部局、住民の出生、転出入、死亡等の情報を把握している住民基本台帳事務担当部局等と連携し、迅速に関連情報が防災部局に伝達される体制を整備しておく必要がある。また、平常時に避難行動要支援者名簿を避難支援等関係者に提供することについて、これを認める条例

の規定があったり、本人同意が得られたりした場合には、更新された情報を速やかに避難支援等関係者に伝達し、更新情報を共有することも重要である。

（8）災害時要援護者名簿との関係

市区町村においては、従前、「災害時要援護者名簿」等の名称による名簿の作成が進み、「災害時要支援者の避難支援対策の調査結果」（2013年7月5日、消防庁）によれば、2013年4月1日現在、73.4パーセントで整備済みであり、24.3パーセントで整備中であった。この「災害時要援護者名簿」が内容面で本法の避難行動要支援者名簿の要件を満たしている場合には、本法施行後に改めて、避難行動要支援者名簿を作成する必要はないことになる。したがって、市区町村は、従前の「災害時要援護者名簿」が、内容面で避難行動要支援者名簿の要件を満たしているかを吟味する必要がある。また、仮に従前の「災害時要援護者名簿」が内容面で避難行動要支援者名簿の要件を満たしているとしても、名簿の作成方法等が地域防災計画で定められていない場合には、地域防災計画に定める必要がある。

3　避難行動要支援者名簿の記載（記録）事項

避難行動要支援者名簿には、避難行動要支援者に関する(i)氏名、(ii)生年月日、(iii)性別、(iv)住所又は居所、(v)電話番号その他の連絡先、(vi)避難支援等を必要とする事由、(vii)以上のほか、避難支援等の実施に関し市区町村長が必要と認める事項を記載又は記録するものとされている（本法49条の10第2項）。(iv)の住所とは、民法上の住所（民法22条）であり、各人の生活の本拠を意味し、諸般の客観的事実を総合判断して決定される（最判昭和27・4・15民集6巻4号413頁）。住民基本台帳法に記載されている住所と一致しない場合もあり得る。たとえば、転入しても転入届を出していない場合もあり得るが、転入先が生活の本拠になっていれば、そこが民法上の住所となる。居所とは、多少の期間継続して居住していても、当該場所が生活の本拠とまではいえない場所であり、たとえば、夏の間のみ滞在する別

荘等の所在地がそれに当たる。避難行動要支援者名簿作成の目的に照らせ
ば、避難支援等を行うために居所であっても把握しておく必要があるの
で、住所のみならず居所も記載（記録）事項に含めている。(v)の「その他
の連絡先」としては、メールアドレス等が念頭に置かれている。(vi)は、障
害の種類及び程度、要介護状態区分等の避難行動要支援者の避難能力に加
えて、同居親族の有無等の避難支援等の必要性を記載（記録）することに
より、避難支援等の実施に必要な人数、避難支援等の方法の判断材料とす
る趣旨である。(vii)について想定され得るのは、安否確認のための同居親族
の連絡先等である。

4　要配慮者情報の内部利用

（1）本人収集・目的外利用の法的根拠の創出

　個人情報保護条例においては、一般的に個人情報の本人収集原則が定め
られ、その例外が列記されていた。福祉部局が保有する高齢者・障害者等
の個人情報を防災部局による避難行動要支援者名簿作成のために利用する
ことは、防災部局の側からみると、個人情報を本人以外から収集すること
になるので、本人収集原則の例外に該当する場合でなければならなかっ
た。他方において、個人情報保護条例においては、個人情報の目的外利
用・提供禁止原則が定められており、その例外が列記されていた。福祉部
局が保有する高齢者・障害者等の個人情報を防災部局による避難行動要支
援者名簿作成のために利用させることは、福祉部局の側からみると目的外
利用になり、個人情報保護条例の目的外利用・提供禁止原則の例外に該当
するかが問題になった。

　災害発生時又は災害がまさに発生しようとしているときの避難支援等の
ための本人以外からの収集、目的外利用であれば、多くの個人情報保護条
例に置かれている緊急条項に該当し、本人同意がなくても認められた。た
とえば、横浜市個人情報の保護に関する条例においては、本人収集原則に
ついては 8 条 1 項 4 号、目的外利用・提供禁止原則については10条 1 項 4

号に、「人の生命、身体又は財産を保護するため、緊急かつやむを得ない
と認められるとき」という緊急条項が例外として規定されていた。しか
し、平常時における避難行動要支援者名簿作成のために福祉部局保有の個
人情報を防災部局が取得することを緊急条項で正当化することは困難で
あった。個人情報保護条例には、その他にも「明らかに本人の利益になる
と認められるとき」という例外条項を置くものもあったが（我孫子市個人
情報保護条例 8 条 2 項 5 号参照）、緊急時ならばそのようにいえても、かか
る名簿が障害情報等の機微情報であり、また、2018 年 2 月 25 日に、千葉県
茂原市で独居の高齢者であることを認識して行われた強盗殺人のように、
独居の高齢者というような情報も漏えいして犯罪に悪用されるおそれがあ
ることに鑑みれば、「明らかに本人の利益になると認められるとき」と
は、必ずしも言い切れない。個人情報保護に関する審議会等に諮問して公
益上適切と認めるときに例外を認める個人情報保護条例も多かったが、全
ての個人情報保護条例がかかる規定を置いているわけではなかった。

　そこで、全ての市区町村に避難行動要支援者名簿の作成を義務付ける以
上、個人情報保護条例上の制約を乗り越えることができるように、本法
は、市区町村長は、避難行動要支援者名簿の作成に必要な限度で、その保
有する要配慮者の氏名その他の要配慮者に関する情報を、その保有に当
たって特定された利用の目的以外の目的のために内部で利用することがで
きると規定した（本法49条の10第 3 項）。ここでいう内部は、個人情報保護
条例の実施機関内部と解されたので、首長部局内の福祉部局の個人情報を
防災部局が利用することについて、法律の根拠が設けられたことになる。
全ての個人情報保護条例には、本人収集原則や目的外利用・提供禁止原則
の例外の一つとして、法令（等）の定めがあるときが定められており（横
浜市個人情報の保護に関する条例 8 条 1 項 1 号、10条 1 項 1 号参照）、本法49
条の10第 3 項の規定は、この法令に該当することになる。なお、仮に、法
令（等）の定めがあるときに本人収集原則や目的外利用・提供禁止原則の
例外を認める規定を置いていない個人情報保護条例があったとしても、憲

117

法94条が定めるように、条例は法律の範囲内で制定することができ、本法
49条の10第 3 項が、全国一律に、避難行動要支援者名簿の作成に必要な限
度で、要配慮者に関する情報の目的外利用を認める趣旨に照らし、それを
否定する個人情報保護条例の規定は、その限りで違法で無効となるので、
本人収集原則、目的外利用・提供禁止原則の例外が同項により設けられた
ことになる。

　令和 3 年法律第37号により、地方公共団体の保有する個人情報の保護に
ついても、原則として、個人情報保護法が適用されることになり、同法69
条 1 項で、「行政機関の長等は、法令に基づく場合を除き、利用目的以外
の目的のために保有個人情報を自ら利用し、又は提供してはならない」と
規定された。地方公共団体の機関は、ここでいう「行政機関の長等」に含
まれるので（同法63条）、地方公共団体の機関の保有個人情報についても、
目的外利用・提供禁止原則が適用される。そして、本法49条の10第 3 項
は、個人情報保護法69条 1 項の「法令に基づく場合」として、目的外利用
を認める法的根拠となる。

（ 2 ）要配慮者に関する情報の利用範囲

　避難行動要支援者名簿の作成という目的のための利用には、(ⅰ)避難行動
要支援者に該当するかの検討段階での個人情報の取得、(ⅱ)避難行動要支援
者とされた者について必要な情報を名簿に記載するための個人情報の取得
の双方が含まれる。具体的には、福祉部局が保有する障害者手帳情報、要
介護認定情報等を防災部局が利用することが想定される。独居の高齢者情
報については住民基本台帳情報を利用することになると考えられるが、市
区町村の住民に関する事務の処理の基礎とすることが住民基本台帳の目的
であるので（住民基本台帳法 1 条）、かかる住民基本台帳情報の利用は目的
内利用であって、本法49条の10第 3 項の目的外利用ではない。

　(ⅱ)と異なり、(ⅰ)については、避難行動要支援者に該当するかの検討段階
であるため、要配慮者の氏名その他の要配慮者に関する情報の利用が認め
られている。本法49条の10第 3 項は、「内部での利用」を認めているが、

ここでいう内部は、地方自治法158条1項前段（「普通地方公共団体の長は、その権限に属する事務を分掌させるため、必要な内部組織を設けることができる」）に規定する長の権限に属する事務を分掌させるための内部組織相互間での利用である。長とは独立の執行機関は、ここでいう内部に含まれないので、本法49条の10第4項の「その他の者」になり、要配慮者に関する情報の提供を求めることができるにとどまることになる。

5　要配慮者情報の提供の求め

（1）本人収集・目的外利用の法的根拠の創出

　要配慮者に関する個人情報を首長部局の外部から取得することが必要な場合があり得るが、その場合、2つの法的問題があった。一つは、要配慮者に関する個人情報を取得する側の問題であり、個人情報保護条例に一般に規定されている本人収集原則の例外に該当するかという論点であった。いま一つは、要配慮者に関する個人情報を提供する側の問題であり、個人情報保護条例に一般に規定されている目的外提供禁止原則の例外に該当するかという論点であった。個人情報保護条例の本人収集原則との関係では、法律に提供の求めの根拠規定を置くことにより、例外が認められることになる。また、提供との関係では、提供者が地方公共団体であれば個人情報保護条例の目的外提供禁止規定、個人情報取扱事業者である場合には個人情報保護法の個人データの第三者提供禁止規定のいずれも、法令（等）に基づく場合には例外が認められていた。そこで、市区町村長は、避難行動要支援者名簿の作成のため必要があると認めるときは、関係都道府県知事その他の者に対して、要配慮者に関する情報の提供を求めることができると規定することにより、本人同意なしに本人収集・目的外提供を行う法的根拠を創出したのである（本法49条の10第4項）。たとえば、難病患者に係る情報は、市区町村よりも都道府県が保有していることが多いので、関係都道府県知事に当該情報を求めることが考えられる。情報提供の依頼は、法令に基づく依頼であることを書面で明確にして行うことが望ましい

（取組方針第 I 部［改正災対法に基づき取り組む必要がある事項］第 2 ［避難行動要支援者名簿の作成等］ 1 ［要配慮者の把握］（2 ）［都道府県等からの情報の取得］）。同項は、要配慮者情報の提供を求められた者に提供義務を課すものではないが、法令に基づく場合に目的外提供を認める個人情報保護法の規定は、法令が提供を義務付けている場合に適用範囲が限定されてはいないと解されるので、提供を義務付けなくても、提供の求めの規定を置くのみで、個人情報保護法上の問題をクリアすることができるのである（個人情報保護法27条 1 項 1 号が個人データの第三者提供禁止原則の例外として定める「法令に基づく場合」は、法令上、第三者提供が義務付けられている場合に限らず、第三者提供の根拠が規定されている場合を含む趣旨であることについては、大阪高判平成19・ 2 ・20判タ1263号301頁、宇賀・新・個人情報保護法逐条249頁以下参照）。個人情報保護条例についても一般に同様に解されていた。ただし、例外もあることに留意する必要がある。逗子市個人情報保護条例10条 1 項 1 号の「法令又は条例の規定に基づき利用し、又は提供するとき」とは、当該法令又は条例により通知、送付等が義務付けられている場合に限り、法令又は条例の規定がある場合でも、単に利用又は提供ができる根拠を与える規定であって利用又は提供そのものは任意的なものである場合は含まないと解されていた（逗子市個人情報保護の解釈運用基準参照）。

　令和 3 年法律第37号により、地方公共団体の保有する個人情報の保護についても、原則として、個人情報保護法が適用されることになった後は、本法49条の10第 4 項は、個人情報保護法69条 1 項の「法令に基づく場合」として、要配慮者に関する情報の目的外提供を求める法的根拠となる。

（2 ）要配慮者に関する情報の照会先

　本法49条の10第 4 項は、要配慮者に関する情報の照会先を「関係都道府県知事その他の者」と定めている。関係都道府県知事に照会する情報としては、都道府県の福祉医療担当部局が保有する障害者手帳の保有に関する情報、公費による助成を受けている難病患者に関する情報等が念頭に置か

れている。「その他の者」としては民間の介護事業者等が想定される。

6　避難行動要支援者名簿の利用・提供

（1）避難行動要支援者名簿活用の意義

　本法は、避難行動要支援者名簿の作成を市区町村長に義務付けているが、作成されても、それが活用されて避難行動要支援者の救済に資するのでなければ、意味がない。東日本大震災においては、避難行動要支援者名簿に類似する災害時要援護者名簿を活用し、災害時要援護者の避難支援等に効果をあげた地方公共団体が存在する一方、平常時から災害時要援護者名簿を避難支援等関係者に提供していなかったため、避難支援、安否確認に名簿が有効活用されなかった例もみられた。本法は、かかる経験に鑑みて、避難行動要支援者名簿の有効活用を可能にするため、避難行動要支援者名簿の利用・提供について法律に規定することにより、個人情報保護条例の規定の如何にかかわらず可能な避難行動要支援者名簿の利用・提供の範囲を明確にするために設けられた。

（2）避難行動要支援者名簿の内部利用

　避難行動要支援者名簿の作成に必要な限度での要配慮者情報の内部利用については、本法49条の10第3項に根拠規定が設けられた。しかし、これは作成のための目的外利用の根拠規定にとどまるので、当該名簿を市区町村が内部で利用するための法律上の根拠も設ける必要がある。そこで、本法49条の11第1項は、市区町村長は、避難支援等の実施に必要な限度で、避難行動要支援者名簿に記載し又は記録された情報（以下「名簿情報」という）を、その保有に当たって特定された利用の目的以外の目的のために本人同意を得ずに内部で利用することができると定めている。避難行動要支援者名簿の内部利用の具体例としては、(i)防災訓練への参加の勧奨等のための情報提供、(ii)名簿情報の外部提供への本人の同意を得るための連絡、(iii)災害が発生し、又は発生のおそれがある場合の情報伝達、避難支援、(iv)災害発生時の安否確認・救助等が想定されている。市町村の消防部

局は首長部局に属するので、同項の規定に基づく内部利用を行うことができる（運用通知第一Ⅳ5（3）①）。

　令和3年法律第37号により、地方公共団体の保有する個人情報の保護についても、原則として、個人情報保護法が適用されることになった後は、本法49条の11第1項は、個人情報保護法69条1項の「法令に基づく場合」として、避難行動要支援者名簿を目的外で利用する法的根拠となる。

（3）避難行動要支援者名簿の平常時における提供

①　意義

　避難行動要支援者名簿を作成しても、平常時から外部の避難支援等関係者に配布されていないと、実際に災害が発生し、又は発生しようとしたときに迅速な避難支援等を行うことが困難になる。「高齢者の社会的孤立の防止対策等に関する行政評価・監視結果に基づく勧告」（2013年4月、総務省）によれば、災害時要援護者名簿を民生委員と民生委員・児童委員協議会のいずれにも配布していないものが16.3パーセント、地域組織（自治会・自主防災組織等）に配布していないものが25.6パーセント、消防署と消防本部のいずれにも配布していないものが51.2パーセント、避難支援等関係者に配布していないものが79.1パーセント、要援護者に配布していないものが88.4パーセントにのぼっており、これら全てに災害時要援護者名簿を配布しているものは2.3パーセントにとどまっていた。前記勧告においては、災害発生時には、迅速に重要な配布先に災害時要援護者名簿を配布できないおそれがあることから、平常時から名簿を配布した上で、その活用方法等を事前に決めておくことが望ましいとしている。

　そこで、本法は、市区町村長は、災害の発生に備え、避難支援等の実施に必要な限度で、地域防災計画の定めるところにより、消防機関、都道府県警察、民生委員、市区町村社会福祉協議会、自主防災組織その他の避難支援等の実施に携わる関係者に対し、名簿情報を提供するものとすると定めている（本法49条の11第2項本文）。ここで自主防災組織への提供について敷衍すると、2013年7月5日に消防庁が公表した「災害時要援護者の避

難支援対策の調査結果」によれば、同年 4 月 1 日現在、災害時要援護者名簿の提供先として多かったのは、民生委員（95.6パーセント）、町内会・自治会等自主防災組織（87.7パーセント）、社会福祉協議会（65.9パーセント）、消防団員（61.7パーセント）であり、その他の団体（警察組織など）は62.1パーセントであった。本法 5 条の 3 は、「国及び地方公共団体は、ボランティアによる防災活動が災害時において果たす役割の重要性に鑑み、その自主性を尊重しつつ、ボランティアとの連携に努めなければならない」と定めている（堺市におけるボランティアとの連携について、石井布紀子「地域主体・当事者本位の要援護者支援の大切さ」市政62巻 6 号13頁以下参照）。また、日常的に市内の各地域で事業活動を行っている新聞販売店、宅配事業者等との連携も重要である（滋賀県長浜市におけるかかる事業者との連携について、藤井勇治「地域の絆でともに育み支えあい安心して暮らせるまち長浜～災害弱者を地域で守る」市政62巻 6 号24頁参照。また、神奈川県が事業者と締結する「地域見守り活動に関する協定書」も参照）。

　平常時に避難支援等関係者が名簿情報を入手することにより、避難支援等関係者は、避難行動要支援者と個別に面談し、避難支援の方法等を事前に相談し、個別避難計画を策定することが可能になる。同項が例示して列記する者に対して、平常時から必ず名簿情報を提供することを義務付ける趣旨ではなく、どの範囲の者に提供するかは、地域の実情に応じて地域防災計画に定めることになる。

② 　避難行動要支援者名簿の平常時における提供の限界

　平常時における名簿情報の外部提供は、避難支援等の実施に必要な限度で認められる。避難支援等の方法を判断するために介護事業者に名簿情報を提供して、避難行動要支援者の要介護状態について意見を聴く必要がある場合が考えられるが、かかる場合、当該介護事業者が直接に避難支援等に携わらなくても、間接的に避難支援等に携わっているといえるので、避難支援等の実施に必要な限度内として認められる。他方、市区町村の一部の地区の自主防災組織に対して、当該市区町村全体の名簿情報を提供する

ことは、当該地区以外の名簿情報との関係では、避難支援等の実施に必要
な限度を超えるといわざるを得ない。

③　平常時の提供における本人同意の要否

　本法49条の11第2項本文が定める平常時の提供は、当該市区町村の条例
に特別の定めがある場合を除き、名簿情報を提供することについて本人の
同意が得られない場合は認めないこととされている（同項ただし書）。平常
時における名簿情報の外部提供について、本人同意を要することとしたの
は、名簿情報には障害に関する情報のような機微情報が含まれ得るからで
あり、それが避難支援等関係者に知られることによるプライバシー侵害は
かなり重大であると考えられる一方、平常時においては、生命、身体の安
全が害される不利益は抽象的可能性にとどまるので、両者を比較衡量する
と、本人同意がなくても当然に後者の不利益を重視すべきとはいい難いか
らである。そこで、本人が避難支援等関係者に対して名簿情報に記載され
たプライバシーを放棄することに同意した場合に限り、避難支援等関係者
への名簿情報の提供を認めることとしたのである。同意の取得方法は法定
されていないので、個別訪問でなく説明書を郵送して同意を求めることも
可能である。また、書面によらず口頭による同意も認められるが、機微情
報の提供という重要なプライバシー問題に関わることであるので、本人の
慎重な判断を促す観点からも、同意の有無を巡る紛争を回避する観点から
も、書面による同意を原則とした運用をすべきであろう。また、イン
フォームド・コンセントであることが必要であるから、当該書面には、提
供される名簿情報、提供先、利用目的を具体的に記載し、本人がそれらを
十分に理解した上で、同意するか否かを判断できるように運用すべきであ
ろう。なお、避難行動要支援者が幼少であったり、認知症であったりする
ため、十分な判断能力を有しない場合も考えられる。かかる場合には、親
権者や成年後見人等、本人に代わって判断するのが社会通念上適切な者の
同意を得れば足りると解される。未成年者であるからといって、常に親権
者の同意を得れば足りると解すべきではなく、たとえば、歩行障害のある

高校生の場合、平常時における名簿情報の提供のもたらす利益・不利益についての比較衡量は、自ら行うことが可能であると考えられるので、本人の判断を尊重すべきであろう（未成年者の個人情報保護については、宇賀・新・個人情報保護法逐条544頁以下参照）。なお、本人同意を得るに当たって、過大な期待を与えないように、避難支援等関係者も被災したり、自らの避難を優先する必要がある場合があり、災害時に確実に避難支援等がなされることを保証するものではないことも説明し、了解を得るようにすることが望ましいと思われる。

④　条例による特例

　本法49条の11第2項ただし書は、平常時における名簿情報の提供には原則として本人の同意が必要とする一方、市区町村が条例に特別の定めを置いた場合には、例外的に本人同意を要しないこととしている。これは、避難支援等の実効性を確保するためには平常時から避難支援等関係者に情報提供することが重要であるものの、従前、市区町村が同意方式、手上げ方式で平常時における外部提供に同意を得ようとしても限界があり、そのため、渋谷区震災対策総合条例（宇賀＝鈴木・災害弱者の救援計画29頁以下［柳澤信司執筆］、桑原敏武「渋谷区の災害時要援護者対策について」市政62巻6号19頁以下参照。）のように、平常時から名簿情報の避難支援等関係者への提供を認める例があることを踏まえ（同条例36条の2第2項）、市区町村が団体の意思として条例で避難行動要支援者の生命、身体の安全の保護を個人情報保護に優先させる判断をした場合には、それを尊重する趣旨である。

　個人情報保護条例の緊急条項は、平常時における情報提供には援用できなかった。東京都中野区が、災害発生後における税の減免、受信料の減免のために、それぞれ都税事務所、NHKに被災者情報を本人同意を得ずに個人情報保護条例の緊急条項を用いて提供したところ、後に緊急条項に該当せず個人情報保護条例違反であるとして、担当課長が訓告を受けた例がある。個人情報保護条例の審議会等諮問条項を用いて、個人情報保護に係る審議会等に諮問して了承を得た上で、平常時における名簿情報の避難支

援等関係者への提供を行う場合も、条例による特例が認められている場合に該当する。

　なお、箕面市災害時における特別対応に関する条例は、(ⅰ)75歳以上の者のみで構成する世帯に属する者、(ⅱ)要介護状態区分が要介護3から要介護5までのいずれかに該当する者、(ⅲ)身体障害者福祉法15条の規定による身体障害者手帳を所持する者のうち、その障害の程度が同法施行規則別表第5号の1級又は2級に該当するもの、(ⅳ)厚生労働大臣の定めるところにより交付された療育手帳を所持する者のうち、知的障害の程度がAであると判定されたもの、(ⅴ)高齢者、障害者等であって、災害時に家族以外の者からの継続的な支援が必要であると市に申し出ている者のうち、名簿への登載を希望するもの、(ⅵ)妊婦（規則で定める者に限る）及び2歳未満の乳幼児であって、拒否を申し出た者以外のものについて、氏名、住所、生年月日、性別、世帯員数、要介護状態区分その他市長が必要と認める事項を記載した名簿を市が保有する個人情報を利用して作成し、地区防災委員会に当該名簿を交付し、名簿の保管及び名簿に登載された者の災害時における安否確認を委任するものとし（同条例6条1項）、地区防災委員会は、名簿をその運営する避難所に備え付け、密閉及び封印をして保管することとしている（同条2項）。そして、災害により市民に甚大な被害が生じ、又は生じるおそれがあるときは、災害対策本部長は、地区防災委員会に対して名簿の開封を指示し、地区防災委員会は名簿に登載された者の安否を確認することとされ（同条3項）、地区防災委員会は、災害により災害対策本部が機能していないか、又は災害対策本部長の指示を待つ暇がないと自ら判断するときは、3名以上の役員の合議の上で名簿を開封し、名簿に登載された者の安否を確認することができるとされている（同条4項）。同条例の場合、名簿の提供は平常時に行われているが、地区防災委員会による平常時の利用は認められておらず、災害時のみ利用が認められているから、平常時からの提供の意味がないと思われるかもしれない。しかし、災害時においては名簿を提供すること自体が困難な状況も想定し得るから、

たとえ平常時には地区防災委員会による利用が禁じられているとしても、平常時に名簿を配付しておくことに意味がないわけではない。本法49条の11第2項ただし書が定める条例による特例については、かかる方式のものも含まれ得る。

　2013年の本法改正を受けて制定された千葉市避難行動要支援者名簿に関する条例（2015年4月1日施行）5条1項・2項は、平時における避難行動要支援者名簿情報の避難支援等関係者に対する提供をオプトアウト方式で認めている（同条例を例として、避難行動要支援者名簿の課題について検討するものとして、村中・前掲177頁以下、同「災害対策基本法に基づく地方公共団体の『避難行動要支援者名簿』の作成と個人情報保護：千葉市避難行動要支援者名簿に関する条例を事例として」都市問題107巻4号91頁以下参照）。

（4）避難行動要支援者名簿の緊急時における提供

①　比較衡量

　災害による避難行動要支援者の生命、身体の安全への危険が切迫した状況においては、個人情報を保護する利益よりも、避難行動要支援者の生命、身体の安全を保護する利益のほうが優越すると考えられる。実際、個人情報保護条例においては、一般に緊急条項が置かれており、かかる場合には、本人同意なしに個人情報を目的外で利用・提供することが認められていた。もっとも、東日本大震災においては、この緊急条項を活用した避難行動要支援者に係る情報提供が行われたのは、福島県南相馬市や宮城県東松島市等のごく一部の地方公共団体に限られた（立木茂雄「災害時要援護者対策－自治体に求められるポイント」市政62巻6号12頁参照）。本法は、かかる緊急条項の有無にかかわらず、緊急時においては、名簿情報の避難支援等関係者等への提供が躊躇なく行われるように、市区町村長は、災害が発生し、又は発生するおそれがある場合において、避難行動要支援者の生命又は身体を災害から保護するために特に必要があると認めるときは、避難支援等の実施に必要な限度で、避難支援等関係者その他の者に対し、名簿情報を提供することができ、この場合においては、名簿情報を提供す

ることについて本人の同意を得ることを要しないことを明記している（本法49条の11第 3 項）。

　令和 3 年法律第37号により、地方公共団体の保有する個人情報の保護についても、原則として、個人情報保護法が適用されることになった後は、緊急時における避難行動要支援者名簿の避難支援等関係者等への提供は、個人情報保護法69条 2 項 4 号の「本人以外の者に提供することが明らかに本人の利益になるとき」に当たると思われるが、本法49条の11第 3 項があることにより、躊躇なく、名簿情報の提供ができる点に、同項の意義があるといえる。

② 　緊急時における名簿情報の提供先

　緊急時における名簿情報の提供は、平常時に本人同意を得て、又は条例の特別の定めに基づき名簿情報の提供を受ける者のほか、災害発生後に被災地に派遣された自衛隊の部隊や他の都道府県警察からの応援部隊、避難支援等に協力が得られる企業その他の団体等に対して行われることも想定される（運用通知第一Ⅳ5 （3 ）③ア））。避難支援等関係者に限らず、「その他の者」への提供も認められていることに留意が必要である。名簿情報の提供が予定される者との間で事前に協定を締結しておくことが望ましい。

③ 　緊急時に提供し得る名簿情報

　本法49条の11第 3 項の規定に基づく名簿情報の提供は、避難行動要支援者の生命又は身体を災害から保護するために特に必要があると認めるときに、避難支援等の実施に必要な限度で許容されている。したがって、土砂災害警戒情報が発令された場合において、土砂災害警戒区域内の避難行動要支援者の名簿情報を当該要支援者の避難支援等関係者に提供することは同項の要件を満たすといえるが、土砂災害警戒区域外の避難行動要支援者の名簿情報も併せて提供することは、土砂災害警戒区域外の避難行動要支援者との関係では、同項の要件を満たさないと考えられる。

7　名簿情報を提供する場合における配慮

（1）意義

　平常時又は緊急時において名簿情報の提供を受ける者の中には、法律上、秘密保持義務が課されていない者もあるため、本法は、個人単位で秘密保持義務を課す一方（本法49条の13）、名簿情報の提供を受ける団体等においても、名簿情報の管理が適切に行われるようにすることが必要なため、市区町村長は、名簿情報を提供するときは、地域防災計画の定めるところにより、名簿情報の提供を受ける者に対して名簿情報の漏えいの防止のために必要な措置を講ずるよう求めることその他の当該名簿情報に係る避難行動要支援者及び第三者の権利利益を保護するために必要な措置を講ずるよう努めなければならないと定めている（本法49条の12）。また、2013年5月23日の衆議院災害対策特別委員会、同年6月12日の参議院災害対策特別委員会における附帯決議において、「市町村長が避難行動要支援者名簿の情報を消防機関等の関係者に提供する際に、遺漏や個人情報の取扱いの問題が生じることのないよう、国としてもガイドラインの見直し等の支援を行うこと」が要望されている。

（2）名簿情報の漏えいの防止のために必要な措置

　名簿情報の漏えいの防止のために必要な措置としては、団体内で名簿情報に接する職員を必要最小限度にすること、名簿情報の複製を必要最小限度にすること、名簿を施錠された場所で保管すること、名簿の取扱状況を定期的に報告すること（平常時の提供の場合）、使用後は名簿を廃棄又は返却（緊急時のみに提供を受ける団体等の場合）すること等について福祉事業者等と事前に協定を締結しておくことが想定される。「その他の当該名簿情報に係る避難行動要支援者及び第三者の権利利益を保護するために必要な措置」としては、提供した名簿情報の目的外利用を禁止すること、提供先を対象とした個人情報保護研修を行うこと等が念頭に置かれている。なお、本法49条の12は、名簿情報の提供を受ける者の情報管理措置を対象と

するものであり、市区町村内部における情報管理については、「地方公共
団体における情報セキュリティポリシーに関するガイドライン」（総務省）
に基づき、各市区町村が定めている情報セキュリティポリシー及びその運
用のためのマニュアル等に基づいて管理されることになる。

　名簿情報の提供を受ける者に対して、いかなる情報管理措置を講ずるこ
とを求めるかは、地域防災計画で定めることとされているので、市区町村
長は、地域防災計画に名簿情報の提供先を規定するのに併せて、提供先に
いかなる情報管理措置を求めるかも規定することになる。この場合、全て
の提供先に共通する措置を求めることもあり得るが、提供先に応じて異な
る措置を求めることもあり得る。また、提供される媒体が紙媒体であるの
か、ＤＶＤ等の電子媒体であるのか、平常時の提供であるのか緊急時の提
供であるのかによっても、求める情報管理措置は異なり得る。

（3）地方公共団体と避難支援等関係者との事前協定

　「災害時における要援護者の個人情報提供・共有に関するガイドライン」
（2012年10月23日、日本弁護士連合会）第5（情報提供手続）においては、地
方公共団体と避難支援等関係者との間での事前協定の締結が推奨され、災
害後に情報提供を申請する支援機関について個人情報保護に係る誓約書と
プライバシーポリシーを提出させ審査すること等が提言されている。中野
区は、町会・自治会への避難行動要支援者名簿の配付に当たり、個人情報
保護のため、目的外利用等を禁止する協定を締結している。横浜市は、自
主防災組織への避難行動要支援者名簿の配付に当たり、市長は自主防災組
織と協定を締結するものとされ（横浜市震災対策条例施行規則7条1項）、
協定を締結する場合には、個人情報の提供を受けようとする者において、
個人情報を管理する情報管理者及び個人情報を取り扱う情報取扱者を市長
に届け出なければならないとしている（同条2項）。

8　秘密保持義務

（1）必要性

　避難行動要支援者名簿情報は、障害情報等の高度に機微な情報を含む
し、独居の高齢者であるという情報のように、犯罪に悪用され得る情報も
含まれる。したがって、避難行動要支援者やその家族等の個人情報保護の
観点から、正当な理由なく秘密を漏らすことのないように徹底する必要が
ある。また、かかる秘密が正当な理由なく漏えいした場合、避難行動要支
援者やその家族等の信頼を失い、名簿情報の提供に対する同意が得られに
くくなり、避難行動要支援者名簿の制度が十分には機能しなくなるおそれ
がある。そこで、本法は、名簿情報の提供を受けた者（その者が法人であ
る場合にあっては、その役員）、若しくはその職員その他の当該名簿情報を
利用して避難支援等の実施に携わる者又はこれらの者であった者は、正当
な理由がなく、当該名簿情報に係る避難行動要支援者に関して知り得た秘
密を漏らしてはならないと定めている（本法49条の13）。

（2）秘密の要件

　本法49条の13にいう秘密は、非公知の事項であって、実質的にもそれを
秘密とし保護するに値するものである（最判昭和52・12・19刑集31巻7号
1053頁）。すなわち、非公知性と要保護性を要件とする。名簿情報に含ま
れる避難行動要支援者の心身の疾患に関する情報が典型例になる。同条
は、「当該名簿情報に係る避難行動要支援者に関して知り得た秘密」を保
護しているので、名簿に記載された情報に限らず、名簿を利用して避難支
援等の活動を行う過程で知り得た情報、たとえば、離婚により独居状態等
の情報も保護対象になる。他方、名簿情報の提供を受けたこととは無関係
に、地縁関係等を通じて当該情報をすでに知っていた場合には、「当該名
簿情報に係る避難行動要支援者に関して知り得た秘密」には該当しない。

（3）正当な理由

　災害が発生し、又は発生するおそれがある緊急事態において、避難支援

等に必要な協力を得る目的で近隣住民に知らせる場合には、「正当な理由」
があり、本法49条の13の秘密保持義務違反の構成要件に該当しない。これ
に対し、避難支援等に必要な協力を得る目的であっても、避難支援等関係
者が平常時から他者に本人同意なしに名簿情報を提供することは「正当な
理由」がある場合には当たらない。なぜならば、本法は、平常時における
名簿情報の提供は、地域防災計画に定められた相手方に限り、かつ、条例
に特別の定めがある場合を除き、本人の同意を要件としており、平常時に
名簿情報の提供を受けた避難支援等関係者が、地域防災計画で提供先とし
て定められていない者に本人同意を得ずに無断で名簿情報を提供すること
を容認していないことは明らかであるし、また、再提供先には同条の定め
る秘密保持義務が課されておらず、再提供先から秘密が拡散するおそれが
あることからも、これを認めるべきではないからである。

（4）秘密保持義務を負う者

　本法49条の13による秘密保持義務を負う者は、本法49条の11第2項（平
常時の提供）又は3項（緊急時の提供）の規定により、名簿情報の提供を受
けた者（その者が法人である場合にあっては、その役員）若しくはその職員
その他の当該名簿情報を利用して避難支援等の実施に携わる者又はこれら
の者であった者である。本法49条の11第2項又は3項の規定による提供
は、いずれも市区町村長からの提供であり、したがって、避難支援等関係
者が緊急時に避難支援等の協力を求めるために近隣住民に名簿情報を提供
した場合の近隣住民は、本法49条の13の定める秘密保持義務を負わない。
秘密保持義務は個人が負わされるのに対し、名簿情報の提供は団体に対し
てなされることもある。そこで、名簿情報の提供を受けた者が法人（社会
福祉協議会等）である場合には、実際に名簿情報を取り扱う役員又は職員
に秘密保持義務を課している。名簿情報を受領する者が自主防災組織のよ
うな権利能力なき社団である場合には、その構成員は、当該団体の役員又
は職員とは観念されないのが通常と思われるので、「その他の当該名簿情
報を利用して避難支援等の実施に携わる者」に含めることとしている。ま

た、秘密保持義務は、避難支援等の業務に携わっている間のみならず、当
該業務に携わらなくなった後も継続して課す必要があるので、「これらの
者であつた者」を含めることとしている。

（5）秘密保持義務の実効性確保

　本法49条の13の秘密保持義務違反に対する罰則は定められていない。し
かし、公務として避難支援等を行う消防機関、都道府県警察機関の職員の
場合には、地方公務員法34条の規定による秘密保持義務も負っており、そ
の違反に対しては刑罰が科されることになる。これに対し、自主防災組織
に属する者のように、ボランティアで避難支援等に携わる者に秘密保持義
務違反に対する刑罰まで科すこととすれば、萎縮効果により、かかる活動
に参加すること自体を過度に抑制してしまうおそれがある。実際、練馬区
は、災害時要援護者名簿を作成し、平常時から練馬区各組織、警察・消防
機関、民生・児童委員、防災会に配布してきたが、覚書で個人情報の厳格
な取扱いが求められることから、名簿の管理・活用を躊躇する防災会が多
いことが問題として認識されていた（宇賀＝鈴木・災害弱者の救援計画217
頁［福島俊彦発言］参照）。そこで、ボランティアで避難支援等に携わる者
については、秘密保持義務違反に対する罰則は設けられていない。もっと
も、かかる者も秘密保持義務違反を理由として民事上の損害賠償責任を負
うことはあり得る。また、個人情報取扱事業者として、個人情報保護法に
基づく監督措置を受けることもあり得る。社会福祉協議会のように、「個
人情報漏えい対応補償」制度を設けている場合があるが、自主防災組織に
ついては、かかる保険制度の成立は困難かもしれない。名簿情報の提供を
受ける者が、同条による秘密保持義務を認識していない可能性もあるの
で、市区町村長は、名簿情報の提供に当たり、同条の趣旨、内容を十分に
説明するよう努めるべきであろう。

　なお、足立区孤立ゼロプロジェクト推進に関する条例9条は、住民名簿
又は要支援者名簿の提供を受ける町会・自治会の名簿管理者及び名簿閲覧
者を区長に届け出ることを義務付け、名簿管理者に住民名簿及び要支援者

名簿の安全管理義務（同条例11条 1 項）、名簿閲覧者に当該名簿の閲覧により知り得た情報の安全管理義務（同条 2 項）を課している。そして、名簿管理者、名簿閲覧者及び寄り添い支援員又はこれらであった者に秘密保持義務を課し（同13条）、名簿管理者又は名簿管理者であった者が、正当な理由なく住民名簿又は要支援者名簿を提供したときは、30万円以下の罰金に処することとしている（同15条）。

9　個別避難計画

（1）作成

　従前、個別避難計画の作成は、市区町村の任意の判断に委ねられていたところ、2020年10月 1 日現在、任意の取組として一部の計画の作成が完了している市区町村は約半数、全計画の作成が完了している市区町村は 1 割強にとどまっていた（「避難行動要支援者名簿の作成等に係る取組状況の調査結果」2021年 3 月30日総務省消防庁）。令和 2 年 7 月豪雨においても、犠牲者のうち高齢者が占める割合は約 8 割にのぼり、避難の実効性を向上させる必要があった。そこで、2021年の本法改正で、個別避難計画についての規定が設けられた。すなわち、市区町村長は、地域防災計画の定めるところにより、名簿情報に係る避難行動要支援者ごとに、当該避難行動要支援者について避難支援等を実施するための個別避難計画を作成する努力義務が課された。ただし、個別避難計画を作成することについて当該避難行動要支援者の同意が得られない場合は、この限りでない（本法49条の14第 1 項）。市区町村長は、この同意を得ようとするときは、当該同意に係る避難行動要支援者に個別避難計画情報の提供に係る事項について説明する義務を負う（同条 2 項）。個別避難計画には、避難行動要支援者の氏名、生年月日、性別、住所又は居所、電話番号その他の連絡先、避難支援等を必要とする理由、避難支援等実施者（避難支援等関係者のうち当該個別避難計画に係る避難行動要支援者を実施する者）の氏名又は名称、住所又は居所及び電話番号その他の連絡先、避難施設その他の避難場所及び避難路その他

の避難経路に関する事項、以上のほか避難支援等の実施に関し市区町村長
が必要と認める事項を記載し、又は記録することとされた（同条 3 項）。
市区町村長は、個別避難計画の作成に必要な限度で、その保有する避難行
動要支援者の氏名その他の避難行動要支援者に関する情報を、その保有に
当たって特定された利用の目的以外のために内部で利用することができる
（同条 4 項）。これは、個人情報保護法69条 1 項の「法令に基づく場合」に
当たり、同法が定める保有個人情報の目的外利用禁止原則の例外になる。
市区町村長は、個別避難計画の作成のため必要があると認めるときは、関
係都道府県知事その他の者に対して、避難行動要支援者に関する情報の提
供を求めることができる（本法49条の14第 5 項）。これを受けて、関係都道
府県知事その他の者が市区町村長に避難行動要支援者に関する情報を目的
外提供する法的根拠が設けられたことになる。

（2）個別避難計画情報の利用及び提供

　市区町村長は、避難支援等の実施に必要な限度で、個別避難計画に記載
し、又は記録された情報（以下「個別避難計画情報」という）を、その保有
に当たって特定された利用の目的以外の目的のために内部で利用すること
ができる（本法49条の15第 1 項）。市区町村長は、災害の発生に備え、避難
支援等の実施に必要な限度で、地域防災計画の定めるところにより、避難
支援等関係者に対し、個別避難計画情報を提供するものとされている。た
だし、当該市区町村の条例に特別の定めがある場合を除き、個別避難計画
情報を提供することについて当該個別避難計画情報に係る避難行動要支援
者及び避難支援等実施者（以下「避難行動要支援者等」という）の同意が得
られない場合は、この限りでない（同条 2 項）。他方において、市区町村
長は、災害が発生し、又は発生するおそれがある場合において、避難行動
要支援者の生命又は身体を災害から保護するために特に必要があると認め
るときは、避難支援等の実施に必要な限度で、避難支援等関係者その他の
者に対し、個別避難計画情報を提供することができ、この場合において
は、個別避難計画情報を提供することについて当該個別避難計画情報に係

る避難行動要支援者等の同意を得ることを要しない（同条3項）。以上に
定めるもののほか、市区町村長は、個別避難計画情報に係る避難行動要支
援者以外の避難行動要支援者について避難支援等が円滑かつ迅速に実施さ
れるよう、避難支援等関係者に対する必要な情報の提供その他の必要な配
慮をするものとされている（同条4項）。

　市区町村長は、個別避難計画情報を提供するときは、地域防災計画の定
めるところにより、個別避難計画情報の提供を受ける者に対して個別避難
計画情報の漏えいの防止のために必要な措置を講ずるよう求めることその
他の当該個別避難計画情報に係る避難行動要支援者等及び第三者の権利利
益を保護するために必要な措置を講ずるよう努めなければならない（本法
49条の16）。

　個別避難計画情報の提供を受けた者（その者が法人である場合にあって
は、その役員）若しくはその職員その他の当該個別避難計画情報を利用し
て避難支援等の実施に携わる者又はこれらの者であった者は、正当な理由
がなく、当該個別避難計画情報に係る避難行動要支援者等に関して知り得
た秘密を守る義務を負う（本法49条の17）。

10　安否情報の提供

（1）意義

　東日本大震災の際、被災者の安否確認を家族等が求めたところ、個人情
報保護条例への抵触を懸念して情報提供を躊躇する地方公共団体も存在し
た。そこで、災害発生時に家族等が被災者の安否を確認することができる
ように、個人情報保護条例の規定の如何にかかわらず、安否情報の提供を
可能にする規定も設けられた。すなわち、都道府県知事又は市区町村長
は、当該都道府県又は市区町村の地域に係る災害が発生した場合におい
て、当該災害の被災者の安否情報について照会があったときは、回答する
ことができる旨の規定が設けられた（本法86条の15第1項）。

（2）照会の手続

　安否情報について照会をしようとする者（以下「照会者」という）は、都道府県知事又は市区町村長に対し、(i)照会者の氏名、住所（法人その他の団体にあってはその名称、代表者の氏名及び主たる事務所の所在地）その他の照会者を特定するために必要な事項、(ii)照会に係る被災者の氏名、住所又は居所、生年月日及び性別、(iii)照会をする理由を明らかにして行わなければならない（本法施行規則 8 条の 3 第 1 項）。照会者は、前記(i)が記載されている運転免許証、健康保険の被保険者証、個人番号カード、在留カード、特例永住者証明書その他法律又はこれに基づく命令の規定により交付された書類であって当該照会者が本人であることを確認するに足りるものを提示し、又は提出しなければならない。ただし、照会者が遠隔の地に居住している場合その他この方法によることができない場合においては、都道府県知事又は市区町村長が適当と認める方法によることができる（同条 2 項）。

（3）照会できる情報

　前記の照会を受けた都道府県知事又は市区町村長は、(i)照会者が当該照会に係る被災者の同居の親族（婚姻の届出をしないが事実上婚姻関係と同様の事情にある者その他婚姻の予約者を含む）である場合にあっては、照会に係る被災者の居所、負傷若しくは疾病の状況又は連絡先その他安否の確認に必要と認められる情報、(ii)照会者が当該照会に係る被災者の親族（前記(i)に掲げる者を除く）又は職場の関係者その他の関係者である場合にあっては、照会に係る被災者の負傷又は疾病の状況、(iii)照会者が当該照会に係る被災者の知人その他の当該被災者の安否情報を必要とすることが相当であると認められる者である場合にあっては、照会に係る被災者について保有している安否情報の有無についての情報を提供することができる。ただし、当該照会が不当な目的によるものと認めるとき、又は照会に対する回答により知り得た事項が不当な目的に使用されるおそれがあると認めるときは、この限りでない（同条 3 項）。また、以上にかかわらず、前記の照

会を受けた都道府県知事又は市区町村長は、当該照会に係る被災者が照会に際しその提供について同意をしている安否情報については、その同意の範囲内で、又は公益上特に必要があると認めるときは、必要と認める限度において、当該被災者に係る安否情報を提供することができる（同条4項）。

（4）安否情報を回答するときの配慮事項

都道府県知事又は市区町村長は、安否情報を回答するときは、当該安否情報に係る被災者又は第三者の権利利益を不当に侵害することのないよう配慮するものとされている（本法86条の15第2項）。

（5）被災者情報の目的外利用

都道府県知事又は市区町村長は、前記の照会に対する回答を適切に行い、又は当該回答の適切な実施に備えるために必要な限度で、その保有する被災者の氏名その他の被災者に関する情報を、その保有に当たって特定された利用の目的以外の目的のために内部で利用することができることとされ（本法86条の15第3項）、安否確認情報提供のための被災者情報の目的外利用が可能になっている。

（6）被災者に関する情報の提供の求め

被災した地方公共団体による安否情報の収集の円滑化を図るため、都道府県知事又は市区町村長は、前記の照会に対する回答を適切に行い、又は当該回答の適切な実施に備えるため必要があると認めるときは、関係地方公共団体の長、消防機関、都道府県警察その他の者に対して、被災者に関する情報の提供を求めることができることとされている（本法86条の15第4項）。これにより、個人情報の本人収集原則に係る個人情報保護条例の規定の如何にかかわらず、被災した地方公共団体による関係地方公共団体の長等に対する安否情報の照会が可能になり、目的外提供禁止原則に係る個人情報保護条例の規定の如何にかかわらず、照会を受けた関係地方公共団体の長等が安否情報を提供することが可能になった。

令和3年法律第37号により、地方公共団体の保有する個人情報の保護に

ついても、原則として、個人情報保護法が適用されることになった後は、同項の規定は、個人情報保護法69条１項の「法令に基づく場合」として、安否情報の目的外提供の根拠となる。

11　罹災証明書

　被災者が各自の被害の程度等に応じた支援を迅速に受けることを可能にするために、法律上の根拠はなかったものの、市区町村の自治事務として罹災証明書の交付が広く行われてきたが、本法は、罹災証明書を法的に位置付け、市区町村長は、当該市区町村の地域に係る被害が発生した場合において、当該災害の被災者から申請があったときは、遅滞なく、住家の被害その他市区町村長が定める種類の被害の状況を調査し、被災者に対して罹災証明書を交付しなければならないこととした（本法90条の２第１項）。

　罹災証明書には、被災した家屋に居住していた世帯構成員の氏名、性別、生年月日、被災した家屋の所在地、被害の状況等を記載することになるが、世帯構成員の氏名、性別、生年月日の確認には、住民基本台帳を利用することになると考えられる。この利用は、住民に関する事務の処理の基礎とするとともに、住民に関する記録の適正な管理を図り、もって住民の利便を増進するとともに、地方公共団体の行政の合理化に資することを目的とする住民基本台帳法の目的に適合するものであり、目的内利用といえる。

12　被災者台帳

（1）作成
①　意義
　支援対象となる被災者が多数にのぼる場合、受給資格についての情報提供が十分に行えなかったり、被災者の連絡先が共有されていなかったりするため、支援漏れが発生するおそれがある。「申請手続に係る国民負担の軽減等に関する実態調査結果に基づく勧告（東日本大震災関連）」（2013年3

表2－2　被災者台帳に記載・記録する事項

(ⅰ)	氏名
(ⅱ)	生年月日
(ⅲ)	性別
(ⅳ)	住所又は居所
(ⅴ)	住家の被害その他市区町村長が定める種類の被害の状況
(ⅵ)	援護の実施の状況
(ⅶ)	要配慮者であるときは、その旨及び要配慮者に該当する事由
(ⅷ)	電話番号その他の連絡先
(ⅸ)	世帯の構成
(ⅹ)	罹災証明書の交付の状況
(ⅺ)	市区町村長が台帳情報を当該市区町村以外の者に提供することに被災者本人が同意している場合には、その提供先
(ⅻ)	(ⅺ)に台帳情報を提供した場合には、その旨及びその日時
(ⅹⅲ)	被災者台帳の作成に当たって個人番号を利用する場合には、当該被災者に係る個人番号
(ⅹⅳ)	(ⅰ)～(ⅹⅲ)のほか、被災者の援護の実施に関し市区町村長が必要と認める事項

月1日、総務省）においても、被災者台帳の作成について、根拠となる法令がないことの問題が指摘されていた。そこで、市区町村長は、当該市区町村の地域に係る災害が発生した場合において、当該災害の被災者の置かれた状況に応じた援護を総合的かつ効率的に実施するため必要があると認めるときは、被災者の援護を実施するための基礎とする台帳を作成できることが本法に明記された（本法90条の3第1項）。被災者台帳に係る本法の規定は、2013年10月1日に施行されている。

② 記載事項

　被災者台帳には、被災者に関する(ⅰ)氏名、(ⅱ)生年月日、(ⅲ)性別、(ⅳ)住所又は居所、(ⅴ)住家の被害その他市区町村長が定める種類の被害の状況、(ⅵ)援護の実施の状況、(ⅶ)要配慮者であるときは、その旨及び要配慮者に該当する事由、(ⅷ)電話番号その他の連絡先、(ⅸ)世帯の構成、(ⅹ)罹災証明書の交付の状況、(ⅺ)市区町村長が台帳情報を当該市区町村以外の者に提供するこ

とに被災者本人が同意している場合には、その提供先、(xii)前記提供先に台帳情報を提供した場合には、その旨及びその日時、(xiii)被災者台帳の作成に当たって個人番号を利用する場合には、当該被災者に係る個人番号、(xiv)以上のほか、被災者の援護の実施に関し市区町村長が必要と認める事項を記載し、又は記録するものとされている（本法90条の3第2項、本法施行規則8条の5）。

③　被災者に関する情報の目的外利用

　被災者台帳を作成するために被災者の個人情報を利用することを可能にするように、本法は、市区町村長が、被災者台帳の作成に必要な限度で、その保有する被災者の氏名その他の被災者に関する情報を、その保有に当たって特定された利用の目的以外の目的のために内部で利用することができると定めている（本法90条の3第3項）。

④　被災者に関する情報提供の求め

　市区町村長は、被災者台帳の作成のため必要があると認めるときは、関係地方公共団体の長その他の者に対して、被災者に関する情報の提供を求めることができることも本法に明記されている（本法90条の3第4項）。これにより、個人情報の本人収集原則に係る個人情報保護条例の規定の如何にかかわらず、被災者台帳を作成する地方公共団体による関係地方公共団体の長等に対する被災者情報の照会が可能になり、目的外提供禁止原則に係る個人情報保護条例の規定の如何にかかわらず、照会を受けた関係地方公共団体の長等が被災者情報を提供することが可能になった。

　令和3年法律第37号により、地方公共団体の保有する個人情報の保護についても、原則として、個人情報保護法が適用されることになった後は、同項の規定は、個人情報保護法69条1項の「法令に基づく場合」として、安否情報の目的外提供の根拠となる。

（2）台帳情報の目的外利用・提供

　市区町村長は、(i)本人（台帳情報によって識別される特定の個人）の同意があるとき、又は本人に提供するとき、(ii)市区町村が被災者に対する援護

の実施に必要な限度で台帳情報を内部で利用するとき、(ⅲ)他の地方公共団体に台帳情報を提供する場合において、台帳情報の提供を受ける者が、被災者に対する援護の実施に必要な限度で提供に係る台帳情報を利用するとき、のいずれかに該当すると認めるときは、被災者台帳に記載し、又は記録された台帳情報を、その保有に当たって特定された利用の目的以外の目的のために自ら利用し、又は提供することができる（本法90条の4第1項）。さらに、都道府県知事は、救助を行った者について、本法90条の3第4項の規定により情報の提供の求めがあったときは、当該提供の求めに係る者についての(ア)氏名、(イ)生年月日、(ウ)性別、(エ)住所又は居所の情報であって自らが保有するものを提供することが義務付けられている（災害救助法31条）。

　(ⅰ)又は(ⅲ)により台帳情報の提供を受けようとする者（以下「申請者」という）は、(a)申請者の氏名及び住所（法人その他の団体にあってはその名称、代表者の氏名及び主たる事務所の所在地）、(b)申請に係る被災者を特定するために必要な情報、(c)提供を受けようとする台帳情報の範囲、(d)提供を受けようとする台帳情報に申請者以外の者に係るものが含まれる場合には、その使用目的、(e)以上のほか、台帳情報の提供に関し市区町村長が必要と認める事項を記載した申請書を当該台帳情報を保有する市区町村長に提出しなければならない（本法施行規則8条の6第1項）。市区町村長は、前記の申請があった場合において、当該申請が不当な目的によるものと認めるとき、又は申請者が台帳情報の提供を受けることにより知り得た情報が不当な目的に使用されるおそれがあると認めるときを除き、申請者に対し、当該申請に係る台帳情報（当該被災者に係る個人番号を除く）を提供することができる（同条2項）（被災者台帳の具体例については、山崎栄一・自然災害と被災者支援（日本評論社、2013年）150頁以下参照）。

13　マイナンバー（番号）法との関係

（1）個人番号の利用

　マイナンバー（番号）法は、災害対策の分野についても、同法別表第1
で定める場合に個人番号の利用を認めている。具体的には、災害救助法に
よる救助又は扶助金の支給に関する事務であって主務省令で定めるもの
（6の項）、本法による避難行動要支援者名簿の作成、個別避難計画の作
成、罹災証明書の交付又は被災者台帳の作成に関する事務であって主務省
令で定めるもの（36の2の項）、被災者生活再建支援法による被災者生活再
建支援金の支給に関する事務であって主務省令で定めるもの（69の項）に
おける個人番号の利用が認められている。

　地方公共団体の長その他の執行機関は、防災に関する事務その他これら
に類する事務であって条例で定めるものの処理に関して保有する特定個人
情報ファイルにおいて個人情報を効率的に検索し、及び管理するために必
要な限度で個人番号を利用することも認められているので（同法9条2
項）、上記以外の防災に関する事務その他これらに類する事務についても、
条例で定めれば、個人番号を付して管理することが可能になる。

　個人番号の利用により、「申請手続に係る国民負担の軽減等に関する実
態調査結果に基づく勧告（東日本大震災関連）」（2013年3月1日、総務省）
においても勧告されていた添付書類の削減が、防災に関する事務について
も進むことが期待される。

（2）特定個人情報の提供

　個人番号を付した個人情報は特定個人情報となり、マイナンバー（番号）
法19条で定める場合以外には提供が禁止されるが（同法19条で例外的に特
定個人情報の提供を認めている場合について詳しくは、宇賀＝水町＝梅田・番
号法解説［実務編］95頁以下［梅田健史執筆］、宇賀・マイナンバー法逐条127
頁以下参照）、同条11号は、地方公共団体の機関が、条例で定めるところ
により、当該地方公共団体の他の機関に、その事務を処理するために必要

な限度で特定個人情報を提供することを認めている。したがって、条例で定めれば、被災者の特定個人情報を首長部局から当該地方公共団体の教育委員会のような他の執行機関に提供することが可能になる。

　なお、災害が発生し、又は発生するおそれがある場合において、避難行動要支援者の生命又は身体を災害から保護するために特に必要があると認めるときに、本人同意なしに名簿情報を避難支援等関係者その他の者に対し提供できることは前述したが、個人番号が付され特定個人情報になると、提供先が当該地方公共団体の機関以外の者である場合には、同条11号の規定による提供はできない。そこで、同条16号（「人の生命、身体又は財産の保護のために必要がある場合において、本人の同意があり、又は本人の同意を得ることが困難であるとき」）による提供が可能か否かが問題になる。かかる非常事態は、「人の生命、身体又は財産の保護のために必要がある場合」に該当する。したがって、「本人の同意があり、又は本人の同意を得ることが困難であるとき」に該当するかが問題になる。かかる緊急事態に特定個人情報を外部の避難支援等関係者その他の者に対し提供することについて事前に本人同意を得ていれば問題はない。事前に本人同意を得ていない場合、かかる緊急事態において、本人の同意を得ることは時間的にも困難であると思われるので、同号に該当することが多いと思われる。しかし、この要件の認定について確信が持てない場合には、個人番号を外して特定個人情報でなくすれば、マイナンバー（番号）法19条の規制を受けなくなり、本法49条の11第3項の規定に基づき、名簿情報を本人同意なしに提供し得ることになる。

　他方、個人番号の記載された被災者台帳情報の場合、「人の生命、身体又は財産の保護のために必要がある場合」の要件は満たすと考えられるが、所在が確認できる者については、本人同意を得ることが可能であり、被災者ではあるが安否、所在を確認できない場合には、「本人の同意を得ることが困難であるとき」に該当するのが通常と思われる。

14　市区町村の課題

（1）基本理念

　本法は、「災害の発生直後その他必要な情報を収集することが困難なと
きであつても、できる限り的確に災害の状況を把握し、これに基づき人
材、物資その他の必要な資源を適切に配分することにより、人の生命及び
身体を最も優先して保護すること」「被災者による主体的な取組を阻害す
ることのないよう配慮しつつ、被災者の年齢、性別、障害の有無その他の
被災者の事情を踏まえ、その時期に応じて適切に被災者を援護すること」
「災害が発生したときは、速やかに、施設の復旧及び被災者の援護を図
り、災害からの復興を図ること」を基本理念として明記している（2条の
2第4〜6号）。2013年の本法改正による避難行動要支援者名簿の作成、利
用・提供、安否情報の提供、被災者台帳の作成及び台帳情報の利用・提供
に関する規定は、以上の基本理念を踏まえたものといえる。

（2）市区町村の責務

　市区町村は、基本理念にのっとり、基礎的な地方公共団体として、当該
市区町村の地域並びに当該市区町村の住民の生命、身体及び財産を災害か
ら保護するため、関係機関及び他の地方公共団体の協力を得て、当該市区
町村の地域に係る防災に関する計画を作成し、及び法令に基づきこれを実
施する責務を有すること、市区町村長は、前記の責務を遂行するため、消
防機関、水防団その他の組織の整備並びに当該市区町村の区域内の公共的
団体その他の防災に関する組織及び自主防災組織の充実を図るほか、住民
の自発的な防災活動の促進を図り、市区町村の有する全ての機能を十分に
発揮するように努めなければならないこと、消防機関、水防団その他市区
町村の機関は、その所掌事務を遂行するに当たっては、前記の市区町村の
責務が十分に果たされることとなるように、相互に協力しなければならな
いことが、市区町村の責務として定められている（本法5条）。

（3）「見守り活動」との連携

　市区町村においては、高齢者や障害者を対象とした見守り活動を日常的
に行い、そのための名簿が作成されていることも少なくない。かかる見守
り活動の対象者の全てが避難行動要支援者になるわけではないが、地域の
福祉事業者、NPO等と連携して、かかる名簿を利用した安否確認を避難
行動要支援者以外についても行う協力体制を整備しておくことは望まし
い。たとえば、足立区孤立ゼロプロジェクト推進に関する条例は、支援を
必要とする者を(i)70歳以上の単身の世帯に属する者、(ii)75歳以上の者のみ
で構成される世帯に属する者、(iii)身体障害者手帳の交付を受けている者、
(iv)精神障害者保健福祉手帳の交付を受けている者、(v)東京都知事の定める
ところにより愛の手帳の交付を受けている者、(vi)以上の者に準ずる者とし
て区長が認めた者であって、日常生活において孤立状態にあり、地域にお
ける支援が必要であると区長が認める者と定義し（同条例2条3号）、支援
が必要であると区長が認める者の基準は、(ア)日常生活において、世帯以外
の人と10分程度の会話をする頻度が1週間に1回未満の状態、又は(イ)日常
の困りごとの相談相手を欠く状態のいずれかの状態にあることとされてい
る（同条例施行規則3条）。したがって、同条例の要支援者であっても、本
法の避難行動要支援者に該当しない者もあり得るし、逆に、本法の避難行
動要支援者であっても、同条例の要支援者に該当しない者もあり得ると考
えられる。したがって、同条例の要支援者名簿（同条例2条7号）には、
避難行動要支援者以外の者も掲載されている可能性があるが、災害時に
は、本法の避難行動要支援者名簿と同条例の要支援者名簿（要支援者の住
所、氏名、年齢、性別のほか、本人から聴き取り等により収集した事項が記載
される［同条例施行規則6条］）とを照合することにより、避難行動要支援
者以外の要配慮者の安否確認が必要な者を把握することができると思われ
る。また、災害が発生し、又は発生しようとするときに避難行動支援に活
用可能な名簿は、市区町村が作成したものに限らない。自治会等の地域団
体が作成した名簿が活用されることもあり得る。かかる名簿が住民の信頼

を得つつ作成され有効活用されるためには、名簿が適正な手続で作成され管理される必要があり、このことを担保するために、名簿の公的認証制度を設けたのが箕面市である。箕面市ふれあい安心名簿条例（倉田哲郎「まちの課題解決のための条例制定〜箕面市条例三題噺：名簿・カラス・災害時」市政62巻6号25頁以下参照）は、地域団体の活動の活性化及び災害その他緊急の連絡において有用な名簿を市民が安心して作成し、及び利用することができる手続の基準を定めることにより、市民活動を促進するとともに、地域社会における市民の社会連帯を深め、市と地域社会の協働を図り、安全なまちづくりを推進することを目的とする（同条例1条）。ふれあい安心名簿の目的外利用は原則として禁止されているが、災害その他の緊急時における人の生命、身体又は財産の保護のために必要がある場合で、かつ、ふれあい安心名簿登載者から同意を得ることが困難であるときは、目的外利用を認めているので（同条例13条1項）、災害時の避難支援等に用いられる可能性がある。同条例は、箕面市が地域団体作成の名簿が条例所定の手続で作成・管理されるものであることを認証することにより、市民の信頼を確保して、かかる名簿の作成を促進する意義を有する。

（4）避難後の支援

　避難行動要支援者を避難場所に避難させた後の対応も重要である。避難後の災害関連死を防止するためにも、避難行動要支援者名簿が避難支援等関係者から避難場所の責任者に引き継がれることが望ましい。また、避難後といえども、必要な支援等が得られない状況であれば、避難者の個人情報の目的外利用・提供について、個人情報保護法69条2項4号（「本人以外の者に提供することが明らかに本人の利益になるとき」）の規定を適用し得る場合もあると思われる。避難後に民間の支援団体に避難者の個人情報を提供する場合、いかなる団体に提供するかについての判断基準を事前に明確にしておくことが望ましい。岩手県は、個人情報保護審議会の了承を得て、2012年3月19日、「被災者支援に係る個人情報の提供の対象となる団体の基準」を定めている。そこでは、(i)生活再建事業としての公益性、(ii)

被災者情報の取扱目的と事業内容の整合性、(iii)提供情報の範囲・項目の合理性、(iv)被災者情報提供の必要不可欠性、(v)事業の実施可能性、(vi)個人情報保護措置の遵守可能性、(vii)本人の権利利益侵害回避可能性を判断基準にすることとされている。

（5）平常時における名簿情報の提供

2013年の本法改正を受けて、市区町村は、平常時における避難行動要支援者名簿の民生委員、自主防災組織への提供を、条例の規定に基づき本人同意なしに行うか、それとも本人同意を得て行うかを選択しなければならない。また、本人同意方式を選択する場合にも、条例でオプトアウト方式を明文で認める方式もとり得る。さらに、平常時に自主防災組織に避難行動要支援者名簿を配付するが、緊急時までは使用を禁止するという折衷的選択もあり得る。

　本法が、名簿情報が機微情報を含むことと平常時における生命・身体への危険が抽象的可能性にとどまることを斟酌して、平常時における名簿情報の提供には原則として本人同意を必要としたことを踏まえると、条例で平常時における名簿情報の提供を本人同意なしに行う特例を設ける場合、名簿情報の漏えい、目的外利用・提供を防止する万全の策を講ずることが前提となる。本法49条の12が定める漏えい防止のために必要な措置については、単なる指導にとどめず、協定を締結し、提供先に契約上の義務として履行させるべきであろう。また、本法49条の13が定める秘密保持義務の違反について罰則は定められていないが、平常時に名簿情報の提供を認める特例規定を条例で設けた場合、その違反に対して罰則を定めることを本法は排除していないと考えられる。もっとも、罰則を設けることにより、民生委員、自主防災組織等が過度に萎縮して、平常時における避難支援等の活動が阻害されることになれば、角を矯めて牛を殺す弊に陥るおそれもないわけではない。したがって、この問題については、民生委員、自主防災組織等、避難行動要支援者等の意見を十分に聴取して判断する必要がある。福祉部局、防災部局の担当者、民生委員、自主防災組織等、避難行動

要支援者等が参加するマルチステークホルダー・プロセスで議論を深める
ことが望ましいと思われる（防災行政における個人情報の保護と利用につい
ては、すでに引用したもののほか、山崎栄一＝立木茂雄＝林春男＝田村圭子＝
原田賢治「災害時要援護者の避難支援—個人情報のより実践的な収集・共有を
目指して」地域安全学会論文集 9 号157頁以下、神山智美「災害時要援護者支援
制度における情報収集・情報共有と『個人情報保護』に関する一考察—『個人
情報保護条例』上の論点を克服するための法制度を考える」九州国際大学法学
論集19巻 1 ・ 2 号99頁以下、島田茂「災害時要援護者対策と個人情報の保護」
甲南法学55巻 3 号117頁以下、高橋和行＝扇原淳「自治体における避難行動要支
援者名簿の共有・活用の現状とその分析」地域安全学会論文集32・33号215頁以
下、鈴木秀洋「避難行動要支援者及び要配慮者等災害時の社会的弱者の命を守
るために」危機管理学研究 3 号 6 頁以下等参照）。

医療ビッグデータの利用と保護

第**3**章

1 「医療分野の研究開発に資するための匿名加工医療情報に関する法律」制定の経緯

（1）根拠に基づく医療

　疾病の予防、新しい治療法の発見等の医療の質の向上等のために、過去の医療・介護等から取得された医療・介護・健康等に関する情報を疫学的・統計学的に解析して得られた科学的根拠に依拠した「根拠に基づく医療（evidence-based medicine, 以下「ＥＢＭ」という）」の考え方が、1980年代以降、国際的に進展してきた。そのため、ＥＢＭの基礎になるための医療等情報データベースの整備と利用も国際的に進み、欧米先進国において、大規模な医療等情報データベースが、医療に関する研究開発に利用され、研究の効率化が図られている。

　たとえば、米国の公的医療保険制度ＣＭＳ（Center for Medicare & Medicaid Services）の会員登録データベースであるMedicareは5200万人以上、Medicaidは6400万人以上の診療・処方レセプト、患者情報、施設情報、サービス提供者及び支払金額等のデータ等を収録しており、匿名情報の利用が可能であり、特定個人識別性が残る情報は、研究や行政施策の策定に限定して利用されている。米国の保険会社のコンソーシアムであって、診療報酬請求データを収集したHMO research networkは、診療・処方レセプト、患者情報等に係る4000万人以上のデータ、米国の保険会社ユナイテッドヘルス・グループのデータベースであるi3 Aperioは、診療・処方レセプト、患者情報、検査結果等に係る3900万人以上のデータを保有している。米国最大の非営利総合医療団体であるKaiser Permanenteのデータベースは、診療・処方レセプト、患者情報、検査結果、健康調査、

コホート研究等に係る900万人以上のデータを保有しており、同社におけ
る研究のみならず、ＦＤＡ（Food & Drug Administration）等との共同研
究にも活用されている。Quintiles IMS Instituteは保険償還・電子カルテ
等に係る数千万人のデータを保有しており、匿名情報の利用が可能であ
る。Truven Health Analyticsは、病院データ、臨床検査地、地域医療連
携ネットワーク（Electronic Health Record, 以下「ＥＨＲ」という）、健康リ
スク評価に係る約２億3,000万人のデータを保有しており、匿名情報の利
用が可能である。

　英国医薬品庁（ＭＨＲＡ）が管理運営するＧＰＲＤ（General Practice
Research Database）は、診療・処方レセプト、患者情報、検査結果等に係
る650万人以上のデータ、同国のＳＵＳ（Secondary Use Service）／ＮＨＳ
（National Health Service）は、患者情報、救急医療情報、外来診療情報、
入院診療情報等を保有しており、匿名情報を病院、国民保険サービス向け
に提供している。同国のＥＰＩＣが構築したＴＨＩＮ（The Health
Improvement Network）は診療情報、処方、患者情報等に係る500万人以
上のデータ、オランダのユトレヒト大学、ロッテルダム大学が構築したＰ
ＨＡＲＭＯは診療情報、検査結果等に係る200万人以上のデータ、カナダ
のサスカチュワン州地方保険局が構築したHealth Services Databases in
Saskatchewanは、診療・処方レセプト、患者情報に係る100万人以上の
データを蓄積している。

　我が国においても、レセプト情報・特定健診等情報データベース
（National Database, 以下「ＮＤＢ」という）（ＮＤＢを用いた研究の実例とその
課題については、藤森研司「レセプトデータベース（ＮＤＢ）の現状とその活
用に対する課題」医療と社会26巻１号15頁以下参照）、独立行政法人医薬品医
療機器総合機構（ＰＭＤＡ）の医療情報データベース基盤（Medical
Information Database Network, 以下「ＭＩＤ－ＮＥＴ」という）、国民健康保
険中央会の国保データベース（ＫＤＢ）システム、診断群分類（Diagnosis
Procedure Combination, 以下「ＤＰＣ」という）データベース管理運用シス

テム（ＤＰＣを用いた臨床疫学研究の実例とその課題については、康永秀生「ＤＰＣデータによる臨床疫学研究の成果と今後の課題」医療と社会26巻１号７頁以下参照。ＤＰＣとＮＤＢを活用した医療政策研究について、松田晋哉「医療ビッグデータの医療政策への活用」医療と社会26巻１号25頁以下参照）、国立病院機構診療情報集積基盤（ＮＣＤＡ）、臨床現場主導の外科手術・治療情報データベース事業（National Clinical Database, 以下「ＮＣＤ」という）（ＮＣＤについて、宮田裕章「National Clinical Databaseが目指す方向と課題」医療と社会26巻１号47頁以下参照）、小児と薬情報収集ネットワーク、神経・筋疾患患者情報登録システム、小児慢性特定疾病登録管理データベース、指定難病患者データベース、全国がん登録、介護保険総合データベース等の整備が進展している（株式会社日本医療データセンター（ＪＭＤＣ）による民間医療データベースを用いた疫学研究について、中山健夫「民間医療データベースによる疫学研究の成果と課題」医療と社会26巻１号37頁以下、医療ビッグデータの地理空間情報システム（Geographical Information System, 以下「ＧＩＳ」という）を活用した分析について、石川ベンジャミン光一「大規模医療データのＧＩＳ分析：その現状と課題」医療と社会26巻１号61頁以下参照）。しかし、全国規模で利活用できる標準化されたデジタルデータは、診療行為の実施に係るインプットデータである診療報酬明細書（レセプト）データを基本としており、診療行為の実施結果（検査結果、服薬情報等）に係るアウトカムデータの収集は、ＭＩＤ－ＮＥＴ等で行われているものの、なお十分とはいえない（データベースに関する情報の公開の重要性について、曽我部真裕「個人情報保護と医療・医学研究」論究ジュリ24号114頁参照）。さらに、我が国の医療制度においては、医療機関の設置母体が民間中心であり、保険制度も地域保険と職域保険（健康保険組合等）という２種類の保険制度が分立していること等のため、各種データベース間の連携が十分に行われておらず、複数の情報ソースの統合が不十分であることがＥＢＭの進展を阻害しているという認識が広まってきた。感染症や副作用等の発生の状況を迅速に把握し、遅滞なく対策を講ずるためにも、より多くのアウ

トカムデータの分析が重要であり、また、都市と地方における医療資源の偏在の問題を克服し、全国的に良質の医療を提供するためにも、十分な症例数を確保した医療ビッグデータを用いた診療支援システムの活用が有効と考えられる。そこで、医療情報を広範に収集し、医療に係るビッグデータを用いた医療の質の向上を可能にする機関の創設が要請されるようになったのである。次世代医療基盤法や医療ビッグデータ法と称されることもある「医療分野の研究開発に資するための匿名加工医療情報に関する法律」（以下、本章において「本法」という）は、リアルワールドデータを用いた多様な観察研究を支える匿名加工医療情報のプラットフォームを提供することを目的とした法といえよう（黒田佑輝「匿名加工医療情報を用いた医学研究の可能性」論究ジュリ24号122頁参照）。

（2）少子高齢化社会の急速な進展と財政難

　我が国では、急速な少子高齢化の進展と極めて厳しい財政状況の下で、医療費・介護費（少なくともその伸び）を抑制する必要があるが、そのためには、国民自らが健康を管理したり、公的保険制度の運営の効率化を図ると同時に、value for moneyの観点から、質の高い医療・介護を提供できるようにする必要がある。また、我が国は、医薬品についても医療機器についても輸入超過の状態にあるが、財政難の中で膨大な医療・介護の費用を賄うためには、医療等の分野において、国際競争力を向上させる必要がある。そこで、医療等の分野においても、新たな産業の創出並びに活力ある経済社会及び豊かな国民生活の実現に資するために、ビッグデータの活用が、2013年ごろから強く要請されるようになってきた。医療や健康に関するビッグデータを利用することにより、製薬産業やヘルスケア産業において、研究開発やマーケティングの効率性を向上させ、新たなサービスを創出し、国際競争力を強化することが、国策として求められるようになったのである（橋本英樹「医療ビッグデータをめぐる現状と課題」医療と社会26巻1号1頁参照）。

（3）健康・医療戦略

① 　次世代医療ＩＣＴタスクフォース

　2013年6月14日に、関係大臣申合せとして「健康・医療戦略」が決定され、基礎的な研究開発から実用化のための研究開発に至る一貫した研究開発を推進すること等によって、世界最高水準の技術を用いた医療を提供すること、健康長寿社会の形成に資する新産業の創出及びその海外展開の促進等により海外における医療の質の向上に寄与しつつ日本経済の成長に寄与することという方針が定められた。これに基づき、同年8月2日の閣議決定により、健康・医療に関する成長戦略の推進及び医療分野の研究開発の司令塔機能を担うものとして、内閣に健康・医療戦略推進本部が設置された。2014年3月には、医療分野におけるデータ利活用の在り方等を検討するために、同本部に、ＩＴ総合戦略本部と連携して、「次世代医療ＩＣＴタスクフォース」が置かれた。

　そして、2014年5月には、健康・医療戦略推進法（平成26年法律第48号）が制定され、同法9条において、「国は、健康・医療に関する先端的研究開発及び新産業創出に関する施策を実施するため必要な法制上又は財政上の措置その他の措置を講ずるものとする」こととされた。さらに、同年7月18日に公表された「次世代医療ＩＣＴタスクフォース中間とりまとめ」において、「診療や健診などの検査・医療行為に付随して生成された情報が、誰に帰属しどのような利活用が可能なのか、必ずしも明らかでない」「医療サービス提供者や保険者等（1次ホルダー）に関しては、レセプトや特定健診等のデータを収集する仕組みが整備されつつあるものの、個別の目的に基づいて情報システムが構築されていることや情報が分散していることから、国民一人ひとりの一生涯を通じた統合的な健康管理や、医療資源・医療ニーズの地域差や医療保険制度の違いを踏まえた医療費等の分析が困難である」「研究機関や民間事業者等（2次ホルダー）を含めると、実際の情報流通経路は複雑・多岐にわたり、責任分界点も明らかではない場合がある。このため、個人においては、どこでどのように情報が扱われる

のかの不安が払拭できず、また、サービス提供者・事業者（1次・2次ホルダー）においては、同意取得や匿名化を含めたデータ処理やシステム構築・運用のコストが負担である」「これらの課題は、また、これまで臨床研究や産業振興に資する良質・多量の情報蓄積とその利用が進まなかった要因と考えられる」という課題が示された。そして、「医療関連分野については、取り扱われる情報の中に本人にとり機微な情報が含まれるケースも多いことから、医療・健康情報の円滑・低廉な流通と大規模集積の促進には、パーソナルデータの利活用の取組に加え、①マイナンバー等の番号制度基盤の活用検討、②安全かつ円滑なＩＤ連携の検討・構築、③医療・健康情報を委託管理できる情報取扱事業者（以下、「代理機関（仮）」）に係る制度の導入を行う」こととされ、ここにおいて、「代理機関」設置という方針が明確にされた。同月22日には、健康・医療戦略推進法に基づき、新たな「健康・医療戦略」が閣議決定された。同戦略は5か年計画であるが、2017年2月17日に一部変更されている。

② 　次世代医療ＩＣＴ基盤協議会

　2015年1月に、次世代医療ＩＣＴタスクフォースを拡充改組した次世代医療ＩＣＴ基盤協議会が設置された。同協議会は、医療・介護・健康分野の情報のデジタル化、デジタル基盤の構築及びその利活用、医療の質・効率性及び患者・国民の利便性の向上、臨床研究等の研究開発の促進、産業競争力の強化、社会保障のコストの効率化を目標に総合的な検討・調整を行うことを目的としている。同年4月には、医療分野の基礎から実用化までのシームレスな研究開発の管理の実務を担う組織として、日本医療研究開発機構（Japan Agency for Medical Research and Development, ＡＭＥＤ）が設置された。同年6月には、「保健医療2035」策定懇談会が、「保健医療2035提言書」を公表したが、そこにおいて、「2035年においては、ＩＣＴ等の活用により、医療の質、価値、安全性、パフォーマンスが飛躍的に向上していなければならない。膨大な保健医療データベースを活用し、治療の効果・効率性や医薬品等の安全対策の向上が実現され、国民が、その効

果を実感できることが重要である」と指摘された。同年 6 月30日には、「『日本再興戦略』改訂2015」が閣議決定され、「医療・健康分野などの各種データについて、本人同意に基づき個人の情報を収集・管理し、各種サービス事業者や研究機関による各種サービスの質の向上等につなげるために、収集手続の簡素化を許すとともに、代理機関（仮称）の設置について検討し、次期常会を目途に必要な法制上の措置等を講ずる」とされ、「代理機関（仮称）」構想の推進の方針が、より具体化された。厚生労働省の「医療等分野における番号制度の活用等に関する研究会報告書」も同年12月10日に公表され、その中で、「急速な高齢化と厳しい保険財政の中で、質の高い医療・介護サービスの提供や、国民自らの健康管理等のための情報の取得、公的保険制度の運営体制の効率化等を推進するため、医療等分野（健康・医療・介護分野をいう）の安全かつ効率的な情報連携の基盤の整備に最優先で取り組むことが求められている」「より革新的な医薬品や治療法の確立がされ、医療が高度化していくためには、医学研究の発展が不可欠であり、患者等の個人から提供されたデータを適切に活用していくことが必要になる。個人が治療を受け、自分の健康状態を向上させることで得るメリット（データ）の積み重ねが、医学の向上という公益目的にも用いられ、医療の質の向上という社会全体のメリットがもたらされる。また、こうしたデータの蓄積は、地域の実情に応じた効率的な医療提供体制の整備や効果的な保健事業の実施など、行政分野や医療保険事業でも活用されている」と指摘された。

　さらに、2016年 6 月 2 日に「日本再興戦略2016—第 4 次産業革命に向けて」が閣議決定され、そこにおいて、「医療等分野の情報を活用した創薬や治療の研究開発の促進に向けて、治療や検査データを広く収集し、安全に管理・匿名化を行い、利用につなげていくための新たな基盤として『代理機関（仮称）』を実現するため、次世代医療ＩＣＴ基盤協議会等において『代理機関（仮称）』に係る制度を検討し、その結果を踏まえて、来年中を目途に所要の法制上の措置を講じる」こととされた。そこで、次世代

医療ＩＣＴ基盤協議会に医療情報取扱制度調整ワーキンググループが設けられ、医療・介護・健康分野のデジタルデータの医療等情報の利活用を推進するための新たな基盤の在り方について有識者から広く意見を聴取し、論点を整理することにより、医療の質・効率性や患者・国民の利便性の向上、個人情報保護の在り方、臨床研究等の研究開発、産業競争力の強化、社会保障のコストの効率化に資するための検討が行われることになった。さらに、同ワーキンググループの下に、「医療情報匿名加工・提供機関（仮称）のセキュリティ等に関する検討サブワーキンググループ」が設けられ、同年10月より審議が行われ、その結果が医療情報取扱制度調整ワーキンググループに報告された。医療情報取扱制度調整ワーキンググループのとりまとめは、2016年12月27日に公表された。同日から、2017年1月26日まで、このとりまとめに対するパブリック・コメント手続がとられ、30の個人又は団体（個人16名、団体14団体）から151件の意見が寄せられ、立案過程で参考にされた。

（4）個人情報保護法等の改正

　本法制定の背景としては、さらに、以下の点も指摘しておく必要がある。すなわち、平成27年法律第65号による個人情報保護法の改正、平成28年法律第51号による行政機関個人情報保護法、独立行政法人等個人情報保護法の改正が、医学研究にも少なからぬ影響を与えるものと医学界で受け止められたことである。これらの改正は、一方において、匿名加工情報制度、非識別加工情報制度の導入により、医療分野における個人情報を匿名加工又は非識別加工して医学研究に利用するルールを明確化した。他方において、病歴、心身の機能の障害、健康診断等の結果、医師等による指導、診療又は調剤に係る個人情報が要配慮個人情報とされたことにより、個人情報保護法上は、その取得が原則として禁止され、また、オプトアウト方式による提供も原則として禁止された。この改正を受けて、「人を対象とする医学系研究に関する倫理指針」「ヒトゲノム・遺伝子解析研究に関する倫理指針」「ヒト受精胚の作成を行う生殖補助医療研究に関する倫

理指針」の見直しが2016年 4 月に文部科学省、厚生労働省、経済産業省が
合同で設置した「医学研究における個人情報の取扱い等に関する合同会
議」（ 3 省合同会議）で行われ、同年 8 月 9 日に公表された「個人情報保護
法等の改正に伴う指針の見直しについて（中間とりまとめ［案］)」に基づ
く倫理指針改正案に対するパブリック・コメント手続が2016年 9 月22日か
ら10月21日まで行われた。改正された指針は、2017年 2 月28日に公布され
たが（「人を対象とする医学系研究に関する倫理指針」改正の内容については、
矢野好輝「平成29年改正・『人を対象とする医学系研究に関する倫理指針』につ
いて」ＮＢＬ1103号17頁以下参照）、この指針の見直しの過程（詳しくは、横
野恵「三省合同会議での議論と今後の展望」ＮＢＬ1103号26頁以下参照）で、
日本医学会「『医学研究等における個人情報の取扱い等に関する合同会議』
への要望」(2016年 8 月17日)、全国医学部長病院長会議「個人情報保護法
改定に伴う医学研究等に関する各種指針改定に関する要望」(2016年11月17
日）等、医学関係者等から、2015年の個人情報保護法改正やそれを受けた
前記指針の改正により、医学研究が制限されることへの懸念が少なからず
示された（米村滋人「医学研究における個人情報保護の概要と法改正の影響」
ＮＢＬ1103号13頁、米村滋人＝板倉陽一郎＝黒田知宏＝高木利久＝田代志門＝
吉峯耕平「医療・医学研究における個人情報保護と利活用の未来―医療・医学
研究の現場から（座談会）」論究ジュリ24号［吉峰発言］150頁参照）。そして、
この改正が医療分野における研究にとって支障にならないように特例を設
ける必要性が、この問題に関心を有する医療関係者により認識されたので
ある。

（ 5 ）異なる個人情報保護法制の並立

　同一の患者が民間の病院等で診療を受けたときは個人情報保護法、独立
行政法人や国立大学法人の病院で診療を受けたときは独立行政法人等個人
情報保護法、公立病院や地方独立行政法人の病院で診療を受けたときは、
当該地方公共団体の個人情報保護条例（地方独立行政法人が個人情報保護条
例の実施機関となっている場合）の適用を受ける令和 3 年法律第37号による

改正前の法制については、従前から、異なる個人情報保護法制の並立が、診療やコホート研究等において、手続的制約になっているという不満が医学研究者の間にあり、医療機関の設置主体の相違にかかわらず、医療情報を円滑に流通させる法整備が求められていた。そのような背景の下で、平成28年法律第51号附則4条1項において、「政府は、この法律の公布後2年以内に、個人情報の保護に関する法律（平成15年法律第57号）第2条第5項に規定する個人情報取扱事業者、同項第1号に規定する国の機関、同項第2号に規定する地方公共団体、同項第3号に規定する独立行政法人等及び同項第4号に規定する地方独立行政法人が保有する同条第1項に規定する個人情報が一体的に利用されることが公共の利益の増進及び豊かな国民生活の実現に特に資すると考えられる分野における個人情報の一体的な利用の促進のための措置を講ずる」とされ、同法案の附帯決議において、附則4条に規定する「個人情報の一体的な利用の促進のための措置」を講ずるに際しては、「法制上の措置」も含めて検討することが求められていた（平成28年4月21日衆議院総務委員会附帯決議11、平成28年5月19日参議院総務委員会附帯決議11）。この附則で想定されていたのは、医療分野であった。本法は、これに応えたものという側面も有する。なお、一部で医学研究の支障となっていると指摘されていた多元的個人情報保護法制は、令和3年法律第37号により変革され、医療情報に係る個人情報保護の規律については、公的部門のものについても、原則として民間の医療情報と同様になった。

（6）官民データ活用推進基本法

　官民データ活用推進基本法（平成28年法律第103号）（宇賀克也「行政情報化に係る法制度の整備」行政法研究30号49頁以下参照）が公布されたのは、2016年12月14日であるので、医療情報取扱制度調整ワーキンググループのとりまとめ議論には反映されていない。しかし、法案の国会提出前に公布されているので、国会での審議においては、同法の存在は、法案成立を側面から支援する役割を果たしたといえるように思われる。実際、2017年4

月12日の衆議院内閣委員会、同月25日の参議院内閣委員会における同法案
に対する附帯決議において、「官民データ活用推進基本法の理念にのっと
り、医療情報等及び匿名加工医療情報に係る個人の権利利益の保護に配慮
しつつ、その適正かつ効果的な活用の推進を図ること」とされている。な
お、本法制定後の2017年5月30日に閣議決定された「世界最先端ＩＴ国家
創造宣言・官民データ活用推進基本計画」第2部（官民データ活用推進基
本計画）Ｉ－１－（２）（重点分野の指定［分野横断的なデータ連携を見据え
つつ]）①（経済再生・財政健全化の課題解決に資する分野）ア）において、
官民データ活用推進に係る重点分野の一つとして、健康・医療・介護分野
が指定されている。

（7）国会審議

　2017年3月10日、第193回通常国会に「医療分野の研究開発に資するた
めの匿名加工医療情報に関する法律案」が提出され、衆議院内閣委員会
で、自由民主党・無所属の会、民進党・無所属クラブ、公明党、日本維新
の会の各派共同提案による4点の修正案が提出され、同年4月12日に賛成
多数で修正案が可決され、5項目の附帯決議がされた。同月14日に同院本
会議でこの修正された法案が賛成多数で可決された。参議院内閣委員会で
は、同月25日に希望の会（自由・社民）から修正案が提出されたが、賛成
少数で否決され、衆議院から送付された原案が、賛成多数で可決され、8
項目の附帯決議がされ、同月28日に本会議で賛成多数で可決・成立し、同
年5月12日に平成29年法律第28号として公布された（国会審議の詳細につ
いては、長谷悠太「医療ビッグデータの利活用に向けた法整備—次世代医療基
盤法の成立」立法と調査391号8頁以下参照）。全面施行は、公布の日から起
算して1年以内で政令で定める日である2018年5月11日とされた。以下に
おいて、本法について解説する。

2　従前の法制の特例を設ける必要性

（1）学術研究機関等の適用除外等

　1で述べたような背景があったとしても、既存の法制の下で、健康・医療に関する先端的研究開発及び新産業創出という目的を達成することはできなかったのかを検証しておく必要がある。なぜならば、既存の法制の下でも、医療分野の研究には、かなりの程度、配慮がされていたからである。

　すなわち、令和3年法律第37号による改正前、個人情報保護法は、大学その他の学術研究を目的とする機関若しくは団体又はそれらに属する者については、その個人情報等を取り扱う目的の全部又は一部が学術研究の用に供する目的であるときは、同法4章（個人情報取扱事業者の義務等）の規定を適用しないこととしていたため、私立大学や民間の研究所で医学研究が行われる場合には、同法4章の規定の適用が除外されていた。もっとも、私立大学や民間の研究所は、「学術研究を目的とする機関若しくは団体」といえても、製薬会社やヘルスケア産業は、たとえ創薬や健康器具の開発のための研究をしていたとしても、「学術研究を目的とする機関若しくは団体」には当たらないので、後者における研究は、個人情報保護法の規定の適用を受けることになっていた。また、「代理機関（仮称）」自身が医学研究を行うとしても、その主たる役割は、医療情報を取得して匿名加工し、医学研究を行う者に提供することであるから、間接的には、医学研究に貢献しているといえるものの、「学術研究を目的とする機関若しくは団体」といえるかには疑問があった。行政機関個人情報保護法、独立行政法人等個人情報保護法、個人情報保護条例においては、国の行政機関、独立行政法人等、地方公共団体、地方独立行政法人が行う学術研究を適用除外にする規定はなかった。さらに、個人情報保護委員会は、個人情報取扱事業者等に対し報告若しくは資料の提出の要求、立入検査、指導、助言、勧告又は命令を行うに当たっては、学問の自由を妨げてはならず、個人情

報取扱事業者等が大学その他の学術研究を目的とする機関若しくは団体又はそれらに属する者（学術研究の用に供する目的で個人情報等を取り扱う場合に限る）に対して個人情報等を提供する行為については、その権限を行使しないものとされていたが（同法43条）、これは、大学その他の学術研究を目的とする機関若しくは団体に対する個人データの提供を個人情報保護法による個人データの第三者提供規定の適用除外とする趣旨ではなく、個人情報保護委員会による監督権限を行使しないとするにとどまった。

（2）保有個人情報の目的外提供禁止原則の例外

　国の行政機関、独立行政法人等は、本人又は第三者の権利利益を不当に侵害するおそれがあると認められない限り、専ら学術研究の目的のために保有個人情報を目的外提供することは、本人同意なしに可能であったから（行政機関個人情報保護法8条2項4号、独立行政法人等個人情報保護法9条2項4号）、国の行政機関、独立行政法人等は、医学研究のために保有個人情報を目的外提供することが原則として可能であった。地方公共団体の場合、個人情報保護条例において、本人又は第三者の権利利益を不当に侵害するおそれがあると認められない限り、専ら学術研究の目的のために保有個人情報を目的外提供することを認める規定を置いていた例（東京都個人情報の保護に関する条例10条2項5号、神奈川県個人情報保護条例9条2項6号、大阪府個人情報保護条例8条2項5号等）があったが、かかる明文規定のない例（兵庫県個人情報の保護に関する条例7条2項等）もあった。後者の兵庫県個人情報の保護に関する条例の場合、兵庫県情報公開・個人情報保護審議会の意見を聴いて、公益上の必要その他相当の理由があると実施機関が認めるときという同条例7条2項5号の規定に基づき、専ら学術研究を目的とする機関又は団体に本人同意なしに医療情報を目的外提供することが認められる可能性があるが、確実ではなかった。さらに、製薬会社による創薬の研究やヘルスケア産業による健康器具の開発のための研究は、専ら学術研究の目的のものとはいい難い。したがって、公的部門において、本人又は第三者の権利利益を不当に侵害するおそれがあると認めら

れない限り、専ら学術研究の目的のために保有個人情報を目的外提供することを認める規定は、医療ビッグデータを民間の医療・健康産業においても活用して、新たな産業の創出並びに活力ある経済社会を創出し、健康長寿社会を実現するという国策に照らすと、十分ではないと判断された（2015年の個人情報保護法改正を受けた研究倫理指針の改訂によっても、問題が解決したとはいえないことについて、米村滋人「医療情報利用の法的課題・序論—特集にあたって」論究ジュリ24号106頁参照）。

（3）個人データの第三者提供制限の例外

①　個人情報保護法の規定

個人情報取扱事業者による個人データの本人同意なしの第三者提供の制限については、(i)法令に基づく場合、(ii)人の生命、身体又は財産の保護のために必要がある場合であって、本人の同意を得ることが困難であるとき、(iii)公衆衛生の向上又は児童の健全な育成の推進のために特に必要がある場合であって、本人の同意を得ることが困難であるとき、(iv)国の機関若しくは地方公共団体又はその委託を受けた者が法令の定める事務を遂行することに対して協力する必要がある場合であって、本人の同意を得ることにより当該事務の遂行に支障を及ぼすおそれがあるときに限り認められていた（令和 3 年法律第37号による改正前の個人情報保護法23条 1 項）。

②　本人同意

本人の同意については、「医療・介護関係事業者における個人情報の適切な取扱いのためのガイドライン」（2004年12月24日、厚生労働省。同ガイドラインについて、宇賀・個人情報保護の理論と実務139頁以下及びそこに掲げている文献参照） Ⅱ 4 において、「医療機関等については、患者に適切な医療サービスを提供する目的のために、当該医療機関等において、通常必要と考えられる個人情報の利用範囲を施設内への掲示（院内掲示）により明らかにしておき、患者側から特段明確な反対・留保の意思表示がない場合には、これらの範囲内での個人情報の利用について同意が得られているものと考えられる」とされていた。これは、実質的にオプトアウト方式であ

163

るという指摘もある（山本隆一「医療ビッグデータと個人情報保護─解決すべき制度的課題」医療と社会26巻 1 号90頁参照）。かかる包括的同意を認めることには疑問も提起されているが（藤田卓仙「医療・医学研究における個人情報保護と改正法の影響」Law and Technology 74号30頁参照）、医療の現場では、かかる同意が認められていることにより、円滑な同意の取得が可能になっているという意見が多いようである（医療・医学における「同意」の類型について、田代志門「医学研究の現場からみた個人情報保護法改正─『適切な同意』とは」ＮＢＬ1103号34頁以下参照）。

　そこで念頭に置かれていたのは、㋐患者への医療の提供のため、(a)他の医療機関との連携を図ること、(b)外部の医師等の意見・助言を求めること、(c)他の医療機関等からの照会があった場合にこれに応じること、㋑患者への医療の提供に際して、家族等への病状の説明を行うこと、㋒医療等の費用を公的医療保険に請求すること等であった（同ガイドラインⅢ 5 （ 3 ）参照）。同ガイドラインに代わり策定された「医療・介護関係事業者における個人情報の適切な取扱いのためのガイダンス」（2017年 4 月14日個人情報保護委員会、厚生労働省）Ⅱ 7 、Ⅲ 5 （ 3 ）においても、この考え方が踏襲されている。しかし、この黙示の同意は、あくまで、当該患者自身への医療の提供との関係について認められるにすぎない。医療分野における研究の推進のために「代理機関（仮称）」に医療情報を提供する場合のような 2 次利用の場合には、当該患者自身への医療情報の提供との直接的な関係がないので、黙示の同意を認めることはできないと思われる（医療情報の 1 次利用と 2 次利用について、米村・論究ジュリ24号103頁参照。また、両者の区別が困難な場合があることについて、米村滋人＝板倉陽一郎＝黒田知宏＝高木利久＝田代志門＝吉峯耕平「医療・医学研究における個人情報保護と利活用の未来─医療・医学研究の現場から（座談会）」論究ジュリ24号146頁［黒田発言］、152頁［田代発言］参照）。

③　法令の根拠
　前記(i)の「法令に基づく場合」の例としては、「がん登録等の推進に関

する法律」があり、病院等の管理者に対して、原発性のがんについて、当該病院等における初回の診断が行われたとき（転移又は再発の段階で当該病院等における初回の診断が行われた場合を含む）に、その診療の過程で得られた当該原発性のがんに関する届出対象情報を当該病院等の所在地の都道府県知事に届け出る義務を課す等の特例が定められている（同法 6 条 1 項）。しかし、かかる特別法の存在は例外にとどまるので、医療分野の研究一般のための個人情報の第三者提供について、特例が認められているわけではなかった。

④　緊急事態

前記(ii)の「人の生命、身体又は財産の保護のために必要がある場合であって、本人の同意を得ることが困難であるとき」は、本人が急病で意識不明になり、本人の治療のために個人データを提供するような場合を念頭に置いたものであり、医療分野の研究のための提供の場合に援用できる規定ではなかった。

⑤　公衆衛生の向上

前記(iii)の「公衆衛生の向上又は児童の健全な育成の推進のために特に必要がある場合であって、本人の同意を得ることが困難であるとき」の「公衆衛生の向上」は、疫学調査その他病気の予防治療のための研究を典型的な場合として念頭に置いていた（宇賀・新・個人情報保護法逐条253頁参照）。しかし、製薬会社における創薬のための研究やヘルスケア産業における健康器具の開発のための研究を前記(iii)の「公衆衛生の向上」に含めて解釈することは、同法の立法者意思からかなり乖離するので困難と思われる。また、「本人の同意を得ることが困難であるとき」という要件もあるため、一般の患者の場合には、この要件を満たさないと考えられる。

⑥　国の機関等への協力

前記(iv)の「国の機関若しくは地方公共団体又はその委託を受けた者が法令の定める事務を遂行することに対して協力する必要がある場合であって、本人の同意を得ることにより当該事務の遂行に支障を及ぼすおそれが

あるとき」の該当性については、「代理機関（仮称）」を国の機関とする場合には、検討の余地があった。仮に国の機関を「代理機関（仮称）」とすれば、個人情報取扱事業者が「代理機関（仮称）」に患者等の個人情報を提供することは、「国の機関…に対して協力する必要がある場合」に当たるし、行政機関個人情報保護法8条2項3号、独立行政法人等個人情報保護法9条2項3号の「行政機関…に保有個人情報を提供する場合において、保有個人情報の提供を受ける者が、法令の定める事務又は業務の遂行に必要な限度で提供に係る個人情報を利用し、かつ、当該個人情報を利用することについて相当な理由のあるとき」に該当すると考えられた。また、個人情報保護条例においても、国の行政機関に対してその事務事業に必要な限度で保有個人情報を提供することが一般に認められていた（東京都個人情報の保護に関する条例10条2項6号、神奈川県個人情報保護条例9条2項5号等）。しかし、「代理機関（仮称）」を国の機関として、国が要配慮個人情報を集中管理することに対しては、国民や医療現場の理解を得難いと思われること、国の機関を「代理機関（仮称）」とした場合、財政的、人的制約等から画一的な対応となり、価値の高いデータが速やかに集まらない懸念があること、我が国においても、すでに医療情報を取得し匿名加工して提供する民間の機関が存在することに鑑み、複数の民間の機関を認定し、それぞれの創意工夫により医療情報を収集することが想定されていたため、(iv)の選択肢は、検討の対象から外された。仮に「代理機関（仮称）」を国の機関としたとしても、「本人の同意を得ることにより当該事務の遂行に支障を及ぼすおそれがあるとき」の要件を満たすかには疑問がある。医学研究を行うためには、必ずしも悉皆的なデータが必要なわけではないから、同意を拒否する者がいたとしても、研究に支障が生ずるとは必ずしもいえない。もっとも、希少疾患治療薬、発現頻度の低い副作用の研究のように、大量の個人データが必要な場合があり、オプトイン方式では、十分なデータが収集できず、オプトアウト方式をとることが望ましい場合はある。

⑦　共同利用

　令和3年法律第37号による改正前の個人情報保護法23条5項3号は、「特定の者との間で共同して利用される個人データが当該特定の者に提供される場合であって、その旨並びに共同して利用される個人データの項目、共同して利用する者の範囲、利用する者の利用目的及び当該個人データの管理について責任を有する者の氏名又は名称について、あらかじめ、本人に通知し、又は本人が容易に知り得る状態に置いているとき」には、当該個人データの提供を受ける者は、個人データの第三者提供制限規定における「第三者」に該当しないものとされていた。医療機関等と「代理機関（仮称）」との関係を共同利用として構成し得るかについて検討すると、この規定は、一定のグループで総合的なサービスを提供するために個人データが取り扱われる場合を元来念頭に置いており、特定の「代理機関（仮称）」に医療情報を提供する医療機関等は変動が予想されること、同一の医療機関等が複数の「代理機関（仮称）」に医療情報等を提供することも妨げられない制度設計が想定されていたことに鑑みると、「代理機関（仮称）」とそれに医療情報を提供する病院、薬局等の関係を、ここでいう共同利用と解することには疑問があった。

⑧　匿名加工

　要配慮個人情報であっても、匿名加工情報に加工することは可能であるから、医療機関等が患者等の個人情報を匿名加工して、医学研究を行う者に提供することは可能である。しかし、匿名加工は決して容易ではない。特定の個人が識別されたり個人情報が復元されたりするリスクを回避しようとして過度の加工を行うと、医学研究にとっての有益性が失われてしまうことになりかねない。医学研究にとっての有益性を損なわず、かつ、特定の個人が識別されたり、個人情報が復元されたりすることのないように加工するには、高度の専門知識を有する。匿名化処理を行うシステムも存在するが、高額であり、一般の医療機関等で導入することは困難である。また、匿名加工が不十分であり、特定の個人が識別された場合に責任を問

われるリスクを個々の医療情報取扱事業者に負わせるのは酷な面がある。個々の医療情報取扱事業者が、匿名加工を外部委託することは可能であるが、十分な匿名加工能力を有し信頼し得る受託事業者であるかを医療情報取扱事業者が判断することは困難である。したがって、大多数の医療機関等に、患者等の個人情報を匿名加工して、医学研究を行う者に提供することを期待することは、現実的ではない。また、個々の医療情報取扱事業者単位で匿名加工をしたのでは、それらの医療情報を突合した利活用ができない。

⑨　小括

以上述べてきたように、既存の個人情報保護法制では、健康・医療戦略推進法9条が定める「健康・医療に関する先端的研究開発及び新産業創出に関する施策」を講ずることに支障があると考えられたため、本法の制定が必要と考えられたのである。本法の仕組みの下で、医療情報取扱事業者は、自ら匿名加工を行うことに伴うリスクから解放されて、安心して認定匿名加工医療情報作成事業者に医療情報を提供することが可能になり、多数の医療情報を収集した認定匿名加工医療情報作成事業者において、個人単位での突合を行った上で匿名加工して匿名加工医療情報取扱事業者に提供することが可能になる（岡本利久「次世代医療基盤法（「医療分野の研究開発に資するための匿名加工医療情報に関する法律」）の概要」論究ジュリ24号118頁参照）。

3　目的

本法は、医療分野の研究開発に資するための匿名加工医療情報に関し、国の責務、基本方針の策定、匿名加工医療情報作成事業を行う者の認定、医療情報等及び匿名加工医療情報の取扱いに関する規制等について定めることにより、健康・医療に関する先端的研究開発及び新産業創出を促進し、もって健康長寿社会の形成に資することを目的とする（本法1条）。ここでいう「健康・医療に関する先端的研究開発及び新産業創出」とは、

健康・医療戦略推進法 1 条のそれと同義であり、先端的な科学技術を用い
た医療、革新的な医薬品等を用いた医療その他の世界最高水準の技術を用
いた医療の提供に資する医療分野の研究開発並びにその環境の整備及び成
果の普及並びに健康長寿社会の形成に資する新たな産業活動の創出及び活
性化並びにそれらの環境の整備を意味する。本法により推進が期待される
「先端的研究開発及び新産業創出」の成果として、未知の副作用の発見、
医療の質・効率性の向上、新たな薬品や医療機器の開発、健康管理・診療
支援システムの創出、ビッグデータを活用した診療支援サービス等が考え
られる。より具体的には、実診療のビッグデータによって治療選択肢の評
価等に関する大規模な研究の実施が可能になり、最適医療の提供に貢献し
たり、異なる医療機関や領域の情報を統合した治療成績の評価が可能に
なったり、ＡＩも活用して画像データを分析し、医師の診断から治療まで
を包括的に支援する最先端の診療支援ソフトが開発されたり、副作用の発
生頻度の把握や比較が可能になり、医薬品等の安全対策が向上したりする
ことが期待される。「医療分野の研究開発」は、大学等の学術研究機関に
おける研究開発に限らず、製薬会社における創薬の研究開発のように、医
療分野の民間企業における研究開発も含む。かかる企業における研究開発
は、大学等の学術研究機関と異なり、憲法上の学問の自由の保障を受ける
ものではないが、民間企業の研究開発が医学の発展に重要な貢献をしてお
り、「新産業の創出」をも目的とする本法において、製薬会社における研
究開発を除外することは適当でないと判断されたのである（学術研究機関
と企業における研究を一元的に規制することの是非について、曽我部・論究ジュ
リ24号113頁参照）。

4　医療情報

　本法において「医療情報」とは、特定の個人の病歴その他の当該個人の
心身の状態に関する情報であって、当該心身の状態を理由とする当該個人
又はその子孫に対する不当な差別、偏見その他の不利益が生じないように

その取扱いに特に配慮を要するものとして政令で定める記述等（文書、図
画若しくは電磁的記録に記載され、若しくは記録され、又は音声、動作その他
の方法を用いて表された一切の事項［個人識別符号を除く］をいう）であるも
のが含まれる個人に関する情報のうち、(i)当該情報に含まれる氏名、生年
月日その他の記述等により特定の個人を識別することができるもの（他の
情報と容易に照合することができ、それにより特定の個人を識別することがで
きることとなるものを含む）、(ii)個人識別符号が含まれるもののいずれかに
該当するものをいう（同法2条1項）。子孫とは、「ひ孫など卑属を広く含
む概念だが、いとこやはとこは含まれない」（第193回国会参議院内閣委員会
会議録第7号［2017年4月25日］24頁［大島一博政府参考人発言］参照）。「心
身の状態に関する情報」という限定があるため、要配慮個人情報のうち、
「心身の状態に関する」もののみが医療情報になる。ここで留意する必要
があるのは、医療情報は、個人情報保護法が定める個人情報と異なり、生
存する個人に関する情報に限らず、死者の情報も含んでおり、したがっ
て、当該個人のみならず、その子孫に対する不当な差別、偏見その他の不
利益が生じないようにその取扱いに特に配慮を要するものとされているこ
とである。他の情報との照合について容易性が要件とされているのは、特
定の個人を識別するための他の情報との照合が容易でないような個人に関
する情報は、匿名加工医療情報の作成に用いるのに適しないと考えられる
からである。「政令で定める記述等」は、①特定の個人の病歴、②(ｱ)身体
障害、知的障害、精神障害（発達障害を含む）その他の個人情報保護法施
行規則5条各号で定める心身の機能の障害があること、(ｲ)特定の個人に対
して医師その他医療に関連する職務に従事する者（以下「医師等」という）
により行われた疾病の予防及び早期発見のための健康診断その他の検査
（以下「健康診断等」という）の結果、(ｳ)健康診断の結果に基づき、又は疾
病、負傷その他の心身の変化を理由として、特定の個人に対して医師等に
より心身の状態の改善のための指導又は診療若しくは調剤が行われたこ
と、のいずれかを内容とする記述等（①に該当するものを除く）に掲げるも

のをいう（本法施行令1条、本法施行規則2条）（個人の電子カルテに政令指定事項が含まれれば、当該個人に関する電子データ全部が医療情報に該当すると解すべきとするものとして、吉峯耕平「次世代医療基盤法の構造と解釈問題」論究ジュリ24号129頁参照）。

5　匿名加工医療情報

　「匿名加工医療情報」とは、医療情報を加工して得られる個人に関する情報であって、当該医療情報を復元することができないようにしたものをいう。死者に関する情報も含む点を除けば、個人情報保護法が定める匿名加工情報と異ならない定義になっている。前記4(i)の「当該情報に含まれる氏名、生年月日その他の記述等により特定の個人を識別することができるもの（他の情報と容易に照合することができ、それにより特定の個人を識別することができることとなるものを含む）」の場合には、当該医療情報に含まれる記述等の一部を削除すること（当該一部の記述等を復元することのできる規則性を有しない方法により他の記述等に置き換えることを含む）、前記4(ii)の個人識別符号が含まれるもの場合には、当該医療情報に含まれる個人識別符号の全部を削除すること（当該個人識別符号を復元することのできる規則性を有しない方法により他の記述等に置き換えることを含む）という措置を講じて特定個人識別性を除去することになる（本法2条3項）。

6　匿名加工医療情報作成事業

　本法において「匿名加工医療情報作成事業」とは、医療分野の研究開発に資するよう、医療情報を整理し、及び加工して匿名加工医療情報（匿名加工医療情報データベース等を構成するものに限る）を作成する事業をいう（同条4項）。匿名加工医療情報データベース等を構成しない散在情報である匿名加工医療情報については、ビッグデータとしての利用価値に乏しく、同法による規律の対象とする必要はないと考えられるので、匿名加工医療情報データベース等を構成する匿名加工医療情報に対象を限定してい

る。

7　医療情報取扱事業者

　本法において「医療情報取扱事業者」とは、医療情報を含む情報の集合
物であって、特定の医療情報を電子計算機を用いて検索することができる
ように体系的に構成したものその他特定の医療情報を容易に検索すること
ができるように体系的に構成したものとして政令で定めるもの（以下「医
療情報データベース等」という）を事業の用に供している者をいう（同条5
項）。「政令で定めるもの」とは、医療情報の集合物に含まれる医療情報を
一定の規則に従って整理することにより特定の医療情報を容易に検索する
ことができるように体系的に構成したものであって、目次、索引その他検
索を容易にするためのものを有するものを意味する（本法施行令3条）。医
療情報取扱事業者は、認定匿名加工情報医療情報作成事業者に医療情報を
オプトアウト方式で提供できるが、ビッグデータとしての医療情報の活用
を目的とする本法においては、散在情報を対象とする意義に乏しいので、
個人情報保護法にいう個人情報データベース等を事業の用に供している者
のみを対象としている。

8　国の責務

　国は、健康・医療に関する先端的研究開発及び新産業創出に関する施策
の一環として、医療分野の研究開発に資するための匿名加工医療情報に関
し必要な施策を講ずる責務を有する（本法3条）。

9　医療分野の研究開発に資するための匿名加工医療情報に関する基本方針

　政府は、医療分野の研究開発に資するための匿名加工医療情報に関する
施策の総合的かつ一体的な推進を図るため、医療分野の研究開発に資する
ための匿名加工医療情報に関する基本方針（以下「基本方針」という）を定

める義務を負う（本法4条1項）。基本方針は、(i)医療分野の研究開発に資するための匿名加工医療情報に関する施策の推進に関する基本的な方向、(ii)国が講ずべき医療分野の研究開発に資するための匿名加工医療情報に関する措置に関する事項、(iii)匿名加工医療情報の作成に用いる医療情報に係る本人の病歴その他の本人の心身の状態を理由とする本人又はその子孫その他の個人に対する不当な差別、偏見その他の不利益が生じないための措置に関する事項、(iv)匿名加工医療情報作成事業を行う者及び匿名加工医療情報作成事業者の委託を受けて医療情報等又は匿名加工医療情報を取り扱う事業を行おうとする者の認定に関する基本的な事項、(v)その他医療分野の研究開発に資するための匿名加工医療情報に関する施策の推進に関する重要事項について定めるものとされている（同条2項）。(i)については、「新しい健康・医療・介護システム」の実現に向けたオールジャパンでのデータ利活用基盤の構築、本法の理念と制度運用の考え方、(ii)については、国民の理解の増進に関する措置、匿名加工医療情報の利活用の推進に関する措置、規格の整備等に関する措置、医療等分野に用いる識別子（ID）の実現、情報システムの整備に関する措置、人材の育成に関する措置、地方公共団体や保険者との連携に関する措置、独立行政法人等との連携に関する措置、国際的な展開に関する措置、(iii)については、認定匿名加工医療情報作成事業者の適正な事業運営の確保、医療情報取扱事業者による認定匿名加工医療情報事業者に対する医療情報の適正な提供の確保、匿名加工医療情報の作成及び提供、情報セキュリティ対策に関する措置、(iv)については、認定匿名加工医療情報作成事業者の認定に関する基本的な事項、認定医療情報等取扱受託事業者の認定に関する基本的な事項、認定匿名加工医療情報作成事業者及び認定医療情報等取扱受託事業者の監督等に関する考え方、(v)については、施行後の状況の検討等が記載されている。(iii)については、衆議院内閣委員会において、「本人又はその子孫以外の個人」に対する不当な差別、偏見その他の不利益が生じないための措置を講ずることが明記された。その理由について、修正案提出者は、一定の地域又は団

体に特定の疾患が多いことが明らかになり、当該地域や団体に対する風評
被害等の不利益が生じるおそれを想定し、一定の地域や団体に属する個人
を念頭に置いていると説明している（第193回国会参議院内閣委員会会議録
第 7 号［2017年 4 月25日］ 8 頁［緒方林太郎衆議院議員発言］参照）。

　内閣総理大臣は、基本方針の案を作成し、閣議の決定を求めなければな
らず（同条 3 項）、閣議の決定があったときは、遅滞なく、基本方針を公
表する義務を負う（同条 4 項）。基本方針の変更についても、内閣総理大
臣が案を作成し、閣議決定を求め、閣議決定がされたときは、遅滞なく公
表しなければならない（同条 5 項）。

10　国の施策

（1）国民の理解の増進

　国は、広報活動、啓発活動その他の活動を通じて、医療分野の研究開発
に資するための匿名加工医療情報に関する国民の理解を深めるよう必要な
措置を講ずるものとされている（本法 5 条）。本法の国民に対する便益は、
治療の効果や効率性などに関する大規模な研究を通じて、医療者が個々の
患者の背景や病状等を踏まえて最適な医療の提供が可能になること、デー
タを用いた最適な医療が行われ、そこから得られたデータがさらに医療に
還元されるといった好循環が生まれることで、国民全体に提供される医療
の質の持続的な向上につながることである（第193回国会参議院内閣委員会
会議録第 7 号［2017年 4 月25日］ 2 頁［藤本康二政府参考人発言］参照）。こ
のようなメリットは、直接に国民が認識できるものではないので、広報活
動、啓発活動により国民の理解を深める措置を講ずる国の責務について定
めているのである。参議院内閣委員会においては、制度の運用に当たって
は、広報周知を積極的に行うとともに、本人又はその遺族等からの問合せ
に係る窓口機能の確保に努めること、その際、障害者や高齢者等に対して
十分配慮がなされるように留意することが附帯決議されている。基本方針
3 （2）においても、同内容が定められている。

（2）規格の適正化

　国は、医療分野の研究開発に資するための匿名加工医療情報の作成に寄与するため、医療情報及び匿名加工医療情報について、国際的動向、医療分野の研究開発の進展等に応じて、適正な規格の整備、その普及及び活用の促進その他の必要な措置を講ずるものとされている（同法6条）。保健医療情報分野の標準規格については、規格作成団体（保健医療福祉情報システム工業会［ＪＡＨＩＳ］、日本画像医療システム工業会［ＪＩＲＡ］等）から申請された標準案をこの分野の学会（日本医療情報学会、日本放射線学会、日本放射線腫瘍学会、日本放射線技術学会）、事業者団体等（医療情報システム開発センター、日本ＨＬ7協会、日本ＩＨＥ協会、保健医療福祉情報システム工業会、日本画像医療システム工業会、ＧＳ1ヘルスケアジャパン協議会）からなる医療情報標準化推進協議会で審査し、そこで同意を得られた医療情報標準化指針が厚生労働省政策統括官の下に設置された保健医療情報標準化会議に付議される。同会議が保健医療情報分野の標準規格として認めるべき規格として厚生労働省に提言を行い、同省は、2010年3月以降、これを受けて、厚生労働省標準規格を定め、その普及を推進している。未来投資戦略2017（2017年6月9日閣議決定）第2（具体的施策）Ⅰ（Society5.0に向けた戦略分野）1（健康・医療・介護）（2）（新たに講ずべき具体的施策）ⅰ）（技術革新を活用し、健康管理と病気・介護予防、自立支援に軸足を置いた、新しい健康・医療・介護システムの構築）①（データ利活用基盤の構築）においては、「健康・医療・介護分野のデータの徹底的なデジタル化や標準化の取組については、技術の進展を踏まえつつ、データの利活用主体がデータの共有や2次利用を円滑に行えるよう、標準化すべきデータの範囲と標準化の手法を含め、具体的な施策について、2020年度からのデータ利活用基盤の本格稼働に間に合うよう検討を加速化し実施した上で、その後も技術の進展等を踏まえて必要な施策を講じる」とされている。基本方針2（3）においても、データの1次利用の目的を損なわないことに留意しつつ、データの入力段階も含め構造化や標準化すべきデータ

の範囲とその手法、データの品質及び信頼性の確保の方策等の具体的な進
め方について、速やかに検討・整理し、実施に向けたロードマップを示す
としている。

（3）情報システムの整備

　国は、医療分野の研究開発に資するための匿名加工医療情報の作成を図
るため、情報システムの整備、その普及及び活用の促進その他の必要な措
置を講ずる努力義務を負う（本法 7 条）。予防医療の促進や生活習慣病対
策、新たな治療法の開発や創薬、医療経済の適正化、介護負担の軽減や介
護環境整備の推進における問題解決の分析や政策立案、実施を効率的に行
うために、地方公共団体、保険者や医療機関などが保有する健康・医療・
介護データを有機的に連結し、柔軟性があり、機能する情報システムを整
備し、2020年度から本格稼働させるために、2017年 1 月、厚生労働省に大
臣を本部長とするデータヘルス改革推進本部が設けられ検討が行われてい
る。なお、2016年10月19日に公表された「保健医療分野におけるICT活用
推進懇談会提言書」において提言された「患者・国民を中心に保健医療情
報をどこでも活用できるオープンな情報基盤（Person centered Open
PLatform for well-being, ＰｅＯＰＬｅ）」（仮称）は、匿名加工医療情報の
作成を図るための情報システムと機能分担しつつ連携していくことが目指
されている（第193回国会参議院内閣委員会会議録第 7 号［2017年 4 月25日］
22頁［大橋秀行政府参考人発言］参照）。また、2017年 6 月 9 日に閣議決定
された未来投資戦略2017においては、本法が成立したことを受け、研究
者・民間・保険者等が、健康・医療・介護のビッグデータを個人のヒスト
リーとして連結し分析するための「保健医療データプラットフォーム」と
の連携にも留意しつつ、本法による認定事業者を活用し、匿名加工された
医療情報の医療分野の研究開発への利活用を進めること、これらを支える
基盤として、医療保険のオンライン資格確認及び医療等ＩＤ制度の導入に
ついて、2018年度からの段階的な運用開始、2020年からの本格運用を目指
して、2017年度から着実にシステム開発を実行することとされた。すなわ

ち、「保健医療データプラットフォーム」は、ＮＤＢ、介護保険総合データベース、ＤＰＣデータベース等の既存の公的データベースについて、他のデータベースと併せて解析可能とし、悉皆的な情報を提供し、本法による認定匿名加工医療情報作成事業者は、治療の結果であるアウトカム情報を含めて匿名加工された医療情報の医療分野の研究開発への多様なニーズに応えるデータを任意の仕組みで取得し匿名加工医療情報取扱事業者に提供するという役割分担が想定されている。基本方針2（5）においては、医療・介護事業者のネットワーク化については、クラウド化・双方向化等による地域のＥＨＲの高度化を推進するとともに、全国展開を進めること、一層のデジタル化に向けた機器やシステム等の研究開発の推進を含め、健康・医療・介護現場のデジタル化を推進すること、情報を単にデジタル化し、保存、共有するためだけのシステムではなく、データとしての利活用を含め、健康・医療・介護の質の向上や業務の効率化に資する次世代型のシステムの研究開発を推進することとされている（次世代保険医療システムと本法の関係については、藤田卓仙＝米村滋人「医療情報の利活用の今後―つくり、つなげ、ひらくための制度設計」論究ジュリ24号136頁以下参照）。

11　認定匿名加工医療情報作成事業者

（1）匿名加工医療情報作成事業を行う者の認定

① 　法人への限定

　匿名加工医療情報作成事業を行う者（法人に限る）は、申請により、匿名加工医療情報作成事業を適正かつ確実に行うことができるものと認められる旨の主務大臣の認定を受けることができる（本法8条1項）。法人に限ることとしたのは、認定匿名加工医療情報作成事業者が、医療行政・医療提供、臨床研究・コホート研究及び新技術・新産業の基盤として、医療等情報の管理や利活用のための収集・加工・提供を実施し、安定的にかかる基盤として機能する事業運営を行い得ることが必要であるからである。日

本法人に限定していないので、外国法人も認定を受け得るが、我が国にとり公益性の高い医療分野の研究開発を重視した認定が行われることになろう（第193回国会衆議院内閣委員会議録第 6 号［2017年 4 月12日］19頁［大島一博政府参考人発言］参照）。

② 　主務大臣

　本法における主務大臣は、内閣総理大臣、文部科学大臣、厚生労働大臣及び経済産業大臣である（本法39条 1 項）。医療分野の研究開発における基礎的な研究開発から実用化のための研究開発までの一貫した研究開発の推進及びその成果の円滑な実用化並びに医療分野の研究開発が円滑かつ効果的に行われるための環境の整備を総合的かつ効果的に行うために日本医療研究開発機構（ＡＭＥＤ）を設置する国立研究開発法人日本医療研究開発機構法18条 1 項において、同法の主務大臣は、内閣総理大臣、文部科学大臣、厚生労働大臣及び経済産業大臣とされているように、基礎研究から研究成果の産業化までシームレスに対応するために、複数の大臣の共管としている。

③ 　申請書の記載事項

　この認定を受けようとする者は、主務大臣の発する命令である主務省令で定めるところにより、(i)名称及び住所、(ii)医療情報の整理の方法、(iii)医療情報の加工の方法、(iv)医療情報等（医療情報、匿名加工医療情報の作成に用いた医療情報から削除した記述等及び個人識別符号並びに加工の方法に関する情報をいう）及び匿名加工医療情報の管理の方法、(v)その他主務省令で定める事項を記載した申請書に、認定の基準に適合していることを証する書類その他主務省令で定める書類（申請者に係る定款及び登記事項証明書又はこれらに準ずるもの、匿名加工医療作成事業を行う役員及び使用人に係る住民票の写し又はこれに代わる書類、申請の日の属する事業年度及び翌事業年度における事業計画及び収支予算書、その他主務大臣が必要と認める書類）を添えて、これを主務大臣に提出しなければならない（本法 8 条 2 項）。(iii)は、基本的には匿名加工情報と同様の基準によることになるが、医療分野の特

性も考慮して定めることになる（第193回国会衆議院内閣委員会議録第6号
［2017年4月12日］7頁［藤本康二政府参考人発言］参照）。主務大臣は、主務
省令を定め、又は変更しようとするときは、あらかじめ、個人情報保護委
員会に協議しなければならない（本法39条3項）。

④　認定基準

　主務大臣が行う認定の基準は、以下の通りである。

　第1に、欠格事由のいずれにも該当しないことである。欠格事由は、(i)
本法その他個人情報の適正な取扱いに関する法律で政令で定めるもの又は
これらの法律に基づく命令の規定に違反し、罰金の刑に処せられ、その執
行を終わり、又は執行を受けることがなくなった日から2年を経過しない
者、(ii)認定を取り消され、その取消しの日から2年を経過しない者、(iii)匿
名加工医療情報作成事業を行う役員又は主務省令で定める使用人のうちに
(ア)精神の機能の障害により匿名加工医療情報作成事業を適正に行うに当
たって必要な認知、判断及び意思疎通を適切に行うことができない者（本
法施行規則4条の2）、(イ)破産手続開始の決定を受けて復権を得ない者又は
外国の法令上これに相当する者、(ウ)本法その他個人情報の適正な取扱いに
関する法律で政令で定めるもの、又はこれらの法律に基づく命令の規定に
違反し、罰金以上の刑に処せられ、その執行を終わり、又は執行を受ける
ことがなくなった日から2年を経過しない者、(エ)認定を受けた者が認定を
取り消された場合において、その処分のあった日前30日以内に当該認定に
係る事業を行う役員又は主務省令で定める使用人であった者で、その処分
のあった日から2年を経過しないもののいずれかに該当する者があるもの
である。

　第2に、申請者が、医療分野の研究開発に資するよう、医療情報を取得
し、並びに整理し、及び加工して匿名加工医療情報を適確に作成し、及び
提供するに足りる能力を有するものとして主務省令で定める基準に適合し
ていることである。この要件については、衆議院で修正が行われている。
すなわち、国民や医療機関等が医療情報を安心して提供できるようにする

ため、医療情報の取得、匿名加工医療情報の提供についても、適確に行う
能力を有することが追加されたのである。これにより、認定匿名加工医療
情報作成事業者を中心とした一連の流れの全体が適正に行われることを期
待した修正である（第193回国会参議院内閣委員会会議録第 7 号［2017年 4 月
25日］10頁［緒方林太郎衆議院議員発言］参照）。この点について、衆参両院
の内閣委員会において（衆議院では 4 月12日、参議院では同月25日）、「認定
匿名加工医療情報作成事業者に対する医療情報取扱事業者からの医療情報
の提供や、認定匿名加工医療情報作成事業者が利活用者に対し匿名加工医
療情報の適正な利活用を求めることを含め、認定匿名加工医療情報作成事
業者から匿名加工医療情報の利活用者への提供が適正に行われるよう、認
定匿名加工医療情報作成事業者に対して適切な措置を講ずること」が附帯
決議されている。主務省令で定める本法 8 条 3 項 2 号に係る適格者の基準
は、(ⅰ)日本の医療分野の研究開発に資する匿名加工医療情報の作成に関す
る相当の経験及び識見を有する者であって、匿名加工医療情報作成事業を
統括管理し、責任を有するものがいること、(ⅱ)匿名加工医療情報作成事業
を適正かつ確実に行うに足りる経験及び識見を有する者として(ｱ)日本の医
療分野の研究開発に資する匿名加工医療情報を作成するための大規模な医
療情報の加工に関する相当の経験及び識見を有する者、(ｲ)匿名加工医療情
報を用いた日本の医療分野の研究開発の推進に関する相当の経験及び識見
を有する者、(ｳ)日本の医療分野の研究開発に資する匿名加工医療情報の作
成に用いる医療情報の取得及び整理に関する相当の経験及び識見を有する
者のいずれも確保していること、(ⅲ)医療情報検索システムその他の匿名加
工医療情報作成事業の実施に必要な設備を備えていること、(ⅳ)匿名加工医
療情報作成事業を適正かつ確実に行うための内部規則等を定め、これに基
づく事業の運営の検証がされる等、法令等を遵守した運営を確保している
こと、(ⅴ)匿名加工医療情報作成事業を適正かつ確実に、かつ継続して行う
に足りる経理的基礎を有すること、(ⅵ)医療分野の研究開発に資するための
匿名加工医療情報に関する基本方針に照らし適切なものであると認められ

る匿名加工医療情報作成事業に関する中期的な計画を有すること、(vii)匿名加工医療情報の提供の是非の判断に際して、基本方針に照らし、匿名加工医療情報が医療分野の研究開発に資するために適切に取り扱われることについて適切に審査するための体制を整備していること、(viii)広報及び啓発並びに本人、医療情報取扱事業者又は匿名加工医療情報取扱事業者からの相談に応ずるための体制を整備していること、(ix)その取り扱う医療情報の規模及び内容が、匿名加工医療情報作成事業を適正かつ確実に行うに足りるものであること、(x)医療分野の標準的な規格に対応した医療情報を円滑に取り扱うことができること、(xi)申請者が行う匿名加工医療情報作成事業において、特定の匿名加工医療情報取扱事業者に対して不当な差別的取扱いをするものでないことである。

　第 3 に、医療情報等及び匿名加工医療情報の漏えい、滅失又は毀損の防止その他の当該医療情報等及び匿名加工医療情報の安全管理のために必要かつ適切なものとして主務省令で定める措置が講じられていることである。主務省令で定める措置は、①組織的安全管理措置、②人的安全管理措置、③物理的安全管理措置、④技術的安全管理措置、⑤その他の措置からなる。①は、(イ)認定事業に関し管理する医療情報等及び匿名加工医療情報（以下「認定事業医療情報等」という）の安全管理に係る基本方針を定めていること、(ロ)認定事業医療情報等の安全管理に関する相当の経験及び識見を有する責任者を配置していること、(ハ)認定事業医療情報等を取り扱う者の権限及び責務並びに業務を明確にしていること、(ニ)認定事業医療情報等の漏えい、滅失又は毀損が発生し、又は発生したおそれがある事態が生じた場合における事務処理体制が整備されていること、(ホ)安全管理措置に関する規程の策定及び実施並びにその運用の評価及び改善を行っていること、(ヘ)外部の専門家による情報セキュリティ監査の受検又は第三者認証の取得により、安全管理に係る措置の継続的な確保を図っていることである。②は、(イ)認定事業医療情報等を取り扱う者が、本法 8 条 3 項 1 号ハが定める欠格事由のいずれにも該当しない者であることを確認してい

と、㋺認定事業医療情報等を取り扱う者が、認定事業の目的の達成に必要な範囲を超えて、認定事業医療情報等を取り扱うことがないことを確保するための措置を講じていること、㋩認定事業医療情報等を取り扱う者に対する必要な教育及び訓練を行っていること、㋥認定事業医療情報等を取り扱う権限を有しない者による認定事業医療情報等の取扱いを防止する措置を講じていることである。③は、㋑認定事業医療情報等を取り扱う施設設備を他の施設設備と区分していること、㋺認定事業医療情報等を取り扱う施設設備への立入り及び機器の持込みを制限する措置を講じているとともに、監視カメラの設置その他の当該施設設備の内部を常時監視するための装置を備えていること、㋩認定事業に関し管理する医療情報等の取扱いに係る端末装置は、原則として、補助記憶装置及び可搬記録媒体（電子計算機又はその周辺機器に挿入し、又は接続して情報を保存することができる媒体又は機器のうち、可搬型のものをいう）への記録機能を有しないものとすること、㋥認定事業医療情報等を削除し、又は認定事業医療情報等が記録された機器、電子媒体等を廃棄する場合には、復元不可能な手段で行うことである。④は、㋑認定事業医療情報等を取り扱う施設設備に、不正アクセス行為（不正アクセス行為の禁止等に関する法律2条4項に規定する不正アクセス行為をいう）を防止するため、適切な措置を講じていること、㋺認定事業医療情報等の取扱いに係る電子計算機及び端末装置の動作を記録するとともに、通常想定されない当該電子計算機及び端末装置の操作を検知し、当該操作が行われた電子計算機及び端末装置を制御する措置を講じていること、㋩認定事業医療情報等の取扱いに係る電子計算機又は端末装置において、第三者が当該電子計算機又は端末装置に使用目的に反する動作をさせる機能が具備されていないことを確認していること、㋥認定事業医療情報等を電気通信により送受信するとき、又は移送し、若しくは移送を受けるときは、(a)外部の者との送受信の用に供する電気通信回線として、専用線等（ＩＰ－ＶＰＮサービス（電気通信事業報告規則1条2項16号に掲げるＩＰ－ＶＰＮサービスをいう）に用いられる仮想専用線その他のこれと同等の

安全性が確保されると認められる仮想専用線を含む）を用いること、(b)前記
(a)に規定する電気通信回線に接続されるサーバ用の電子計算機のうち、医
療情報取扱事業者からの医療情報の受信に用いるものについては、外部へ
の送信機能を具備させないこと、(c)前記(a)に規定する電気通信回線に接続
されるサーバ用の電子計算機のうち、匿名加工医療情報取扱事業者への匿
名加工医療情報の送信に用いるものについては、外部からの受信機能を具
備させず、また、前記(b)又は後記(ホ)に規定する電子計算機以外のサーバ用
の電子計算機を用いること、(d)前記(a)から(c)までに掲げるもののほか、認
定事業医療情報等を適切に移送し、又は移送を受けるために、暗号化等必
要な措置を講じていること、(ホ)匿名加工医療情報の作成の用に供する医療
情報の管理は、(ニ)(b)及び(c)の電子計算機以外のサーバ用の電子計算機を用
いることとし、(ニ)(b)及び(c)に規定する電子計算機を経由する以外の方法に
よる外部へのネットワーク接続を行わないこと、また、(ニ)(b)及び(c)に規定
する電子計算機との接続においては、専用線を用いることである。⑤は、
(イ)認定事業医療情報等の漏えいその他の事故が生じた場合における被害の
補償のための措置を講じていること、(ロ)認定事業医療情報等を取り扱う施
設設備の障害の発生の防止に努めるとともに、これらの障害の発生を検知
し、及びこれらの障害が発生した場合の対策を行うため、事業継続計画の
策定、その機能を代替することができる予備の機器の設置その他の適切な
措置を講じていること、(ハ)医療情報の提供を受ける際に、医療情報取扱事
業者による当該医療情報の提供の方法及びこれに係る安全管理のための措
置が適正である旨を確認していること、(ニ)匿名加工医療情報の提供の契約
において、匿名加工医療情報取扱事業者による当該匿名加工医療情報の利
用の態様及びこれに係る安全管理のための措置が匿名加工の程度に応じて
適正であることを確保していることである。

　第4に、申請者が、医療情報等及び匿名加工医療情報の安全管理のため
の措置を適確に実施するに足りる能力を有することである。認定匿名加工
医療情報作成事業者として安定的に経営を継続するためには、財政基盤が

安定している必要がある。認定匿名加工医療情報作成事業者は、匿名加工医療情報取扱事業者が支払う利用料により自律的運営を行うことが基本になる。匿名加工医療情報利用事業者が支払う利用料の総額は、認定匿名加工医療情報作成事業者の事業運営の継続を確保できるように、情報の収集、加工、提供に要するコストを基本に適度のマージンを上乗せしたものとすることが想定されている（第193回国会参議院内閣委員会会議録第7号［2017年4月25日］16頁［武村展英内閣府大臣政務官発言］参照）。認定匿名加工医療情報作成事業者の事業開始後の収支については、本法35条の規定に基づく報告を求め、対価が適正と認められない場合には、本法36条の規定に基づく助言、指導により是正を図ることになる（第193回国会参議院内閣委員会会議録第7号［2017年4月25日］16頁［武村展英大臣政務官発言］参照）。他方、医療情報取扱事業者に対して、医療情報の収集に要する費用を超えた情報の対価となるような支払を行わないようにしなければならない。医療情報取扱事業者が患者等の医療情報を販売して利益を得るという構図は避けなければならず、もし、そのような状況になれば、医療情報取扱事業者が患者等に医療情報の認定匿名加工医療情報作成事業者への提供の停止を求めないように圧力をかけることも懸念されるからである。ただし、健康・医療・介護現場のＩＣＴ化の現状を踏まえ、質の高い医療情報を収集するための情報システムの整備等の基盤の拡大に資する費用については、情報の収集・加工・提供に要する費用として位置付け、かかる基盤の拡充に積極的に取り組むべきことが基本方針4（1）に規定されている。また、医療情報を提供する国民や医療機関等、医療分野の研究開発を行う者の信頼を得ていくためには、事業運営の状況の開示など事業運営の透明性の確保や広報啓発相談への適切な対応を行うことも必要であり、かかる基本的考え方に沿って、申請者の組織体制、人員、設備、収集する医療情報、事業計画等に基づき、申請が審査されることが、基本方針4（1）で定められている。

⑤　認定に係る手続

　主務大臣は、申請が前記の第1から第4までに掲げる基準に適合すると認めるときは、認定をしなければならない（本法8条3項）。主務大臣は、認定をしようとするときは、あらかじめ、個人情報保護委員会に協議しなければならない（同条4項）。主務大臣は、認定をした場合においては、遅滞なく、その旨を申請者に通知するとともに、その旨を公示しなければならない（同条5項）。

⑥　変更の認定・届出

　認定匿名加工医療情報作成事業者は、申請書の記載事項（名称及び住所を除く）を変更しようとするときは、主務省令で定めるところにより、主務大臣の認定を受けなければならない。ただし、主務省令で定める軽微な変更については、この限りでない（本法9条1項）。ここでいう軽微な変更とは、(i)匿名加工医療情報作成事業を行う役員又は使用人の氏名の変更であって、役員又は使用人の変更を伴わないもの、(ii)前記(i)に掲げるもののほか、医療情報の整理の方法、医療情報の加工の方法、医療情報等及び匿名加工医療情報の管理の方法等であって、これらの事項の実質的な変更を伴わないものである（本法施行規則8条2項）。認定匿名加工医療情報作成事業者は、名称又は住所の変更があったとき、又は主務省令で定める軽微な変更をしたときは、遅滞なく、その旨を主務大臣に届け出なければならない（本法9条2項）。主務大臣は、名称又は住所の変更届があったときは、遅滞なく、その旨を公示しなければならない（同条3項）。変更の認定をしようとするときも、あらかじめ、個人情報保護委員会に協議しなければならない（同条4項）。

（2）承継

①　認定匿名加工医療情報作成事業者である法人への承継

　認定匿名加工医療情報作成事業者である法人が他の認定匿名加工医療情報作成事業者である法人に認定に係る匿名加工医療情報作成事業（以下「認定事業」という）の全部の譲渡を行ったときは、譲受人は、譲渡人の本法の規定による認定匿名加工医療情報作成事業者としての地位を承継する

（本法10条1項）。認定匿名加工医療情報作成事業者である法人が他の認定匿名加工医療情報作成事業者である法人と合併をしたときは、合併後存続する法人又は合併により設立された法人は、合併により消滅した法人の本法の規定による認定匿名加工医療情報作成事業者としての地位を承継する（同条2項）。以上により認定匿名加工医療情報作成事業者としての地位を承継した法人は、認定事業の全部を譲り受けた場合には事業譲渡証明書及び事業の全部の譲渡しがあったことを証する書面並びに承継者に係る認定証の写しを添えて、合併により設立された場合には、その法人の登記事項証明書を添えて、遅滞なく、その旨を主務大臣に届け出る義務を負い（同条3項）、主務大臣は、この届出があったときは、遅滞なく、その旨を公示する義務を負う（同条10項）。

② 認定匿名加工医療情報作成事業者でない法人への承継

　他方、認定匿名加工医療情報作成事業者である法人が認定匿名加工医療情報作成事業者でない法人に認定事業の全部の譲渡を行う場合においては、譲渡人及び譲受人があらかじめ当該譲渡及び譲受けについて、事業譲渡証明書及び事業の全部の譲渡しがあったことを証する書面、譲受人が本法8条3項各号に掲げる認定の基準に適合していることを証する書類、譲受人に係る定款及び登記事項証明書又はこれらに準ずるもの、匿名加工医療作成事業を行う役員及び使用人に係る住民票の写し又はこれに代わる書類、申請の日の属する事業年度及び翌事業年度における事業計画及び収支予算書、その他主務大臣が必要と認める書類及び譲渡人に係る認定証を添えて申請を行い、主務大臣の認可を受けたときに、譲受人は、譲渡人の本法の規定による認定匿名加工医療情報作成事業者としての地位を承継する（同条4項）。また、認定匿名加工医療情報作成事業者である法人が認定匿名加工医療情報作成事業者でない法人との合併により消滅することとなる場合において、あらかじめ当該合併について、合併後存続する法人又は合併により設立された法人の登記事項証明書、合併後存続する法人又は合併により設立された法人が本法8条3項各号に掲げる認定の基準に適合して

いることを証する書類、合併後存続する法人又は合併により設立された法人に係る定款及び登記事項証明書又はこれらに準ずるもの、匿名加工医療作成事業を行う役員及び使用人に係る住民票の写し又はこれに代わる書類、申請の日の属する事業年度及び翌事業年度における事業計画及び収支予算書、その他主務大臣が必要と認める書類及び被承継者に係る認定証を添えて申請を行い、主務大臣の認可を受けたときは、合併後存続する法人又は合併により設立された法人は、合併により消滅した法人の本法の規定による認定匿名加工医療情報作成事業者としての地位を承継する（同条5項）。認定匿名加工医療情報作成事業者である法人が分割により認定事業の全部を承継させる場合において、あらかじめ当該分割について、事業承継証明書、事業の全部の承継があったことを証する書面及び分割により認定事業の全部を承継した法人の登記事項証明書、分割により認定事業の全部を承継した法人が本法8条3項各号に掲げる認定の基準に適合していることを証する書類、分割により認定事業の全部を承継した法人に係る定款及び登記事項証明書又はこれらに準ずるもの、匿名加工医療作成事業を行う役員及び使用人に係る住民票の写し又はこれに代わる書類、申請の日の属する事業年度及び翌事業年度における事業計画及び収支予算書、その他主務大臣が必要と認める書類及び被承継者に係る認定証を添えて申請を行い、主務大臣の認可を受けたときは、分割により認定事業の全部を承継した法人は、分割をした法人の本法の規定による認定匿名加工医療情報作成事業者としての地位を承継する（同条6項）。上記の認可の基準は、匿名加工医療情報作成事業者の認定基準と同一であり、主務大臣は、認可をしようとするときは、あらかじめ、個人情報保護委員会に協議しなければならない。主務大臣は、認可をしたときは、遅滞なく、その旨を申請者に通知するとともに、その旨を公示する義務を負う（同条7項）。他方、主務大臣は、認可をしない旨の処分をしたときも、遅滞なく、その旨を公示しなければならない（同条10項）。
③　承継認可を申請しない場合

　認定匿名加工医療情報作成事業者である法人は、認定匿名加工医療情報作成事業者でない者に認定事業の全部の譲渡を行い、認定匿名加工医療情報作成事業者でない法人と合併をし、又は分割により認定事業の全部を承継させる場合において、主務大臣による前記の認可の申請をしないときは、被承継者に係る認定証を添えて、その認定事業の全部の譲渡、合併又は分割の日までに、その旨を主務大臣に届け出る義務を負う（同条8項）。主務大臣は、この届出があったときは、遅滞なく、その旨を公示しなければならない（同条10項）。

④　認定の失効

　認定匿名加工医療情報作成事業者である法人が認定匿名加工医療情報作成事業者でない者に認定事業の全部の譲渡を行い、認定匿名加工医療情報作成事業者でない法人との合併により消滅することとなり、又は分割により認定事業の全部を承継させる場合において、前記の認可をしない旨の処分があったとき（これらの認可の申請がない場合にあっては、当該認定事業の全部の譲渡、合併又は分割があったとき）は、認定は、その効力を失うものとし、その譲受人、合併後存続する法人若しくは合併により設立された法人又は分割により認定事業の全部を承継した法人は、遅滞なく、当該認定事業に関し管理する医療情報等及び匿名加工医療情報を消去しなければならない（同条9項）。

（3）廃止の届出等

　認定匿名加工医療情報作成事業者は、認定事業を廃止しようとするときは、認定証を添えて、あらかじめ、その旨を主務大臣に届け出る義務を負う（本法11条1項）。この届出があったときは、認定は、その効力を失うものとし、認定匿名加工医療情報作成事業者であった法人は、遅滞なく、当該認定事業に関し管理する医療情報等及び匿名加工医療情報を消去しなければならない（同条2項）。主務大臣は、この届出があったときは、遅滞なく、その旨を公示しなければならない（同条3項）。

（4）解散の届出等

　認定匿名加工医療情報作成事業者である法人が合併以外の事由により解散したときは、その清算人若しくは破産管財人又は外国の法令上これらに相当する者は、認定証を添えて、遅滞なく、その旨を主務大臣に届け出なければならない（本法12条 1 項）。

　主務大臣は、この届出があったときは、遅滞なく、その旨を公示する義務を負う（同条 3 項）。認定匿名加工医療情報作成事業者である法人が合併以外の事由により解散したときは、認定は失効するので、その清算中若しくは特別清算中の法人若しくは破産手続開始後の法人又は外国の法令上これらに相当する法人は、遅滞なく、当該認定事業に関し管理する医療情報等及び匿名加工医療情報を消去する義務を負う（同条 2 項）。

（5）帳簿

　認定匿名加工医療情報作成事業者は、文書、電磁的記録又はマイクロフィルムを用いて作成した帳簿を備え、匿名加工医療情報取扱事業者に対する匿名加工医療情報の提供を行った場合には、①当該匿名加工医療情報取扱事業者の名称及び住所その他の当該匿名加工医療情報取扱事業者を特定するに足りる事項、②当該匿名加工医療情報の提供を行った年月日、③当該匿名加工医療情報の項目、匿名加工医療情報取扱事業者が他の匿名加工医療情報取扱事業者に対する匿名加工医療情報の提供を行った場合には、④提供元の匿名加工医療情報取扱事業者の名称及び住所その他の当該匿名加工医療情報取扱事業者を特定するに足りる事項、⑤提供先の匿名加工医療情報取扱事業者の名称及び住所その他の当該匿名加工医療情報取扱事業者を特定するに足りる事項、⑥当該匿名加工医療情報の提供を行った年月日、⑦当該匿名加工医療情報の項目、匿名加工医療情報の消去を行った場合には、⑧当該匿名加工医療情報の消去を行った年月日、⑨当該匿名加工医療情報の項目、他の認定匿名加工医療情報作成事業者に対して医療情報の提供を行った場合には、⑩当該他の認定匿名加工医療情報作成事業者の名称及び住所その他の当該他の認定匿名加工医療情報作成事業者を特

定するに足りる事項、⑪当該医療情報の提供を行った年月日、⑫当該医療情報の項目、他の認定匿名加工医療情報作成事業者から医療情報の提供を受けた場合には、⑬当該他の認定匿名加工医療情報作成事業者の名称及び住所その他の当該他の認定匿名加工医療情報作成事業者を特定するに足りる事項、⑭当該医療情報の提供を受けた年月日、⑮当該医療情報の項目を記載し、その記載の日から3年間これを保存する義務を負う（本法13条、本法施行規則12条）。

（6）名称の使用制限

認定匿名加工医療情報作成事業者でない者は、認定匿名加工医療情報作成事業者という名称又はこれと紛らわしい名称を用いてはならない（本法14条）。

（7）認定の取消し等

主務大臣は、認定匿名加工医療情報作成事業者（国内に主たる事務所を有しない法人であって、外国において医療情報等又は匿名加工医療情報を取り扱う者［以下「外国取扱者」という］を除く）が、(i)偽りその他不正の手段により前記の認定又は前記の認可を受けたとき、(ii)認定基準に適合しなくなったとき、(iii)変更の認定を受けなければならない事項を認定を受けないで変更したとき、(iv)第三者提供制限規定（本法26条1項）に違反して医療情報を提供したとき、(v)是正命令（本法37条1項）に違反したとき、のいずれかに該当するときは、認定を取り消すことができる（本法15条1項）。認定匿名加工医療情報作成事業者は、認定を取り消されたときは、遅滞なく、当該認定事業に関し管理する医療情報等及び匿名加工医療情報を消去する義務を負う（同条2項）。主務大臣は、認定を取り消そうとするときは、あらかじめ、個人情報保護委員会に協議しなければならない（同条3項）。主務大臣は、認定を取り消したときは、遅滞なく、その旨を公示する義務を負う（同条4項）。

主務大臣は、認定匿名加工医療情報作成事業者（外国取扱者に限る）が、㋐前記(i)〜(iv)までのいずれかに該当するとき、㋑主務大臣による是正の請

求に応じなかったとき、(ウ)主務大臣が、本法の施行に必要な限度におい
て、認定匿名加工医療情報作成事業者に対し必要な報告を求め、又はその
職員に、その者の事務所その他の事業所に立ち入り、その者の帳簿、書類
その他の物件を検査させ、若しくは関係者に質問させようとした場合にお
いて、その報告がされず、若しくは虚偽の報告がされ、又はその検査が拒
まれ、妨げられ、若しくは忌避され、若しくはその質問に対して答弁がさ
れず、若しくは虚偽の答弁がされたとき、(エ)主務大臣による検査に要する
費用の負担をしないとき、のいずれかに該当するときは、認定を取り消す
ことができる（本法16条 1 項）。

　認定匿名加工医療情報作成事業者（外国取扱者に限る）が認定を取り消
されたときは、遅滞なく、当該認定事業に関し管理する医療情報等及び匿
名加工医療情報を消去しなければならない。また、主務大臣は、認定匿名
加工医療情報作成事業者（外国取扱者に限る）の認定を取り消そうとする
ときも、あらかじめ、個人情報保護委員会に協議しなければならない。主
務大臣は、認定匿名加工医療情報作成事業者（外国取扱者に限る）の認定
を取り消したときも、遅滞なく、その旨を公示しなければならない（同条
2 項）。主務大臣による検査に要する費用（政令で定めるものに限る）を当
該検査を受ける認定匿名加工医療情報作成事業者（外国取扱者に限る）の
負担としている（同条 3 項）のは、外国に出張して検査を行う場合、渡航
費のみでも高額になるからである。

12　医療情報等及び匿名加工医療情報の取扱いに関する規制

（1）利用目的による制限

　認定匿名加工医療情報作成事業者は、医療情報の提供を受けた場合は、
当該医療情報が医療分野の研究開発に資するために提供されたものである
という趣旨に反することのないよう、認定事業の目的の達成に必要な範囲
を超えて当該医療情報を取り扱ってはならないことが原則である（本法17
条 1 項）。個人情報保護法では、個人情報取扱事業者は個人情報の利用目

的をできる限り特定しなければならないが（同法17条 1 項）、目的の設定についての制約は緩く、かつ、変更前の利用目的と関連性を有すると合理的に認められる範囲での目的の変更も認められるが（同条 2 項）、本法においては、認定匿名加工医療情報作成事業者が本法30条 1 項の規定に基づき提供された医療情報の利用目的は、「医療分野の研究開発に資するため」と法律で特定されており、目的の変更を認める規定はない。目的外利用は原則として認められず、その例外が認められるのは、(i)法令に基づく場合、(ii)人命の救助、災害の救援その他非常の事態への対応のため緊急の必要がある場合に限られている（本法17条 2 項）。医療分野の研究開発に資するために提供されたものであるという趣旨に反することのないよう取り扱うべき旨を明記する修正は、衆議院内閣委員会で行われた。医療分野の研究開発は、学術研究機関において行われる場合に限らず、行政機関や製薬企業を始めとする民間事業者において行われる場合を含む（第193回国会衆議院内閣委員会議録第 6 号［2017年 4 月12日］3 頁［越智隆雄内閣府副大臣発言］参照）。

　認定匿名加工医療情報作成事業者になるためには法人でなければならないが、国、独立行政法人等、地方公共団体、地方独立行政法人は、いずれも法人であり、認定匿名加工医療情報作成事業者の欠格事由になっていないので、制度上は、これらの者が認定匿名加工医療情報作成事業者になる可能性は否定されない。しかし、実際は、かかる場合は想定されていないので、民間事業者が認定匿名加工医療情報作成事業者になる場合について述べると、認定匿名加工医療情報作成事業者は個人情報取扱事業者になり、個人情報保護法が一般法として適用されることになる。個人情報保護法では、個人情報取扱事業者があらかじめ本人の同意を得ないで個人情報を目的外利用できるのは、(ア)法令（条例を含む）に基づく場合、(イ)人の生命、身体又は財産の保護のために必要がある場合であって、本人の同意を得ることが困難であるとき、(ウ)公衆衛生の向上又は児童の健全な育成の推進のために特に必要がある場合であって、本人の同意を得ることが困難で

あるとき、㈢国の機関若しくは地方公共団体又はその委託を受けた者が法令の定める事務を遂行することに対して協力する必要がある場合であって、本人の同意を得ることにより当該事務の遂行に支障を及ぼすおそれがあるとき、㈺当該個人情報取扱事業者が学術研究機関等である場合であって、当該個人情報を学術研究目的で取り扱う必要があるとき（当該個人情報を取り扱う目的の一部が学術研究目的である場合を含み、個人の権利利益を不当に侵害するおそれがある場合を除く）、㈻学術研究機関等に個人データを提供する場合であって、当該学術研究機関等が当該個人データを学術研究目的で取り扱う必要があるとき（当該個人データを取り扱う目的の一部が学術研究目的である場合を含み、個人の権利利益を不当に侵害するおそれがある場合を除く）とされている（同法18条3項）。本法の(i)は㈠に対応するが、(ii)は㈡よりも限定されており、㈢㈢㈺㈻に相当するものは、本法にはない。また、個人情報保護法は本人の事前同意に基づく目的外利用を認めているのに対し（同法18条1項）、本法には、事前の本人同意に基づく目的外利用を認める規定もない（事前の本人同意があれば、目的外利用を認める解釈をすべきとするものとして、吉峯・論究ジュリ24号134頁参照）。このように、認定匿名加工医療情報作成事業者については、目的外利用が、一般の個人情報取扱事業者よりも厳格に制限されている。ただし、㈠については、法令に基づく照会に対して正当な理由がない限り照会に応ずる義務がある場合（弁護士法23条の2の規定に基づく照会について、最判平成28・10・18民集70巻7号1725頁参照）、認定匿名加工医療情報作成事業者には、大量の要配慮個人情報が集中することに鑑みると、正当な理由の有無について、慎重な手続で判断すべきであろう。医師等の医療職従事者、個人情報保護を専門とする学者・弁護士、消費者団体の代表者等からなる第三者機関を設置し、その審査を得ることを検討すべきであろう。

　なお、匿名加工医療情報の提供を受ける者が、認定匿名加工医療情報作成事業者を選択する際に必要な情報（利用可能なデータ項目、データ形式、マッピング等のコード化の手法、データの品質確保策、データの最新化の頻度

等）を公表すべきであろう。

（2）匿名加工医療情報の作成等

①　加工基準

　認定匿名加工医療情報作成事業者は、匿名加工医療情報を作成するとき
は、特定の個人を識別すること及びその作成に用いる医療情報を復元する
ことができないようにするために必要なものとして主務省令で定める基準
に従い、当該医療情報を加工する義務を負う（本法18条1項）。主務省令で
定める基準は、①医療情報に含まれる特定の個人を識別することができる
記述等の全部又は一部を削除すること（当該全部又は一部の記述等を復元す
ることのできる規則性を有しない方法により他の記述等に置き換えることを含
む）、②医療情報に含まれる個人識別符号の全部を削除すること（当該個人
識別符号を復元することのできる規則性を有しない方法により他の記述等に置
き換えることを含む）、③医療情報と当該医療情報に措置を講じて得られる
情報とを連結する符号（現に認定匿名加工医療情報作成事業者において取り
扱う情報を相互に連結する符号に限る）を削除すること（当該符号を復元する
ことのできる規則性を有しない方法により当該医療情報と当該医療情報に措置
を講じて得られる情報を連結することができない符号に置き換えることを含
む）、④特異な記述等を削除すること（当該特異な記述等を復元することので
きる規則性を有しない方法により他の記述等に置き換えることを含む）、⑤前
記①から④までに掲げる措置のほか、医療情報に含まれる記述等と当該医
療情報を含む医療情報データベース等を構成する他の医療情報に含まれる
記述等との差異その他の当該医療情報データベース等の性質を勘案し、そ
の結果を踏まえて適切な措置を講ずることとされている。基本方針3（3）
では、認定匿名加工医療情報作成事業者は、医療情報の性質のほか、匿名
加工医療情報としての利活用の用途や形態等を踏まえて匿名加工の程度を
調整することが必要である旨が明記されている。個人情報保護法施行規則
34条4号では、匿名加工の基準として、「特異な記述等を削除すること（当
該特異な記述等を復元することのできる規則性を有しない方法により他の記述

等に置き換えることを含む）」と定めており、「個人情報の保護に関する法律についてのガイドライン（仮名加工情報・匿名加工情報編）」3－2－2－4（特異な記述等の削除）では、その事例として、「症例数の極めて少ない病歴を削除する」ことを挙げている。希少疾患の研究の場合には、かかる病歴を削除することはできないので、匿名加工医療情報の利用を断念して本人の同意（オプトイン）に基づくデータベースを作成する方法によるしかないのか、検討が必要になる。また、個人情報保護法施行令 1 条 1 号イ、同法施行規則 2 条は、「細胞から採取されたデオキシリボ核酸（別名ＤＮＡ）を構成する塩基の配列」を電子計算機の用に供するために変換した文字、番号、記号その他の符号であって、特定の個人を識別することができる水準が確保されるよう、適切な範囲を適切な手法により電子計算機の用に供するために変換したものを個人識別符号としている。そして、「個人情報の保護に関する法律についてのガイドライン（通則編）」2－2（個人識別符号）では、「ゲノムデータ（細胞から採取されたデオキシリボ核酸［別名ＤＮＡ］を構成する塩基の配列を文字列で表記したもの）のうち、全核ゲノムシークエンスデータ、全エクソームシークエンスデータ、全ゲノム一塩基多型（single nucleotide polymorphism, 以下「ＳＮＰ」という）データ、互いに独立な40箇所以上のＳＮＰから構成されるシークエンスデータ、9 座位以上の 4 塩基単位の繰り返し配列（short tandem repeat, ＳＴＲ）等の遺伝型情報により本人を認証することができるようにしたもの」を個人識別符号としている。したがって、個人識別符号に当たる一定以上の長さのゲノム情報が含まれている場合には、一般の匿名加工の基準に従う限り、その全部を削除する必要があることになる（黒田・論究ジュリ24号126頁参照）。このように、一般の匿名加工の基準に従うと医学研究に支障が生じ得る場合に、個人情報を保護しつつ、匿名加工の基準を柔軟化させることが可能かについて、検討を深める必要がある。

②　本人識別の禁止

　認定匿名加工医療情報作成事業者は、匿名加工医療情報を作成して自ら

当該匿名加工医療情報を取り扱うに当たっては、当該匿名加工医療情報の作成に用いられた医療情報に係る本人を識別するために、当該匿名加工医療情報を他の情報と照合してはならない（本法18条2項）。また、匿名加工医療情報取扱事業者（匿名加工医療情報データベース等を事業の用に供している者をいう）は、作成された匿名加工医療情報（自ら医療情報を加工して作成したものを除く）を取り扱うに当たっては、当該匿名加工医療情報の作成に用いられた医療情報に係る本人を識別するために、当該医療情報から削除された記述等若しくは個人識別符号若しくは加工の方法に関する情報を取得し、又は当該匿名加工医療情報を他の情報と照合してはならない（同条3項）。

　また、匿名加工医療情報の利活用に際して一定の地域や団体に属する者等の本人やその子孫以外の者にも不利益が生じることのないよう、利活用の結果を一般市民に提供する際には、その方法や表現ぶりを十分に事前に検討するなど適切な措置を講じること、国は、匿名加工医療情報の適正な取扱いが確保されるよう、認定匿名加工医療情報作成事業者及び匿名加工医療情報取扱事業者を適切に監督することが、基本方針3（3）に定められている。

　認定匿名加工医療情報作成事業者が個人情報取扱事業者に当たるという前提に立つ場合、匿名加工医療情報は、個人情報保護法2条6項の匿名加工情報にも該当することになる。しかし、匿名加工医療情報については、個人情報保護法43条（匿名加工情報の作成等）の規定は認定匿名加工医療情報作成事業者又は認定医療情報等取扱受託事業者が匿名加工医療情報を作成する場合について、同法44条（匿名加工情報の提供）、45条（識別行為の禁止）、46条（安全管理措置等）の規定は匿名加工医療情報取扱事業者が匿名加工医療情報を取り扱う場合については、適用しないこととされている（本法18条4項）。

（3）消去

　認定匿名加工医療情報作成事業者は、認定事業に関し管理する医療情報

等又は匿名加工医療情報を利用する必要がなくなったときは、遅滞なく、当該医療情報等又は匿名加工医療情報を消去しなければならない（本法19条）。個人情報保護法22条は、「個人情報取扱事業者は、利用目的の達成に必要な範囲内において、個人データを正確かつ最新の内容に保つとともに、利用する必要がなくなったときは、当該個人データを遅滞なく消去するよう努めなければならない」と定め、不要になった個人データを遅滞なく消去する努力義務を個人情報取扱事業者に課しているが、本法19条は、不要になった医療情報等又は匿名加工医療情報について遅滞なく消去する義務を認定匿名加工医療情報作成事業者に課している。

（4）安全確保の措置

① 　3省4ガイドライン

　認定匿名加工医療情報作成事業者は、認定事業に関し管理する医療情報等又は匿名加工医療情報の漏えい、滅失又は毀損の防止その他の当該医療情報等又は匿名加工医療情報の安全管理のために必要かつ適切なものとして主務省令で定める措置を講ずる義務を負う（本法20条）。ここでいう主務省令で定める措置は、本法8条3項3号の委任を受けて主務省令で定める基準と同一である。医療情報の安全確保の措置に特化したガイドラインとしては、すでに医療機関に関するものとして、厚生労働省の「医療情報システムの安全管理に関するガイドライン」、医療情報の処理をＡＳＰ（Application Service Provider）・ＳａａＳ（Software as a Service）で提供する事業者及び団体に関するものとして、総務省の「ＡＳＰ・ＳａａＳにおける情報セキュリティ対策ガイドライン」、「ＡＳＰ・ＳａａＳ事業者が医療情報を取り扱う際の安全管理に関するガイドライン」、医療情報の外部保存を受託する情報処理事業者に関するものとして、経済産業省の「医療情報を受託管理する情報処理事業者向けガイドライン」が存在する。

② 　医療情報匿名加工・提供機関（仮称）のセキュリティ等に関する検討　サブワーキンググループ報告書

　「医療情報匿名加工・提供機関（仮称）のセキュリティ等に関する検討

サブワーキンググループ報告書」で述べられているように、認定匿名加工
医療情報作成事業者が講ずべき安全管理措置は、上記の 3 省 4 ガイドライ
ンにおいて、「推奨」とされている水準を踏まえて、多層防御（入口、内
部、出口対策）の対策を講ずるべきである。同報告書では、(i)認定匿名加
工医療情報作成事業者による医療情報取扱事業者からの医療情報の収集に
ついては、医療情報取扱事業者によるセキュリティ水準の相違の影響を受
けないように、医療情報取扱事業者のネットワークとの切り分けを行い、
医療情報取扱事業者からの侵入を防止すること、認定匿名加工医療情報作
成事業者と医療情報取扱事業者の間に必要なセキュリティ対策を講ずる際
には、情報提供者となる医療情報取扱事業者に対策の責任を求めるのでは
なく、認定匿名加工医療情報作成事業者の責任においてセキュリティ対策
を実施することが適当であること、(ii)認定匿名加工医療情報作成事業者内
部における情報の取扱い（認定医療情報等取扱受託事業者へ委託する場合を
含む）については、認定匿名加工医療情報作成事業者内の基幹システムと
インターネットを利用する情報系ネットワークの分離を行うことや認定匿
名加工医療情報作成事業者における内部不正の防止（認定匿名加工医療情
報作成事業者が企業である場合には、それが取り扱う医療情報及び匿名加工医
療情報は不正競争防止法上の「営業秘密」として「営業秘密管理指針」[経済産
業省、2003 年 1 月 30 日、全面改訂：2015 年 1 月 28 日、最終改訂 2019 年 1 月 23 日]
を参照することも考えられること）のため、組織的安全対策（運用責任者の
設置、管理規程の策定等）、物理的安全対策（入退出記録の作成・保存、入退
出管理における個人認証システムの導入、監視、施錠等）、技術的安全対策
（利用者認証における複数要素認証方式の採用等）、人的安全管理対策（秘密保
持義務、罰則等）を組み合わせること、行政庁による監督権限を適切に及
ぼす観点からサーバは国内に設置すべきこと、(iii)認定匿名加工医療情報作
成事業者による匿名加工医療情報取扱事業者への匿名加工医療情報の提供
については、匿名加工医療情報取扱事業者へのトレーサビリティの確保が
重要であること、「医療情報システムの安全管理に関するガイドライン」

の「外部と個人情報を含む医療情報を交換する場合の安全管理」と同等の
セキュリティ水準の担保されたネットワークによる提供や電子媒体による
提供、対面で匿名加工医療情報の取扱状況を確認し、その後のトレーサビ
リティ確保を要しないオンサイトセンターでの画面表示による提供の方法
によって行うべきことが述べられている。また、「医療情報システムの安
全管理に関するガイドライン」の「医療機関における情報セキュリティマ
ネジメントシステム（ISMS）の実践」を踏まえ、ISMSの構築な
ど、確実なPDCAサイクルを実現し、継続的なセキュリティ水準の確保
を図っていくことが重要であることが指摘されている。取り扱うデータ及
び関与する人数を最小限にすること等の「データの最小化」を考慮すると
ともに、最近のセキュリティ・インシデントの状況、金融機関・重要イン
フラ事業者の対策の状況等も踏まえ、サイバー攻撃にも耐え得るよう、多
層（入口・内部・出口）防御やネットワーク分離を行うべきである。また、
認定匿名加工医療情報作成事業者は、匿名加工医療情報の利活用者が利活
用の条件を遵守しているかを適確に確認する必要がある。安全管理措置に
は万全の策はないので、インシデントの発生を不可避と認識して、緊急時
対応計画を策定し、外部から不正侵入されてしまう場合に被害を最小限に
抑える対策（データの暗号化、アクセスログの解析等）を講ずるべきであ
る。なお、参議院内閣委員会においては、医療情報等が機微性の高い情報
であることから、情報漏えい等が生じないように万全を期すること、特
に、認定匿名加工医療情報作成事業者の認定に当たっては、厳格なセキュ
リティ基準を設定するとともに、主務大臣の監督が行き届くように配慮す
ることが附帯決議された。前記の主務省令が定める基準は、前記報告書や
附帯決議を踏まえて作成されたものである。

③　匿名加工情報との比較

　以上に述べたことは、匿名加工医療情報にも当てはまる。匿名加工情報
については、それが特定の個人が識別されず、また、個人情報が復元され
ないように加工されたものであることから、匿名加工情報取扱事業者によ

る安全管理措置は努力義務にとどめられているが（個人情報保護法46条）、匿名加工医療情報は、要配慮個人情報を匿名加工したものであり、万一特定の個人が識別されたり、個人情報が復元された場合には、当該個人又はその遺族等に対する不当な差別、偏見その他の不利益が生ずるおそれがあるので、個人情報に準じた安全管理措置を講ずるべきと思われる。

　なお、匿名加工医療情報作成事業者から匿名加工医療情報の提供を受けた匿名加工医療情報取扱事業者は、個人情報保護法上の匿名加工情報取扱事業者に当たり、第三者に匿名加工医療情報を提供することができる。しかし、当該匿名加工医療情報は、要配慮個人情報を特例によりオプトアウト方式で入手した認定匿名加工医療情報作成事業者が医療分野の研究開発の推進のために作成したものであることに鑑みると、それが無限定に流通することが妥当かという問題がある。したがって、認定匿名加工医療情報作成事業者は、匿名加工医療情報取扱事業者との契約において、情報の共有範囲を明確にして、その流通について制約を行い、利活用者が不適切に取り扱った場合には、適切に是正を図ることとされている（第193回国会参議院内閣委員会会議録第7号［2017年4月25日］16頁［藤本康二政府参考人発言］参照）。

④　責任分担

　認定匿名加工医療情報作成事業者と直接に接続する医療情報取扱事業者及び両者間のネットワークの安全確保措置については、認定匿名加工医療情報作成事業者が責任を負うことが原則であり、両者の間に地域の病院や診療所等をネットワークで結合して患者等の情報を共有し活用するＥＨＲを管理する中核病院等が介在する場合には、当該中核病院等と医療情報取扱事業者の間のネットワークの安全確保措置については、当該中核病院等が責任を負うべきであろう。

（5）従業者の監督

　認定匿名加工医療情報作成事業者は、その従業者に認定事業に関し管理する医療情報等又は匿名加工医療情報を取り扱わせるに当たっては、当該

医療情報等又は匿名加工医療情報の安全管理が図られるよう、主務省令で
定める安全管理措置の基準に従って業務を行っていることの確認等、当該
従業者に対する必要かつ適切な監督を行う義務を負う（本法21条）。

（6）従業者等の義務

　認定匿名加工医療情報作成事業者の役員若しくは従業者又はこれらで
あった者は、認定事業に関して知り得た医療情報等又は匿名加工医療情報
の内容をみだりに他人に知らせ、又は不当な目的に利用することを禁止さ
れる（本法22条）。

（7）委託

　認定匿名加工医療情報作成事業者は、認定医療情報等取扱受託事業者に
対してする場合に限り、認定事業に関し管理する医療情報等又は匿名加工
医療情報の取扱いの全部又は一部を委託することができる（本法23条1
項）。「認定事業に関し管理する医療情報等又は匿名加工医療情報の取扱い」
には、かかる情報の保存や整理は含まれるが、管理権限を伴う保有や匿名
加工医療情報の匿名加工医療情報取扱事業者に対する提供は含まれない。
医療情報等又は匿名加工医療情報の取扱いの全部又は一部の委託を受けた
認定医療情報等取扱受託事業者は、当該医療情報等又は匿名加工医療情報
の取扱いの委託をした認定匿名加工医療情報作成事業者の許諾を得た場合
であって、かつ、認定医療情報等取扱受託事業者に対してするときに限
り、その全部又は一部の再委託をすることができる。すなわち、マイナン
バー（番号）法と同様、再委託については、最初の委託元の許諾を必要と
しているのである。医療情報等又は匿名加工医療情報の取扱いの全部又は
一部の再委託を受けた認定医療情報等取扱受託事業者は、当該医療情報等
又は匿名加工医療情報の取扱いの全部又は一部の委託を受けた認定医療情
報等取扱受託事業者とみなされる（本法23条3項）。

（8）委託先の監督

　認定匿名加工医療情報作成事業者は、認定事業に関し管理する医療情報
等又は匿名加工医療情報の取扱いの全部又は一部を委託する場合は、その

取扱いを委託した医療情報等又は匿名加工医療情報の安全管理が図られるよう、主務省令で定めるところにより、委託を受けた者に対する必要かつ適切な監督を行わなければならない（本法24条）。

（9）漏えい等の報告

　認定匿名加工医療情報作成事業者は、認定事業に関し管理する医療情報等又は匿名加工医療情報の漏えい、滅失、毀損その他の医療情報等又は匿名加工医療情報の安全の確保に係る事態であって個人の権利利益を害するおそれが大きいもの（医療情報等又は匿名加工医療情報の漏えい等が発生し、又は発生したおそれがある事態）が生じたときは、速やかに、当該事態に関する(i)概要、(ii)漏えい等が発生し、又は発生したおそれがある医療情報等又は匿名加工医療情報の項目、(iii)漏えい等が発生し、又は発生したおそれがある医療情報等又は匿名加工医療情報の本人の数、(iv)原因、(v)二次被害又はそのおそれの有無及びその内容、(vi)本人への対応の実施状況、(vii)公表の実施状況、(viii)再発防止のための措置、(ix)その他参考となる事項を主務大臣に報告する義務を負う（本法24条の2、本法施行規則22条の2、22条の3第1項）。これは、事態を認知した後速やかに行う第1報であるので、上記(i)〜(ix)のいずれについても、報告の時点で把握しているものを報告すれば足りる。しかし、認定匿名加工医療情報作成事業者は、当該事態を知った日から30日以内（不正の目的をもって行われたおそれがある医療情報等又は匿名加工医療情報の漏えい等が発生し、又は発生したおそれがある事態においては、当該事態を知った日から60日以内）に、当該事態に関する上記(i)〜(ix)を報告する義務を負う（本法施行規則22条の3第2項）。漏えい等の報告は、電子情報処理組織を使用する方法（電気通信回線の故障、災害その他の理由により電子情報処理組織を使用することが困難であると認められる場合にあっては、報告書を提出する方法）により行う（同条3項）。

（10）他の認定匿名加工医療情報作成事業者に対する医療情報の提供

　医療情報取扱事業者から医療情報の提供を受けた認定匿名加工医療情報作成事業者は、主務省令で定めるところにより、他の認定匿名加工医療情

報作成事業者からの求めに応じ、匿名加工医療情報の作成のために必要な限度において、当該他の認定匿名加工医療情報作成事業者に対し、医療情報取扱事業者から提供された医療情報を提供することができる（本法25条1項）。この場合には、事後的にも本人同意を得ることは求められていない。他の認定匿名加工医療情報作成事業者から医療情報の提供を受けた認定匿名加工医療情報作成事業者は、医療情報取扱事業者から医療情報の提供を受けた認定匿名加工医療情報作成事業者とみなされ、主務省令で定めるところにより、他の認定匿名加工医療情報作成事業者からの求めに応じ、匿名加工医療情報の作成のために必要な限度において、当該他の認定匿名加工医療情報作成事業者に対し、他の認定匿名加工医療情報作成事業者から提供された医療情報を提供することが認められる（同条2項）。

（11）第三者提供の制限

認定匿名加工医療情報作成事業者は、(i)他の認定匿名加工医療情報作成事業者に対して本法25条の規定により医療情報を提供する場合、(ii)法令に基づく場合、(iii)人命の救助、災害の救援その他非常の事態への対応のため緊急の必要がある場合を除くほか、同条又は本法30条1項の規定により提供された医療情報を第三者に提供することを禁止されている（本法26条1項）。一般の個人情報取扱事業者の個人データの提供については、事前の本人同意がない場合には、(ア)法令に基づく場合、(イ)人の生命、身体又は財産の保護のために必要がある場合であって、本人の同意を得ることが困難であるとき、(ウ)公衆衛生の向上又は児童の健全な育成の推進のために特に必要がある場合であって、本人の同意を得ることが困難であるとき、(エ)国の機関若しくは地方公共団体又はその委託を受けた者が法令の定める事務を遂行することに対して協力する必要がある場合であって、本人の同意を得ることにより当該事務の遂行に支障を及ぼすおそれがあるとき、(オ)当該個人情報取扱事業者が学術研究機関等である場合であって、当該個人データの提供が学術研究の成果の公表又は教授のためやむを得ないとき（個人の権利利益を不当に侵害するおそれがある場合を除く）、(カ)当該個人情報取扱

事業者が学術研究機関等である場合であって、当該個人データを学術研究
目的で提供する必要があるとき（当該個人データを提供する目的の一部が学
術研究目的である場合を含み、個人の権利利益を不当に侵害するおそれがある
場合を除く）（当該個人情報取扱事業者と当該第三者が共同して学術研究を行う
場合に限る）、㈭当該第三者が学術研究機関等である場合であって、当該
第三者が当該個人データを学術研究目的で取り扱う必要があるとき（当該
個人データを取り扱う目的の一部が学術研究目的である場合を含み、個人の権
利利益を不当に侵害するおそれがある場合を除く）に限り認められる（個人情
報保護法27条 1 項）。本法の(ii)は(ア)に対応するが、(iii)は(イ)よりも限定されて
いる。また、事前の本人同意、㈡㈢㈣㈤㈭による医療情報の提供は認めら
れていないので、医療情報の提供は、かなり厳格に制限されているといえ
る。法令に基づく照会に正当な理由がない限り応ずる義務がある場合、正
当な理由の有無について慎重に検討する手続をとるべきことは、本章12
（1）の利用目的による制限について述べたのと同じである。

(12)　第三者に該当しない場合

　本法においては、(i)事業譲渡その他の事由による事業の承継に伴って医
療情報が提供される場合、(ii)認定匿名加工医療情報作成事業者が医療情報
の取扱いの全部又は一部を委託することに伴って当該医療情報が提供され
る場合に医療情報の提供を受ける者は、第三者提供制限規定が適用される
第三者に該当しないものとしている（本法26条 2 項）。

　個人情報保護法27条 5 項では、(ア)個人情報取扱事業者が利用目的の達成
に必要な範囲内において個人データの取扱いの全部又は一部を委託するこ
とに伴って当該個人データが提供される場合、(イ)合併その他の事由による
事業の承継に伴って個人データが提供される場合、(ウ)特定の者との間で共
同して利用される個人データが当該特定の者に提供される場合であって、
その旨並びに共同して利用される個人データの項目、共同して利用する者
の範囲、利用する者の利用目的及び当該個人データの管理について責任を
有する者の氏名又は名称について、あらかじめ、本人に通知し、又は本人

が容易に知り得る状態に置いているときには、当該個人データの提供を受ける者は、第三者提供の制限における第三者に該当しないものとしている。

（i）が(イ)、（ii）が(ア)に該当するが、(ウ)に当たるものは、本法にはない。この点でも、本法は、認定匿名加工医療情報作成事業者による個人情報の第三者提供には厳格であることが窺える。

(13) 提供の求めへの対応

医療情報取扱事業者から提供された医療情報の提供を他の認定匿名加工医療情報作成事業者から求められた場合、これに応ずる義務はないものの、当該他の認定匿名加工医療情報作成事業者が保有する医療情報と突合して匿名加工医療情報を作成し、匿名加工医療情報取扱事業者に提供することには意義があるので、拒否する正当な理由がない限り、求めに応ずるべきであろう。ただし、当該他の認定匿名加工医療情報作成事業者が、転売による利益の取得を目的としていると認められるような場合には、求めに応ずるべきではない。

(14) 苦情処理

認定匿名加工医療情報作成事業者は、主務省令で定めるところにより、認定事業に関し管理する医療情報等又は匿名加工医療情報の取扱いに関する苦情を適切かつ迅速に処理する義務（本法27条1項）、その目的を達成するために必要な体制を整備する義務（同条2項）を負う。匿名加工情報取扱事業者は、匿名加工情報の取扱いに関する苦情の処理その他の匿名加工情報の適正な取扱いを確保するために必要な措置を自ら講じ、かつ、当該措置の内容を公表する努力義務を負うが（個人情報保護法43条6項）、認定匿名加工医療情報作成事業者が、匿名加工医療情報の取扱いに関する苦情を適切かつ迅速に処理することは、努力義務ではなく義務であること、さらに必要な体制整備の義務も課されていることに留意する必要がある。

13　認定医療情報等取扱受託事業者

（1）認定の意義

　認定匿名加工医療情報作成事業者の委託（2以上の段階にわたる委託を含む）を受けて医療情報等又は匿名加工医療情報を取り扱う事業を行おうとする者（法人に限る）は、申請により、当該事業を適正かつ確実に行うことができるものと認められる旨の主務大臣の認定を受けることができる（本法28条）。認定匿名加工医療情報作成事業者が、業務の全部又は一部を第三者に委託することは認められるが、医療情報等又は匿名加工医療情報の適切な取扱いを確保するため、認定を受けた受託事業者に対してのみ委託が可能としている。この認定を受けようとする者は、主務省令で定めるところにより、(i)名称及び住所、(ii)医療情報等及び匿名加工医療情報の管理の方法、(iii)その他主務省令で定める事項を記載した申請書に、認定の基準に適合していることを証する書類その他主務省令で定める書類を添えて、これを主務大臣に提出しなければならない。

（2）認定基準

　認定の基準は、(ア)欠格事由に該当しないこと（欠格事由は、認定匿名加工医療情報作成事業者の場合と同一である）、(イ)医療情報等及び匿名加工医療情報の漏えい、滅失又は毀損の防止その他の当該医療情報等及び匿名加工医療情報の安全管理のために必要かつ適切なものとして主務省令で定める措置が講じられていること、(ウ)申請者が、医療情報等及び匿名加工医療情報の安全管理のための措置を適確に実施するに足りる能力を有することであり、主務大臣は、認定の申請がこれらの基準に適合すると認めるときは、認定することを義務付けられる。

（3）認定に係る手続

　主務大臣は、認定をしようとするときは、あらかじめ、個人情報保護委員会に協議することが必要である。主務大臣は、認定をした場合においては、遅滞なく、その旨を申請者に通知するとともに、その旨を公示しなけ

ればならない。

（4）変更の認定・届出

　認定医療情報等取扱受託事業者は、前記（1）の(ii)(iii)に掲げる事項を変更しようとするときは、主務省令で定めるところにより、主務大臣の認定を受けなければならない。ただし、主務省令で定める軽微な変更については、この限りでない。認定医療情報等取扱受託事業者は、前記（1）の(i)に掲げる事項に変更があったとき、又は主務省令で定める軽微な変更をしたときは、遅滞なく、その旨を主務大臣に届け出なければならない。主務大臣は、前記（1）の(i)に掲げる事項の変更に係る届出があったときは、遅滞なく、その旨を公示しなければならない。主務大臣は、変更認定の基準（欠格事由を除く）を全て満たしている場合には、認定を義務付けられる。

（5）準用規定

　認定匿名加工医療情報作成事業者に係る承継、廃止の届出等、解散の届出等、帳簿、名称の使用制限、利用目的による制限、消去、安全管理措置、従業者の監督、従業者等の義務、委託先の監督、漏えい等の報告、第三者提供の制限、苦情の処理、認定の取消し等の規定は、認定医療情報等取扱受託事業者に準用される。準用に当たり必要な読替えは、本法29条に規定されている。ただし、当該認定医療情報等取扱受託事業者が、認定匿名加工医療情報作成事業者又は他の認定医療情報等取扱受託事業者から当該医療情報等又は匿名加工医療情報の全部又は一部の委託を受けた場合であって、主務省令で定めるところにより、当該事態が生じた旨を当該認定匿名加工医療情報作成事業者又は他の認定医療情報等取扱受託事業者に通知したときは、重複を避けるため、主務大臣への報告義務は負わない（本法29条）。認定医療情報等取扱受託事業者は、匿名加工医療情報を作成するときは、特定の個人を識別すること及びその作成に用いる医療情報を復元することができないようにするために必要なものとして主務省令で定める基準に従い、当該医療情報を加工しなければならない。認定医療情報等

取扱受託事業者は、匿名加工医療情報を作成して自ら当該匿名加工医療情報を取り扱うに当たっては、当該匿名加工医療情報の作成に用いられた医療情報に係る本人を識別するために、当該匿名加工医療情報を他の情報と照合してはならない。

14　医療情報取扱事業者による認定匿名加工医療情報作成事業者に対する医療情報の提供

（1）医療情報取扱事業者による医療情報の提供

① 要配慮個人情報のオプトアウト方式による提供禁止原則の例外

　医療情報取扱事業者は、認定匿名加工医療情報作成事業者に提供される医療情報（偽りその他不正の手段により取得したものを除く。以下同じ）について、書面又は口頭その他の方法で本人又はその遺族（死亡した本人の子、孫その他の政令で定める者をいう）からの求めがあるときは、当該本人が識別される医療情報の認定匿名加工医療情報作成事業者への提供を停止することとしている場合であって、(i)当該医療情報取扱事業者の氏名又は名称及び住所並びに法人にあってはその代表者（法人でない団体で代表者又は管理人の定めのあるものにあっては、その代表者又は管理人）の氏名、(ii)医療分野の研究開発に資するための匿名加工医療情報の作成の用に供するものとして、認定匿名加工医療情報作成事業者に提供すること、(iii)認定匿名加工医療情報作成事業者に提供される医療情報の項目、(iv)認定匿名加工医療情報作成事業者に提供される医療情報の取得の方法、(v)認定匿名加工医療情報作成事業者への提供の方法、(vi)本人又はその遺族からの求めに応じて当該本人が識別される医療情報の認定匿名加工医療情報作成事業者への提供を停止すること、(vii)本人又はその遺族からの求めを受け付ける方法、(viii)認定匿名加工医療情報作成事業者に提供される医療情報の更新の方法、(ix)当該届出に係る認定匿名加工医療情報作成事業者への提供を開始する予定日について、主務省令で定めるところにより、あらかじめ、本人に通知するとともに、主務大臣に届け出たときは、当該医療情報を認定匿名加工医療

情報作成事業者に提供することができることとされている（本法30条1項）。すなわち、オプトアウト方式による提供が認められているのである。届出は、(i)主務大臣が定めるところにより、電子情報処理組織（主務大臣の使用に係る電子計算機と届出を行う者の使用に係る電子計算機とを電気通信回線で接続した電子情報処理組織をいう）を使用する方法、又は(ii)届出書及び当該届出書に記載すべき事項を記録した光ディスク等を提出する方法のいずれかにより行う。医療情報取扱事業者が、代理人によって届出をする場合には、その権限を証する書面（電磁的記録を含む）を主務大臣に提出しなければならない。主務大臣は、この届出があったときは、遅滞なく、インターネットの利用その他の適切な方法により、当該届出に係る事項を公表しなければならない。

　医療情報は要配慮個人情報であり（個人情報保護法2条3項）、要配慮個人情報である個人データについては、一般的には、オプトアウト方式による第三者提供は禁止されているから（同法23条2項柱書ただし書）、本法30条1項は、認定匿名加工医療情報作成事業者に提供する場合に限定して、その特例を認めていることになる。すなわち、個人情報保護法27条1項1号の「法令に基づく場合」として、本人の同意を得ない第三者提供が認められる。このように、本法30条1項は、医療情報の保有主体が、個人情報取扱事業者、国の行政機関、独立行政法人等、地方公共団体のいずれであるかにかかわらず、第三者提供についての特例を定めるものである。

② 　要配慮個人情報の取得禁止原則の例外

　認定匿名加工医療情報作成事業者には、民間事業者が認定されると想定される。実際、2022年10月1日現在、認定匿名加工医療情報作成事業者として認定されているのは、一般社団法人ライフデータイニシアティブ、一般財団法人日本医師会医療情報管理機構、一般財団法人匿名加工医療情報公正利用推進機構である。民間事業者は、事前の本人同意なしに要配慮個人情報を取得することを原則として禁止されている（個人情報保護法20条2項）。医療情報は死者の情報を除き要配慮個人情報に当たるが、認定匿

名加工医療情報作成事業者は、個人情報取扱事業者であっても、本法30条1項という「法令に基づく場合」（個人情報保護法20条2項1号）として、要配慮個人情報を取得できる。

③　オンライン結合制限原則の例外

令和3年法律第37号による改正法が全面施行される前の個人情報保護条例には、一般にオンライン結合制限規定が置かれていたが、法令に基づく場合には例外が認められていた。本法30条1項は、この例外に該当し、また、法令に基づく場合を例外とする規定が置かれていない場合であっても、法律は条例に優先するから、条例のオンライン制限規定に制約されず、同項の規定に基づき、医療情報取扱事業者である地方公共団体は、認定匿名加工医療情報作成事業者に対して、オンラインで医療情報を提供することができた。

④　秘密保持義務の例外

医師、薬剤師、医薬品販売業者、助産師は刑法上、秘密保持義務を負い、違反すれば秘密漏示罪により処罰される（刑法134条1項）。また、看護師等の医療職に携わる者は、個別法により、罰則により担保された秘密保持義務を負う。さらに医療従事者は、患者に対して、診療契約上の付随義務として、診療上知り得た患者の秘密を正当な理由なく第三者に漏らしてはならない義務を負う（東京地判平成11・2・17判時1697号73頁）。しかし、認定匿名加工医療情報作成事業者に医療情報を提供することには法令上の根拠があるので、正当行為として、秘密保持義務違反の責任を問われることはない。

⑤　オプトアウト手続の対象

医療情報取扱制度調整ワーキンググループとりまとめV2では、「本人が、医療情報匿名加工・提供機関（仮称）に対して、医療等情報の破棄（データベースからの消去）を求めることを可能とする」とされていたが、本法では、医療情報取扱事業者から認定匿名加工医療情報作成事業者に対して、すでに提供された医療情報の削除を求める権利は認められておら

ず、任意に削除することを要望するしかない（第193回国会衆議院内閣委員会議録第6号［2017年4月12日］13頁［武村展英大臣政務官発言］、第193回国会参議院内閣委員会会議録第7号［2017年4月25日］6頁［大島一博政府参考人発言］参照）。すなわち、本人がオプトアウト手続の権利を行使できるのは、認定匿名加工医療情報作成事業者への提供の停止であるから、すでに認定匿名加工医療情報作成事業者へ提供された医療情報の削除を求める権利は付与されていないことになる。しかし、当初は特段問題ないと考え、提供の停止の求めをしなかったが、後に検査の結果、遺伝性疾患であることが分かり、子や孫のために、提供した医療情報を削除したいという場合が生じ得るし、本人の死後に遺伝性疾患であったことが分かり、その子や孫が認定匿名加工医療情報作成事業者に当該医療情報の削除を求めたいという場合もあり得る。したがって、認定匿名加工医療情報作成事業者に提供された医療情報について、本人又はその遺族から削除を求められた場合には、これに応ずる運用をすべきであろう。この点について、国会答弁では、「法律に規定はないが、認定事業者が本人の希望に応じて任意に削除等の対応を行うことは可能であり、今後、基本方針や認定基準を策定するに当たり、運用を検討する」と述べられていた（第193回国会参議院内閣委員会会議録第7号［2017年4月25日］20頁［大島一博政府参考人発言］参照）。基本方針3（2）では、本人から認定匿名加工医療情報作成事業者に対して、すでに医療情報取扱事業者から認定匿名加工医療情報作成事業者に提供された医療情報の削除の求めがあったときは、本人を識別可能な情報は可能な限り削除することとされている。

⑥　オプトアウト手続に係る通知の方法

個人情報保護法27条2項柱書本文が定めるオプトアウト方式の場合、必要とされる事項を本人に通知する方法のほか、本人が容易に知り得る状態に置く方法も認めているのに対し、本法30条1項では、本人に通知する方法しか認めていない。英国で、病院、かかりつけ医師、社会福祉のデータを突合・連結して2次利用するceda.dataのプロジェクトについて、情報

コミッショナーがオプトアウトの方法等が十分に周知されていないことを指摘したこと等のため、制度の開始が延期されたことがあり（増成直美「患者の同意なく患者識別データを処理することの法的・倫理的検討—英国の状況を手がかりとして」山口県立大学学術情報 9 号［共通教育機構紀要 7 号］52頁参照）、本法が本人への通知により、確実にオプトアウト手続を行使する機会を保障するようにしたことは、適切と思われる。

　初診時に通知し、提供の停止の求めがなかったとしても、その後の検査の結果、重大な疾患であることが判明したような場合、改めて本人にその旨を通知して、提供の停止を求める機会を付与するべきかという問題がある。この点について、政府は、国会において、基本方針又は認定基準を定める上で検討したいと答弁している（第193回国会衆議院内閣委員会会議録第 6 号［2017年 4 月12日］13頁［大島一博政府参考人発言］参照）。

　通知の方法については、国会における政府答弁では、患者が医療機関で初めて受診した際などにおいて、医療機関から、本制度の趣旨、提供する医療情報の項目、提供方法、本人又はその遺族からの求めに応じて提供を停止すること、その求めを受け付ける方法等について、受付窓口や待ち時間の間に文書を配るなどして通知することとされていた（第193回国会衆議院内閣委員会議録第 6 号［2017年 4 月12日］10頁［大島一博政府参考人発言］参照）。主務省令では、通知の方法は、(i)認定匿名加工医療情報作成事業者に提供される医療情報によって識別される本人又はその遺族が当該提供の停止を求めるために必要な期間を定めて通知すること、(ii)本人が本法30条 1 項各号に掲げる事項を認識することができる適切かつ合理的な方法によることとされている（本法施行規則28条 1 項）。基本方針 3 （2）では、本人に対するあらかじめの通知については、本人に直接知らしめるものであり、内容が本人に識別される合理的かつ適切な方法により行うこと、具体的な方法については、医療情報を保有する者の事業の性質及び医療情報の取得状況に応じて適切に対応することが求められるが、医療機関等の場合には、本法施行前から通院している患者を含め本法施行後最初の

受診時に書面により行うことを基本とし、その上で、本人との関係に応じ
て、より丁寧な形で通知を行うことは、認定匿名加工医療情報作成事業者
に対して医療情報の提供を行うこととした医療情報取扱事業者の判断によ
ることとされている。

⑦　未成年者への通知

　本人が未成年者の場合に誰に通知するかという問題があるが、国会答弁
において、政府は、通知は保護者に対して行うことを基本とする旨答弁し
ており、個人情報保護法制あるいは研究倫理指針における取扱いを参考
に、患者が中学課程を修了している場合又は16歳以上である場合には子供
本人に対して通知する予定で考えていること、通知対象が保護者から本人
に切り替わるタイミングで、医療機関等が本人に対して改めて通知するか
を含め、主務省令を定める際に検討することを述べていた（第193回国会参
議院内閣委員会会議録第 7 号［2017年 4 月25日］ 6 頁［大島一博政府参考人発
言］参照）。

　ここで研究倫理指針に言及されているが、「人を対象とする医学系研究
に関する倫理指針」（2014年文部科学省・厚生労働省告示第 3 号）第 5 章（イ
ンフォームド・コンセント等）第13（代諾者等からインフォームド・コンセン
トを受ける場合の手続等） 1 （代諾の要件等） 1 （ 1 ）イ(ア)においては、未
成年者であっても、研究対象者が中学校等の課程を修了しているか、又は
16歳以上の未成年者であり、かつ、研究を実施されることに関する十分な
判断能力を有すると判断される場合であって、(ⅰ)研究の実施に侵襲を伴わ
ない旨、(ⅱ)研究の目的及び試料・情報の取扱いを含む研究の実施について
の情報を公開し、当該研究が実施又は継続されることについて、研究対象
者の親権者又は未成年後見人が拒否できる機会を保障する旨が研究計画書
に記載され、当該研究の実施について倫理審査委員会の意見を聴いた上で
研究機関の長が許可したときは、代諾者ではなく当該研究対象者からイン
フォームド・コンセントを受けるものとするとされている。

　基本方針 3 （ 2 ）では、患者が16歳未満又は16歳以上で判断能力を有し

ない者である場合、保護者等に対しても通知を行うことを基本とするとされている。

⑧　通知から提供までの期間

　通知後、直ちに医療情報を認定匿名加工医療情報作成事業者に提供してしまえば、提供の停止の求めの機会を逸することになり得る。個人情報保護法27条2項の規定に基づくオプトアウト手続について、同法施行規則11条1項1号は、第三者に提供される個人データによって識別される本人が当該提供の停止を求めるのに必要な期間を置くことと定めているが、本法30条1項の規定に基づくオプトアウト手続においても、通知と提供の間に、本人が提供の停止を求めるかを熟慮できる期間を置くことが想定されている（第193回国会参議院内閣委員会会議録第7号［2017年4月25日］19頁［大島一博政府参考人発言］参照）。

⑨　変更に係る通知と届出

　医療情報取扱事業者は、当該医療情報取扱事業者の氏名又は名称及び住所並びに法人にあってはその代表者（法人でない団体で代表者又は管理人の定めのあるものにあっては、その代表者又は管理人）の氏名に変更があったとき又は本法30条1項の規定による医療情報の提供をやめたときは遅滞なく、認定匿名加工医療情報作成事業者に提供される医療情報の項目、認定匿名加工医療情報作成事業者に提供される医療情報の取得の方法、認定匿名加工医療情報作成事業者への提供の方法、本人又はその遺族からの求めを受け付ける方法、認定匿名加工医療情報作成事業者に提供される医療情報の更新の方法、当該届出に係る認定匿名加工医療情報作成事業者への提供を開始する予定日を変更する場合は、変更する内容について、主務省令で定めるところにより、あらかじめ、本人に通知するとともに、主務大臣に届け出る義務を負う。届出は、(i)主務大臣が定めるところにより、電子情報処理組織（主務大臣の使用に係る電子計算機と届出を行う者の使用に係る電子計算機とを電気通信回線で接続した電子情報処理組織をいう）を使用する方法、又は(ii)届出書及び当該届出書に記載すべき事項を記録した光ディス

ク等を提出する方法のいずれかにより行う。医療情報取扱事業者が、代理
人によって届出をする場合には、その権限を証する書面（電磁的記録を含
む）を主務大臣に提出しなければならない。主務大臣は、この届出があっ
たときは、遅滞なく、インターネットの利用その他の適切な方法により、
当該届出に係る事項を公表しなければならない。変更の届出があったとき
も、同様である（同条 2 項）。

⑩　提供の停止の求めの方法

　衆議院内閣委員会において、本人又はその遺族からの医療情報の提供の
停止の求めについて、「主務省令で定めるところにより」という文言が追
加されたのは、この求めを容易に行えるように主務省令で定めるという趣
旨である。修正案提出者は、この修正案提出の理由について、「複雑な手
続ならば、内心では本人又はその遺族が提供を拒否したいと思いつつも提
供拒否の手続を行わないおそれが想定され得る」と説明している（第193
回国会参議院内閣委員会会議録第 7 号［2017年 4 月25日］ 8 頁［緒方林太郎衆
議院議員発言］参照）。政府も、本人や遺族にとって簡単な手続を認める方
針を表明していた（第193回国会参議院内閣委員会会議録第 7 号［2017年 4 月
25日］ 8 頁［石原伸晃国務大臣発言］参照）。その趣旨を明確にするため、衆
参両院の内閣委員会において、同法案が可決された際、「医療情報取扱事
業者に対して本人又はその遺族が医療情報の提供の停止の求めを行う際
に、その手続を容易に行うことができるよう適切な措置を講ずること」が
附帯決議されている。また、衆参両院の内閣委員会において、「認定匿名
加工医療情報作成事業者が、学校、職場等における健康診断の結果等の医
療情報の提供を受けようとする場合には、学校、事業者等の理解を丁寧に
得るようにすること。また、これらの医療情報の提供に当たっては、本人
の権利利益の保護が図られることに留意されなければならないこと」も附
帯決議されている。主務省令では、書面又は口頭その他の方法により、提
供の停止の求めを行うこととされた。この点について、基本方針 3 （ 2 ）
では、学校、職場等における健康診断の結果等の医療情報の提供を受けよ

うとする場合には、認定匿名加工医療情報作成事業者は、学校設置者等のみならず学校現場等の理解も丁寧に得るとともに、学校現場等に過度な負担が生じることがないようにすることを徹底すること、本人の権利利益の保護に適切に配慮することが求められることを定めている。

　参議院内閣委員会においては、医療情報の提供の停止を求めた患者が、受診等において不利益を被ることのないようにするとともに、医療機関等に対して、将来にわたって医療情報の提供を強制することのないようにすることが附帯決議された。

⑪　医療情報提供へのインセンティブの付与

　医療情報の本人は、オプトアウトの権利を行使することができるし、医療情報取扱事業者は、認定匿名加工医療情報作成事業者に医療情報を提供する義務を負うわけではない。したがって、認定匿名加工医療情報作成事業者に医療情報を提供するインセンティブを医療情報の本人や医療情報取扱事業者に付与するためには、認定匿名加工医療情報作成事業者が、認定事業とは別個に個人の生涯にわたる医療等のデータを自分で時系列で管理し、多目的に活用するPHR（Personal Health Record）、異なる医療機関・介護機関等で個別に管理されている医療・介護情報等を地域レベルで集約して共有するEHR（認定匿名加工医療情報作成事業者によるEHRの方式について、吉峯・論究ジュリ24号133頁以下参照）や診療支援を行うなど、医療情報の本人や医療情報取扱事業者に対して直接的なサービスを提供することにより、医療情報の利活用のメリットについての認識を広めるように努めることは、認定事業に対する理解を深めることにも資すると考えられる。

（2）書面の交付

　医療情報取扱事業者は、オプトアウト方式による通知を受けた本人又はその遺族から当該本人が識別される医療情報の認定匿名加工医療情報作成事業者への提供を停止するように求めがあったときは、遅滞なく、(i)当該求めがあった旨、(ii)当該求めを行った者の氏名及びその他の当該者を特定

するに足りる事項、(iii)当該求めを受けた年月日、(iv)本法31条1項に規定する主務省令で定める書面を交付する旨、(v)医療情報の提供の停止の年月日、(vi)当該求めにより交付する書面の年月日を記載した書面を当該求めを行った者に交付する義務を負う（本法31条1項）。医療情報取扱事業者は、あらかじめ、認定匿名加工医療情報作成事業者への提供を停止するよう求めた者の承諾を得て、書面の交付に代えて、当該書面に記載すべき事項を記録した電磁的記録を提供することができる。この場合において、当該医療情報取扱事業者は、書面の交付を行ったものとみなされる（本法32条1項）。前記の書面を交付し、又は電磁的記録を提供した医療情報取扱事業者は、当該書面を交付し、又は当該電磁的記録を提供した日から3年間、当該書面の写し又は当該電磁的記録を保存する義務を負う（同条3項、本法施行規則32条）。

（3）医療情報の提供に係る記録の作成等

医療情報取扱事業者は、オプトアウト方式により医療情報を認定匿名加工医療情報作成事業者に提供したときは、文書、電磁的記録又はマイクロフィルムを用いて、当該医療情報を提供した年月日、当該認定匿名加工医療情報作成事業者の名称及び住所その他の当該認定匿名加工医療情報作成事業者を特定するに足りる事項、当該医療情報によって識別される本人の氏名その他の当該本人を特定するに足りる事項、当該医療情報の項目に関する記録を作成しなければならない（本法32条1項、本法施行規則34条1項）。医療情報取扱事業者は、当該記録を、当該記録を作成した日から原則として3年間保存しなければならない（本法32条2項、本法施行規則35条）。

（4）医療情報の提供を受ける際の確認

認定匿名加工医療情報作成事業者は、オプトアウト方式により医療情報取扱事業者から医療情報の提供を受けるに際しては、主務省令で定めるところにより、(i)当該医療情報取扱事業者の氏名又は名称及び住所並びに法人にあっては、その代表者（法人でない団体で代表者又は管理人の定めのあ

るものにあっては、その代表者又は管理人）の氏名、(ii)当該医療情報取扱事業者による当該医療情報の取得の経緯の確認を行わなければならない（本法33条1項）。すなわち、トレーサビリティを確保するために、医療情報の提供を受ける際の確認義務について規定しており、個人情報保護法30条1項に対応する。本法33条1項における取得の経緯の確認は、具体的には、本法30条1項の規定に基づくオプトアウト手続に係る本人への通知及び主務大臣への届出を行い、本人又はその遺族から医療情報の提供の停止の求めがなかったことの確認になる。

　医療情報取扱事業者は、認定匿名加工医療情報作成事業者が当該確認を行う場合において、当該認定匿名加工医療情報作成事業者に対して、当該確認に係る事項を偽ってはならない（本法33条2項）。認定匿名加工医療情報作成事業者は、当該確認を行ったときは、主務省令で定めるところにより、当該医療情報の提供を受けた年月日、当該確認に係る事項その他の主務省令で定める事項に関する記録を作成し（同条3項）、当該記録を、当該記録を作成した日から原則として3年間保存する義務を負う（同条4項、本法施行規則38条）。

（5）医療情報取扱事業者から医療情報の提供を受けてはならない場合

　認定匿名加工医療情報作成事業者は、(i)オプトアウト方式に係る本法30条1項又は2項の規定による通知又は届出が行われていない医療情報、(ii)医療情報の提供の停止の求めがあった医療情報について、法令に基づく場合を除き、医療情報取扱事業者から提供を受けてはならない（本法34条）。オプトアウト方式に係る本法30条1項又は2項の規定による通知は、本人に対して行わなければならないので、ある者の生存中に本人に対してオプトアウト手続に係る通知を行わなかった場合、その者の死後に遺族に対してオプトアウト手続をとっても、(i)の要件を満たさないことになり、同条の規定に基づく認定匿名加工医療情報作成事業者への医療情報の提供は行えないことになる。この点については、死者の情報の要保護性が低いことから、遺族への通知に基づくオプトアウト手続の余地を残すべきであった

という意見がある（吉峯・論究ジュリ24号130頁参照）。

（6）排他的契約の否定

　認定匿名加工医療情報作成事業者は医療情報取扱事業者と排他的契約を締結するのではなく、医療情報取扱事業者は複数の認定匿名加工医療情報作成事業者と契約を締結することが可能である（本法施行規則5条11項）。

（7）医療情報の目的外利用の禁止

　認定匿名加工医療情報作成事業者は、匿名加工医療情報の作成・提供のために、医療情報取扱事業者から医療情報を取得するので、この仕組みの下で医療情報取扱事業者から提供された個人情報を加工せずに自ら利用することは、個人情報の目的外利用になり、原則として禁止される。

15　監督

（1）立入検査等

　主務大臣は、本法の施行に必要な限度において、認定匿名加工医療情報作成事業者若しくは認定医療情報等取扱受託事業者（これらの者のうち外国取扱者である者を除く）、匿名加工医療情報取扱事業者若しくは医療情報取扱事業者に対し必要な報告を求め、又はその職員に、これらの者の事務所その他の事業所に立ち入り、これらの者の帳簿、書類その他の物件を検査させ、若しくは関係者に質問させる権限を有する（本法35条1項）。この立入検査をする職員は、その身分を示す証明書を携帯し、関係者の請求があったときは、これを提示する義務を負う（同条2項）。この調査は行政調査であるので、立入検査の権限は、犯罪捜査のために認められたものと解してはならないという解釈規定が置かれている（同条3項）。主務大臣は、報告を求め、又は立入検査をしようとするときは、あらかじめ、個人情報保護委員会に協議しなければならない（同条4項）。

（2）指導及び助言

　主務大臣は、日本の医療分野の研究開発に資するよう、認定匿名加工医療情報作成事業者又は認定医療情報等取扱受託事業者の運営状況について

定期的に報告を求め、これらの者に対し、認定に係る事業の適確な実施に必要な指導及び助言を行うものとされている（本法36条）。

（3）是正命令

① 認定匿名加工医療情報作成事業者（外国取扱者を除く）に対する是正命令

主務大臣は、認定匿名加工医療情報作成事業者（外国取扱者を除く）が利用目的による制限（本法17条1項）、主務省令で定める基準に従った医療情報の加工（本法18条1項）、匿名加工医療情報と他の情報との照合による本人識別の禁止（同条2項）、認定事業に関し管理する医療情報等又は匿名加工医療情報を利用する必要がなくなったときの消去義務（本法19条）、安全管理措置義務（本法20条）、従業者の監督義務（本法21条）、認定事業に関し管理する医療情報等又は匿名加工医療情報の取扱いについて認定医療情報等取扱受託事業者以外への委託を行わない義務（本法23条1項）、委託先の監督義務（本法24条）、漏えい等の報告義務（本法24条の2）他の認定匿名加工医療情報作成事業者からの求めに応じて医療情報取扱事業者から提供された医療情報を当該他の認定匿名加工医療情報作成事業者に提供する場合の制限（本法25条1項）、医療情報取扱事業者から提供された医療情報に係る第三者提供の制限（本法26条1項）、苦情の処理に係る義務（本法27条）、医療情報取扱事業者から医療情報の提供を受ける際の確認・記録作成・保存義務（本法33条1項、3項、4項）又は医療情報取扱事業者から医療情報の提供を受けることの禁止規定（本法34条）に違反していると認めるときは、その者に対し、当該違反を是正するため必要な措置をとるべきことを命ずる権限を有する（本法37条1項）。

② 認定医療情報等取扱受託事業者（外国取扱者を除く）に対する是正命令

主務大臣は、認定医療情報等取扱受託事業者（外国取扱者を除く）が、当該医療情報等又は匿名加工医療情報の取扱いの委託をした認定匿名加工医療情報作成事業者の許諾を得た場合であって、かつ、認定医療情報等取

扱受託事業者に対してするときに限り、その全部又は一部の再委託をすることができる旨の規定（本法23条 2 項）又は利用目的による制限（本法29条において準用する本法17条 1 項）、主務省令で定める基準に従った医療情報の加工（本法29条において準用する本法18条 1 項）、匿名加工医療情報と他の情報との照合による本人識別の禁止（本法29条において準用する本法18条 2 項）、認定事業に関し管理する医療情報等又は匿名加工医療情報を利用する必要がなくなったときの消去義務（本法29条において準用する本法19条）、安全管理措置義務（本法29条において準用する本法20条）、従業者の監督義務（本法29条において準用する本法21条）、委託先の監督義務（本法29条において準用する本法24条）、医療情報取扱事業者から提供された医療情報に係る第三者提供の制限（本法29条において準用する本法26条 1 項）、苦情の処理に係る義務（本法29条において準用する本法27条）に違反していると認めるときは、その者に対し、当該違反を是正するため必要な措置をとるべきことを命ずる権限を有する（本法37条 2 項）。

③　認定匿名加工医療情報作成事業者又は認定医療情報等取扱受託事業者（外国取扱者である者に限る）に対する是正命令

　前記①②の権限は、認定匿名加工医療情報作成事業者又は認定医療情報等取扱受託事業者（これらの者のうち外国取扱者である者に限る）について準用されるが、この場合において、これらの規定中「命ずる」とあるのは、「請求する」と読み替えられる（同条 3 項）。外国取扱者に対して公権力の行使である是正命令を行うことは、当該外国の主権の侵害になるおそれがあるため、法的拘束力を伴わない「是正の請求」にとどめているのである。類似の立法例は少なくない（宇賀・個人情報の保護と利用115頁以下参照）。

④　匿名加工医療情報取扱事業者に対する是正命令

　主務大臣は、匿名加工医療情報取扱事業者が本人識別禁止規定（本法18条 3 項）に違反していると認めるときは、その者に対し、当該違反を是正するため必要な措置をとるべきことを命ずる権限を有する（本法37条 4 項）。

⑤　医療情報取扱事業者に対する是正命令

　主務大臣は、医療情報取扱事業者がオプトアウト方式による医療情報の提供に係る規定（本法30条1項、2項）、医療情報の提供を停止するように求められた場合の書面の交付・保存義務に係る規定（本法31条1項、3項）又は医療情報の提供に係る記録の作成・保存義務に係る規定（本法32条）に違反していると認めるときは、その者に対し、当該違反を是正するため必要な措置をとるべきことを命ずる権限を有する（本法37条5項）（匿名加工医療情報取扱事業者や医療情報取扱事業者には、国の行政機関や地方公共団体もなり得るが、かかる場合において、主務大臣に監督権限を付与するに足りる事由があるかには疑問も提起されている。日置巴美「健康・医療情報の活用と個人情報保護法制その他の関係法令（2）」ＮＢＬ1101号45頁注29参照）。

⑥　個人情報保護委員会との協議

　主務大臣は、前記①～⑤の規定による命令又は請求をしようとするときは、あらかじめ、個人情報保護委員会に協議しなければならない（同条6項）。

16　雑則

（1）連絡及び協力

　主務大臣及び個人情報保護委員会は、本法の施行に当たっては、医療情報等及び匿名加工医療情報の適正な取扱いに関する事項について、相互に緊密に連絡し、及び協力する義務を負う（本法38条）。

（2）地方公共団体が処理する事務

　立入検査等に係る規定（本法35条1項）に定められている主務大臣の権限に属する事務（医療情報取扱事業者に係るものに限る）は、政令で定めるところにより、地方公共団体の長が行うこととすることができる（本法40条）。

（3）権限の委任

　本法に規定する主務大臣の権限の一部は、政令で定めるところにより、

地方支分部局の長に委任することができる（本法41条）。

（4）主務省令への委任

　本法に定めるもののほか、本法の実施のための手続その他本法の施行に関し必要な事項は、主務省令で定める（本法42条）。

（5）経過措置

　本法の規定に基づき命令を制定し、又は改廃する場合においては、その命令で、その制定又は改廃に伴い合理的に必要と判断される範囲内において、所要の経過措置（罰則に関する経過措置を含む）を定めることができる（本法43条）。

17　罰則

（1）医療情報データベース等の提供

　認定匿名加工医療情報作成事業者又は認定医療情報等取扱受託事業者の役員若しくは従業者又はこれらであった者が、正当な理由がないのに、その業務に関して取り扱った個人の秘密に属する事項が記録された医療情報データベース等（その全部又は一部を複製し、又は加工したものを含む）を提供したときは、2年以下の拘禁刑若しくは100万円以下の罰金に処せられ、又はこれを併科される（本法44条）。

（2）医療情報等又は匿名加工医療情報の提供又は盗用

　認定匿名加工医療情報作成事業者又は認定医療情報等取扱受託事業者の役員若しくは従業者又はこれらであった者が、その業務に関して知り得た医療情報等又は匿名加工医療情報を自己若しくは第三者の不正な利益を図る目的で提供し、又は盗用したときは、1年以下の拘禁刑若しくは100万円以下の罰金に処せられ、又はこれを併科される（本法45条）。

（3）不正な手段による認定又は認可の取得

　偽りその他不正の手段により、匿名加工医療情報作成事業を行う者の認定（本法8条1項）、変更の認定（本法9条1項、29条）若しくは医療情報等取扱受託事業を行う者の認定（本法28条）又は認定匿名加工医療情報作

成事業者でない法人への認定事業の全部の譲渡（本法10条4項）、認定匿名
加工医療情報作成事業者でない法人との合併（同条5項）、匿名加工医療
情報作成事業である法人の分割（同条6項）の認可を受けた者（これらの
規定を同法29条において準用する場合を含む）は、1年以下の拘禁刑若しく
は100万円以下の罰金に処せられ、又はこれを併科される（本法46条1号）。

（4）変更認定を受けない変更

　変更認定を受けずに、医療情報の整理の方法、医療情報の加工の方法、
医療情報等及び匿名加工医療情報の管理の方法、その他主務省令で定める
事項（本法8条2項2号〜5号）を変更した認定匿名加工医療情報作成事業
者は、1年以下の拘禁刑若しくは100万円以下の罰金に処せられ、又はこ
れを併科される（本法46条2号）。変更認定を受けずに、医療情報等及び匿
名加工医療情報の管理の方法、その他主務省令で定める事項（本法8条2
項4号、5号）を変更した認定医療情報等取扱受託事業者は、1年以下の
拘禁刑若しくは100万円以下の罰金に処せられ、又はこれを併科される（本
法46条3号）。

（5）主務大臣の是正命令違反

　主務大臣の是正命令（本法37条1項、2項、4項、5項）に違反した者
は、1年以下の拘禁刑若しくは100万円以下の罰金に処せられ、又はこれ
を併科される（本法46条4号）。

（6）従業者等の義務違反

　認定事業に関して知り得た医療情報等又は匿名加工医療情報の内容をみ
だりに他人に知らせ、又は不当な目的に利用した者は、1年以下の拘禁刑
若しくは50万円以下の罰金に処せられ、又はこれを併科される（本法46条
の2）。

（7）届出義務の懈怠又は虚偽の届出

　認定匿名加工医療情報作成事業者の変更届（本法9条2項）、認定匿名加
工医療情報作成事業者としての地位を承継した旨の届出（本法10条3項）、
認定匿名加工医療情報作成事業者でない者に認定事業の全部の譲渡を行

い、認定匿名加工医療情報作成事業者でない法人と合併をし、又は分割により認定事業の全部を承継させた旨の届出（同条 8 項）又は認定事業廃止届（本法11条 1 項）（これらの規定を同法29条の規定により認定医療情報等取扱受託事業者に準用する場合を含む）を懈怠し、又は虚偽の届出をした者は、50万円以下の罰金に処せられる（本法47条 1 号）。認定匿名加工医療情報作成事業者又は認定医療情報等取扱受託事業者である法人が合併以外の事由により解散したときの主務大臣への届出義務を懈怠し、又は虚偽届出をした者は、10万円以下の過料に処せられる（本法50条 1 号）。

（8）医療情報等及び匿名加工医療情報の消去の懈怠

認定匿名加工医療情報作成事業又は認定医療情報等取扱受託事業に用いられなくなった医療情報等及び匿名加工医療情報を消去する義務（本法10条 9 項、11条 2 項、12条 2 項、15条 2 項、16条 2 項、29条）に違反して医療情報等及び匿名加工医療情報を消去しなかった者は、50万円以下の罰金に処せられる（本法47条 2 号）。

（9）帳簿作成・保存義務の懈怠又は虚偽記載

本法13条、29条の規定に違反して、帳簿を備えず、帳簿に記載せず、若しくは虚偽の記載をし、又は帳簿を保存しなかった認定匿名加工医療情報作成事業者又は認定医療情報等取扱受託事業者は、50万円以下の罰金に処せられる（本法47条 3 号）。

（10）行政調査に係る義務違反

主務大臣による行政調査（本法35条 1 項）の規定による報告をせず、若しくは虚偽の報告をし、又は同項の規定による検査を拒み、妨げ、若しくは忌避し、若しくは同項の規定による質問に対して答弁せず、若しくは虚偽の答弁をした者は、50万円以下の罰金に処せられる（本法47条 4 号）。

（11）国外犯処罰

本法44条、45条、46条 4 号、46条の 2 及び47条 2 号の罪は、日本国外においてこれらの条の罪を犯した者にも適用される。ただし、本法46条 4 号については、37条 1 項及び 2 項に係る部分のみが国外犯処罰の対象にな

り、かつ、37条 1 項のうち、医療情報の提供を受ける際の確認、記録作成・保存義務（本法33条 1 項、 3 項、 4 項違反）、医療情報取扱事業者から医療情報の提供を受けることの制限（本法34条）違反は、国外犯処罰の対象にならない（本法48条）。

(12) 両罰

　法人（法人でない団体で代表者又は管理人の定めのあるものを含む）の代表者又は法人若しくは人の代理人、使用人その他の従業者が、その法人又は人の業務に関して前記（ 1 ）〜（10）までの違反行為をしたときは、行為者が罰せられるほか、その法人又は人も、各本条の罰金刑を科される（本法49条 1 項）。本法44条から46条までの違反行為については法人重科となっており、法人には 1 億円以下の罰金刑が科される（同項 1 号）。

(13) 訴訟行為についての代表

　法人でない団体について両罰規定の適用がある場合には、その代表者又は管理人が、その訴訟行為につき法人でない団体を代表するほか、法人を被告人又は被疑者とする場合の刑事訴訟に関する法律の規定が準用される（同条 2 項）。

(14) 名称の使用制限違反

　認定匿名加工医療情報作成事業者又は認定医療情報等取扱受託事業者の名称使用制限に違反した者は、10万円以下の過料に処せられる（本法50条 2 号）。

(15) 確認に係る事項についての虚偽情報の提供

　認定匿名加工医療情報作成事業者が医療情報の提供を受ける際に確認に係る事項を偽った医療情報取扱事業者は、10万円以下の過料に処せられる（本法50条 2 号）。

18　附則

(1) 施行期日

　本法は、公布の日から起算して 1 年を超えない範囲内において政令で定

める日（2018年 5 月11日）から施行された。ただし、基本方針に関する経過措置（附則 2 条）及び政令への委任（附則 4 条）の規定は、公布の日から施行された（附則 1 条）。

（2）基本方針に関する経過措置

　政府は、本法の施行前においても、本法 4 条の規定の例により、基本方針を定めることができた。この場合において、内閣総理大臣は、本法の施行前においても、同条の規定の例により、これを公表することができた（附則 2 条 1 項）。本法施行前に定められた基本方針は、本法の施行の日において本法 4 条の規定により定められたものとされた（附則 2 条 2 項）。

（3）名称の使用制限に関する経過措置

　本法の施行の際現に認定匿名加工医療情報作成事業者若しくは認定医療情報等取扱受託事業者という名称又はこれらと紛らわしい名称を使用している者については、名称の使用制限規定は、本法の施行後 6 月間は、適用されなかった（附則 3 条）。

（4）政令への委任

　前記（2）（3）に定めるもののほか、本法の施行に関し必要な経過措置は、政令で定められる（附則 4 条）。

（5）検討

　政府は、本法の施行後 5 年を経過した場合において、本法の施行の状況について検討を加え、必要があると認めるときは、その結果に基づいて所要の措置を講ずるものとされている（附則 5 条）。

19　施行後 5 年の見直し

　本法制定附則 5 条の施行後 5 年見直し規定を受けて、健康・医療データ活用基盤協議会の2021年11月12日決定に基づき、同協議会の下で、次世代医療基盤法検討ワーキンググループを開催することとされ、同年12月20日から、本法に基づく認定事業の運営状況や課題等を検証し、それを踏まえ

て、本法の見直しの必要性やその内容について検討が行われてきた。2020
年 6 月 3 日にその中間とりまとめが公表された。

　中間とりまとめ公表時点で、認定匿名加工医療情報作成事業者が 3 、認
定医療情報等取扱受託事業者が 4 認定され、 2 つの地方公共団体（青森県
弘前市、神奈川県逗子市）を含む約100の協力実施機関等から約200万人分
の医療情報が収集され、その利用実績は16にのぼり、本法に基づく匿名加
工医療情報の利用が漸進的にではあれ、進んでいる。しかし、中間とりま
とめでは、以下のような課題が指摘された。

　第 1 に、匿名加工医療情報の利活用推進の観点からの課題として、以下
のような指摘がなされた。

　まず、医学研究上有用なデータである少数の症例や特異値等を削除しな
ければならないこと、患者個人の状態の時系列変化をトレースするための
継続的なデータ提供が困難であること、分析を実施した匿名加工医療情報
についてさらに発展的に研究したい場合に、当該匿名加工医療情報の元と
なるカルテ内に含まれる他の医療情報を匿名加工医療情報として追加提供
することが困難なこと、個別の匿名加工医療情報の信頼性を確保したい場
合に、カルテ等の元になる医療情報に遡った検証ができないことである。
また、一定以上の情報量のゲノムデータは個人識別符号に当たるため、匿
名加工医療情報としての取扱いは困難であるものの、研究のための利用
ニーズは大きいことである。

　これらの問題に対応するため、中間とりまとめでは、個人情報保護法の
匿名加工情報と本法の匿名加工医療情報の相違に注目している。すなわ
ち、個人情報保護法においては、匿名加工情報を作成するのは、個人情報
取扱事業者であり、匿名加工情報を適正に作成する能力について認定制度
は設けられていない。したがって、制度上、多数の個人情報取扱事業者が
匿名加工情報を作成することが可能である。匿名加工情報の提供先につい
ても、法定された要件を満たす者に限定するという規律は課されていな
い。これに対して、匿名加工医療情報を作成する者については、主務大臣

が、作成能力、セキュリティ体制等について法定の要件を充足しているか
を審査したうえで認定したもののみが作成可能である。また、匿名加工医
療情報の提供を受ける者についても、学識経験者（医学、法学、倫理学等
の専門家）や患者の立場を代表する委員からなる審査委員会を認定匿名加
工医療情報作成事業者が設置し、同委員会の審査を経て、匿名加工医療情
報取扱事業者を選定する仕組みになっている。したがって、個人情報保護
法の匿名加工情報の概念に必ずしもとらわれずに匿名加工医療情報の提供
を可能にする制度設計を検討することとしている。ただし、その際には、
認定匿名加工医療情報作成事業者による匿名加工医療情報取扱事業者に対
するガバナンス（利用目的・利用範囲・安全管理措置等の審査等）や提供後
における認定匿名加工医療情報作成事業者による匿名加工医療情報取扱事
業者の取扱いに関する規制の強化、再識別等による不当な匿名加工医療情
報の利用に対する社会規範の確立等の対策を講じた上で、本法における新
たな匿名化の在り方について、制度的な根拠についても明確化する必要が
あると指摘されている。また、仮名加工情報等、すでに存在している多様
な医療情報の加工類型との関係についても整理する必要があるとされてい
る。仮名加工情報については、厚生労働省の「医療分野における仮名加工
情報の保護と利活用に関する検討会」における検討との整合性を確保すべ
きとする。これらの点については、本法の改正につながる可能性がある。

　運用面での対策としては、匿名加工の具体例の認定匿名加工医療情報作
成事業者間での共有・集積、国の運用指針における明確化、オンサイトセン
ター等の利活用者の情報取扱いの範囲が制限された環境下において、匿
名加工医療情報又は統計情報のみが提供される範囲内でゲノム情報を含む
医療情報を検索・解析し、検索・解析結果のみを提供する手法等も検討す
ることとされている。

　薬事目的でのリアル・ワールド・データの活用についても、課題が認識
されている。すなわち、特に、小児・希少疾病や、国民の健康に重大な影
響があり、迅速な対応が社会的要請となっている疾病のために、臨床試験

の外部対照としての活用や、有効性・安全性の評価等に活用を試みる国内外の取組が活性化し、我が国においても、2021年3月に、厚生労働省が「承認申請等におけるレジストリの活用に関する基本的考え方」を公表し、レジストリデータを承認申請等に利用する場合の信頼性を確保するための留意点が示されたものの、本法に基づく認定匿名加工医療情報作成事業者の保有するデータベースの活用手法については検証が進捗していないことが課題として指摘されている。また、薬事承認等における申請資料として匿名加工医療情報を活用した場合、審査当局に当該匿名加工医療情報の信頼性を証明する必要があっても、当該匿名加工医療情報の元となる医療情報に遡ることは、特定の個人を識別できないように加工されているために技術的に困難であり、かつ、法制上、当該匿名加工医療情報を他の情報と照合することが禁じられているという課題も指摘されている。

　そこで、これらへの対策として、審査当局が信頼性確保の観点から必要と判断した場合、利活用者が承認申請に用いた匿名加工医療情報の元データに遡ることができるようにする方策を検討することが提言されている。さらに、薬事目的での匿名加工医療情報の活用を推進するため、審査当局及び製薬業界も参加して、薬事目的で本法に基づくデータベースを用いる際の実証調査研究の実施を検討することも提言されている。

　匿名加工医療情報の利用を検討する事業者の視点から見て、認定匿名加工医療情報作成事業者の保有するデータベースのデータ規模・データ項目等の詳細についての情報が十分に公開されておらず、利用に向けた検討が困難であったり、リモートアクセスができなかったりという情報アクセス上の問題も指摘されている。

　そこで、認定匿名加工医療情報作成事業者に対して、保有するデータベースのデータ項目等、利用に際して必要な情報を示したデータカタログの公表を促すことの検討が提言されている。また、認定匿名加工医療情報作成事業者が、データベースを解析した統計情報を作成し、学会誌やウェブサイトに公開するなどして周知を図るとともに、国としても認定匿名加

工医療情報作成事業者による情報公開の促進策を検討すること、さらに、セキュリティの確保を前提とした上で、オンサイトセンターの環境にリモートアクセスを認め、認定匿名加工医療情報作成事業者の保有する匿名加工医療情報データベースの検索や解析により、新たな活用事例を探索できるような認定匿名加工医療情報作成事業者の取組を推進することも提言されている。

　第2に、多様な医療情報の収集に関する課題と対策が論じられている。

　医療情報取扱事業者が認定匿名加工医療情報作成事業者に医療情報を提供することに係るオプトアウトのための本人への通知については、窓口で直接患者本人に文書を渡す方法を採用している者から、通知の負担が指摘されていること、さらに、医療機関の管理者が異動により変更した場合、再度本人に通知する必要が生じ、過大な負担であるとの指摘もあることから、対策が検討されている。

　中間とりまとめでは、本法のオプトアウトに係る本人への通知は、本人がオプトアウトの申出の機会を喪失しないように効果的に行う必要があり、そのための手法を検討するとともに、オンライン診療の普及等、医療機関等の窓口に患者が来ないケースも増加しつつあることから、かかる診療形態に対応したオンライン上での通知手法の明確化を検討することが提言されている。また、医療機関の管理者の変更等が生じた場合には、本人によるオプトアウトの申出の機会を確保することを前提とした上で、ウェブサイトへの掲載等、本人が容易に知り得る状態に置くことを可能とするなど、医療機関等の負担軽減策を検討することも提言されている。

　次に、医療情報提供に係る協力機関及び情報提供件数の拡大に向けた課題と対策が述べられている。具体的には、認定匿名加工医療情報作成事業者が医療情報を収集する医療情報取扱事業者は主として急性期病院であるところ、多様なデータを個人単位で名寄せしてライフコースデータとして整理するためには、急性期以外の医療機関、介護施設、学校検診情報等、多様な医療情報取扱事業者と協力する必要があること、本法の認知度が低

いこと、医療情報取扱事業者が認定匿名加工医療情報作成事業者に医療情報を提供するメリットを認識しにくいことが課題として指摘された。

　これらの課題への対策としては、例えば、大病院から地域の診療所までを協力機関として、当該地域の地方公共団体の保有する医療情報についても収集するなど、地域を面として把握して、データの質について評価できないかを検討すること、医療機関が本法に基づく医療分野の研究開発に貢献していることを顕彰するマークの作成等について検討すること、現在、認定匿名加工医療情報作成事業者において、協力機関への災害時に備えた電子カルテのバックアップサービスや別事業として実施しているPHR事業とパッケージで運用することにより、協力機関や患者本人にとっても医療情報を認定匿名加工医療情報作成事業者に提供することの具体的メリットを付与している事例があり、かかる取組を推進すること、医療機関のみならず医療保険者等も含めて医療情報を取り扱うすべての事業者が、本法に基づく取組に参画することが当然の状況となるような施策を検討すること、国としても、とりわけ一定規模以上の医療機関等に対して本法に基づく取組への積極的な参加を促す方策を検討すること、国民・医療機関等における本法の認知度の向上に向けて、制度の理解のための冊子・用語集の作成や利活用による成果・社会還元の事例の広報に努めること、厚生労働省で検討されている電子カルテ情報の標準化の推進に当たっては、医療情報の二次利用にもつながる基盤整備を検討することが提言されている。

　さらに、認定匿名加工医療情報作成事業者が保有するデータベースとレセプト情報・特定健診等情報データベース（NDB）等の国が保有する公的データベースとの連結が、医療分野における研究開発の推進のために有用であるにもかかわらず、現行法上認められていないという課題が指摘されている。

　そこで、利活用者による上記の連結解析を可能とするため、その法的・技術的課題を検討すること、検討に当たっては、NDB等と連結できる状態で提供される匿名加工医療情報を利用する際の安全管理措置等につい

て、NDB等と同水準を求めること、本法に基づくデータベースにおいて
医薬品コード等をNDBと共通化することについて検討すること、学会が
保有する疾患レジストリに包含される患者の医療情報の利用については、
学会等が本人への通知を実施することは困難であるため、貴重な医療情報
の利用が進捗しないという問題があるので、認定匿名加工医療情報作成事
業者が保有するデータベースと学会等の保有する疾患レジストリやバイオ
バンク等、民間事業者が保有するデータベースとの連携に向けた周知広報
に取り組むことが提言されている。

　また、死亡日、死因等を収集することは、生存率や投薬による予期し難
い重篤な副作用の把握のために有用であることから、その収集に向けた取
組を実施すること、地方公共団体が保有する学校健診情報、国民健康保険
被保険者の健診情報、介護保険被保険者のサービス利用情報、予防接種歴
情報等との連携の必要性についての理解を求めるなど、地方公共団体への
積極的な周知策について検討することが提唱されている。

　さらに、本法に基づくオプトアウトの通知前に死亡した者に係る医療情
報等の収集に関する課題についても言及されている。すなわち、本法30条
では、認定匿名加工医療情報作成事業者への医療情報の提供について、本
人にオプトアウトの機会を保障するため、本人への事前の通知が医療情報
取扱事業者に義務付けられているため、本人への通知後に死亡した者の情
報を収集し匿名加工医療情報を作成することは可能である反面、本人への
通知前に本人が死亡した場合には、本法に基づく医療情報の提供ができな
いという問題がある。一方において、死者の情報については事前通知を不
要としてよいという意見や遺族等に対する通知で足りるとすべきという意
見があるが、他方、個人情報保護法上はオプトアウトによる提供が認めら
れない要配慮個人情報について、本法が例外的にオプトアウトによる提供
を認めていることを踏まえると、オプトアウトに係る事前通知すら不要と
することには、国民の理解が得られないという見解もあると思われる。そ
こで、中間とりまとめでは、この点については、本法の趣旨や国民の理解

の状況を踏まえつつ、情報の必要不可欠性や情報収集実務等について、具体的に精査、検討した上で結論を得ることとされた。

　第3に、認定匿名加工医療情報作成事業者による安全管理措置の確実な実施に関する課題と対策が検討されている。すなわち、必要な安全管理措置は、ICTの進展等によって変化し得るので、不断の見直しが必要になる。したがって、匿名加工の方法については、ICTの進展や利活用ニーズを踏まえ、具体的な匿名加工事例を認定匿名加工医療情報作成事業者間で開発・共有・集積していくことが重要であり、必要に応じて、国の運用方針において明確化していくことが提言されている。さらに、情報セキュリティ基準については、安全管理措置の過不足を検証するともに、ICTの進展や従前の運用実績も踏まえて最適化を検討することとされている。

20　地方公共団体にとっての本法の意義

　地方公共団体は、自ら病院事業を行ったり（公立病院）、病院事業を行う地方独立行政法人を設置したりする。病院事業を行う地方公共団体や地方独立行政法人は、大量の医療情報を取り扱う。また、公立学校で行われる生徒の健康診断、地方公共団体の職員を対象とした定期の健康診断を通じても、地方公共団体は、大量の医療情報を取得することになる。このように、地方公共団体は、医療情報取扱事業者であり、認定匿名加工医療情報作成事業者に対して医療情報の提供を行うかを判断しなければならない。また、行うとした場合、本法30条1項の手続を遵守しなければならない。この点について、基本方針2（7）では、地方公共団体が、認定事業者に対する医療情報の提供について、その理解を得ておくことが重要であること、官民データ活用推進基本法でも、地方公共団体が保有する情報の活用が規定されており、政府は、法の趣旨・目的等について、認定匿名加工医療情報作成事業者と連携しつつ、地方公共団体の職員に対する研修の実施の支援を含め、地方公共団体（教育委員会を含む）の理解と協力を求めることを定められている。

　国と並んで地方公共団体も、各種行政施策（公衆衛生、医療提供体制、医療保険等）の立案や実施に際して、匿名加工医療情報を利活用することが考えられる。基本方針 2 （2）③では、国は、地方公共団体や保険者における各種行政施策等の立案や実施に際しての匿名加工医療情報の利活用について、助言・情報提供を行うことが定められている。

第4章 住民基本台帳に係る個人情報保護

1 住民基本台帳の意義

　住民基本台帳法（昭和42年法律第81号）（以下、本章において「本法」という）は、市区町村において、住民の居住関係の公証、選挙人名簿の登録その他の住民に関する事務の処理の基礎とするとともに住民の住所に関する届出等の簡素化を図り、併せて住民に関する記録の適正な管理を図るため、住民に関する記録を正確かつ統一的に行う住民基本台帳の制度を定め、もって住民の利便を増進するとともに、国及び地方公共団体の行政の合理化に資することを目的とする（本法1条）。市区町村は、住民基本台帳を備え、その住民につき、所定の記載事項を記録するものとされ（本法5条）、市区町村長は、個人を単位とする住民票を世帯ごとに編成して、住民基本台帳を作成しなければならないが、適当であると認めるときは、住民票の全部又は一部につき世帯を単位とすることができる（本法6条1項、2項）。

2 住民票の記載事項

　住民票の記載事項は、(i)氏名、(ii)出生の年月日、(iii)男女の別、(iv)世帯主についてはその旨、世帯主でない者については世帯主の氏名及び世帯主との続柄、(v)戸籍の表示。ただし、本籍のない者及び本籍の明らかでない者については、その旨、(vi)住民となった年月日、(vii)住所及び一の市町村の区域内において新たに住所を変更した者については、その住所を定めた年月日、(viii)新たに市町村の区域内に住所を定めた者については、その住所を定めた旨の届出の年月日（職権で住民票の記載をした者については、その年月日）及び従前の住所、(ix)個人番号、(x)選挙人名簿に登録された者について

は、その旨、(xi)国民健康保険の被保険者である者については、その資格に関する事項で政令で定めるもの、(xii)後期高齢者医療の被保険者である者については、その資格に関する事項で政令で定めるもの、(xiii)介護保険の被保険者である者については、その資格に関する事項で政令で定めるもの、(xiv)国民年金の被保険者である者については、その資格に関する事項で政令で定めるもの、(xv)児童手当の支給を受けている者については、その受給資格に関する事項で政令で定めるもの、(xvi)米穀の配給を受ける者については、その米穀の配給に関する事項で政令で定めるもの、(xvii)住民票コード、(xviii)前各号に掲げる事項のほか、政令で定める事項とされている（本法7条）。このように、住民票には、多くの個人情報が記載されている。

3　住民としての地位の変更に関する届出

　住民としての地位の変更に関する届出は、全て本法4章及び4章の3に定める届出によって行うものとされ（本法21条の4）、転入届（本法22条）、転居届（本法23条）、転出届（本法24条）、世帯変更届（本法25条）等が住民に義務付けられ、虚偽の届出をした者、又は正当な理由がなくて届出をしない者は、過料に処せられる（本法52条）。このように、住民票に記載される個人情報は、基本的に罰則の制裁を背景に住民に届出を義務付けたものである。もっとも、市区町村長は、定期に、又は必要があると認めるときは、いつでも、住民票記載事項について調査を行い（本法34条1項、2項）、職権で、住民票の記載、消除又は記載の修正を行うこともある（本法8条）。

4　住民基本台帳等の閲覧制度の変遷

（1）住民登録法
　本法の前身は、1951年に制定された住民登録法（昭和26年法律第218号）であるが、同法10条1項においては、何人でも住民票の閲覧又はその謄本若しくは抄本の交付を請求することができるとされていた。

（2）本法の制定

　1967年に、住民登録法に代わり、本法が制定されたが、当時の自治省令では、住民票の記載事項は、「個人の秘密を侵すおそれがないと認められるもの」とされた。しかし、本法制定当初は、なおプライバシー保護の意識が極めて稀薄であり、住民基本台帳には秘密にすべき事項は含まれていないし、住民の居住関係を公証する名簿であるから、一般に公開することにより記載内容の正確性が図られることは望ましいと考えられたため、執務に支障がある場合その他正当な理由がある場合に限り閲覧請求を拒否できるとされていた。そして、「その他正当な理由がある場合」とは、天災等により住民基本台帳が亡失、き損したとき、閲覧手数料が納付されないとき、多数の閲覧請求が競合したとき等が想定されており、住民票記載事項に個人の秘密を侵すおそれがある情報は含まれていないことが前提とされたため、住民基本台帳記載情報の本人の権利利益の保護は等閑視されていた。その後、他人の名誉毀損又は差別事象につながるおそれがあると認められる場合も、「その他正当な理由がある場合」に該当すると解されるようになったが、特別の場合を念頭に置いており、個人情報保護一般を射程にしたものではなかった。

（3）1985年の本法改正

　我が国においても、情報化社会の進展に伴い、個人情報保護意識が高まり、1976年には、戸籍の閲覧制度が廃止された。さらに個人情報保護の意識を大きく高めるのに与って力があったのは、我が国も加盟しているOECDが、「プライバシー保護と個人データの国際流通についてのガイドラインに関する理事会勧告」を出し、その付属文書にOECD8原則と呼ばれる個人情報保護の基本原則が示されたことであった。そして、1985年に、本法について、個人情報保護の観点から重要な改正が行われ、本法の目的規定において、個人情報保護も念頭に置いて、「住民に関する記録の適正な管理を図る」ことが明記された。具体的には、閲覧請求者に請求事由を明らかにすることが義務付けられ、市区町村長は、請求が不当な目的

であることが明らかなとき又は住民基本台帳の閲覧により知り得た事項を
不当な目的に使用されるおそれがあることその他の当該請求を拒むに足り
る相当な理由があると認めるときは、当該請求を拒否することができるこ
とになった。閲覧により知り得た住民の名簿を作成して不特定多数の者に
頒布したり販売したりする目的は「不当な目的」に当たることとされ、名
簿屋対策も視野に入ることになった。1969年から、選挙人名簿の登録は住
民基本台帳の記録に基づいて行われるようになったため、市区町村の選挙
管理委員会が、市区町村長より通知された選挙人名簿登録に関係がある住
民票記載情報を不当な目的に使用されないようにする努力義務規定も設け
られた。また、市区町村は、住民基本台帳の写し又は住民票の記載事項の
一部の記載を省略して、氏名、生年月日、性別、住所の基本4情報のみを
記載した住民基本台帳の一部の写しを作成し、これをもって住民基本台帳
の閲覧に代替することが可能になった。さらに、この改正により、戸籍の
附票の閲覧制度が廃止された。それに加えて、偽りその他不正の手段によ
り住民基本台帳の閲覧を行った者に対する5万円以下の過料の制裁が設け
られた。以上のように、1985年の本法改正は、個人情報保護を大幅に強化
するものであったが、公開原則自体を否定するものではなかった。

（4）1999年の本法改正

　1999年の本法改正により、閲覧対象は住民基本台帳の一部の写し（基本
4情報）に限られることになった。また、この改正によって、偽りその他
不正の手段により、住民基本台帳の閲覧を行った者に対する過料の上限が
10万円に引き上げられた。

（5）2004年の省令等改正

　ドメスティック・バイオレンスやストーカー行為を行う者が、被害者の
住所を探索するために、住民基本台帳の閲覧を行うという問題は、参議院
個人情報の保護に関する特別委員会においても議論され、片山虎之助総務
大臣（当時）が見直しを約束した。そして、2003年5月21日、同委員会
は、「行政機関の保有する個人情報の保護に関する法律案」を可決した

際、「住民基本台帳の閲覧や住民票の写しの交付等について、配偶者から
の暴力の防止等の観点から、現状を把握し、関係者の意見を聴いた上で、
所要の措置を検討すること」という附帯決議を行った。そこで、同年11
月、総務省は、ドメスティック・バイオレンス、ストーカー行為の被害者
保護のための住民基本台帳閲覧・写しの交付に係るガイドライン研究会を
設け、同研究会は、翌年3月31日に報告書を公表した。これを受けて、
「住民基本台帳の一部の写しの閲覧及び住民票の写し等の交付に関する省
令」、「住民基本台帳事務処理要領」が改正され、2004年7月1日から施行
された。

（6）2006年の本法改正

① 背景

　罰則による強制の下で住民が届け出た個人情報が、住民基本台帳の閲覧
制度を利用して営利目的で利用されることが多く、2005年5月1日現在の
調査では、請求事由別にみると、閲覧請求の約7割がダイレクトメール送
付等の営利目的であった。このこと自身、個人情報保護という観点から問
題であり、地方公共団体の中には、法律の範囲内で大量閲覧を抑止するた
めに、種々の工夫を行うものもあった（詳しくは、宇賀・大量閲覧防止3頁
以下参照）。しかし、より深刻な問題があった。それは、利用の便宜のた
めに、住民基本台帳は一般に世帯別に編成されているため、住民基本台帳
の閲覧により、世帯構成が他者に知られることになり、独居の高齢者、誘
拐の対象となる児童等の存在も明らかになってしまうことである。実際、
2005年1月、住民基本台帳の閲覧制度を利用して母子家庭を調査し、母親
が留守中に女児に暴行する事件が発生してしまった。かかる犯罪目的での
住民基本台帳の閲覧制度の利用は、明らかに「不当な目的」であるが、実
際には、地方公共団体が窓口で「不当な目的」か否かを判断することは困
難であることを如実に示したといえる。このことも大きな契機になり、総
務省は、同年5月、「住民基本台帳の閲覧制度のあり方に関する検討会」
を発足させ、同検討会の報告書は、同年10月20日に公表された。同報告書

は、住民基本台帳の閲覧を原則として何人にも認める一般公開原則に終止符を打ち、住民の利便の増進と行政の合理化という公益に資する場合に限定して例外的に閲覧を認める方針に転換し、閲覧できる者について、主体・目的の双方の要件を定め、当該要件の審査手続を整備し、個人情報保護を大幅に拡充するものであり、住民基本台帳の閲覧制度について、公開原則から非公開原則へのパラダイム・シフトと評することができるものであった。

② 主体・目的による限定

　同報告書を受けて、2006年の本法改正では、住民基本台帳の一部の写しの閲覧者を、主体と目的の双方の要件で以下のように限定した。従前の閲覧請求は、(i)国・地方公共団体の職員による公務としての請求、(ii)統計調査・世論調査・学術調査等の公益性ある調査のための利用、(iii)本人・同一世帯の者等の利害関係人、これらの者から委任を受けた弁護士等が特定の住民に係る公証のために行う請求、(iv)ダイレクトメール、市場調査等の営利目的の請求に４分類することができた。(i)は、行政の合理化という目的に資するという理由、(ii)は、その成果が国・地方公共団体の施策に反映され、間接的に住民の利便の増進に資するという理由で、引き続き、これを認めることとされた。ただし、(i)については、従前は職員による請求であったが、機関による請求に改正された。(ii)についても、総務大臣が定める基準に照らして市区町村長が当該申出を相当と認める場合に限定され、平成18年総務省告示第495号により、閲覧についての公益性の判断基準が示されているが、成果の社会還元が重視されている。他方、(iii)については、住民票の写しの交付制度を用いることとすることにより、特定人以外の住民の基本４情報が閲覧されることを防止することとされたが、(ア)公共的団体（自治会、社会福祉協議会等）から地域住民の福祉の向上に寄与する活動を行うために閲覧することが必要である旨の申出があり、かつ、市区町村長が当該申出を相当と認める場合、(イ)営利目的以外の目的で行う居住関係の確認のうち、訴訟の提起その他特別の事情による居住関係の確認と

して市区町村長が定めるものの実施のために閲覧することが必要である旨の申出があり、かつ、市区町村長が相当と認める場合に限り、閲覧を認めることとされた。特定の者に係る基本4情報を取得するためには、住民票の写しの交付によるのが原則であるが、「相当と認める場合」としては、(a)賃貸マンションの所有者が、自分が把握していない者が居住していないかを確認する場合、(b)マンション管理組合が当該管理業務のために居住関係を確認する場合、(c)自分の住所に他人宛の郵便物が頻繁に郵送されるため、当該他人が自分の住所を無断で住所として届けていないかを確認する場合等が考えられる。かかる場合に閲覧を認めるべきかについては、個別具体的事情に照らした判断が必要になるため、各市区町村長がケースバイケースで判断し、相当と認める場合に限り閲覧可能としている。公共的団体から地域住民の福祉の向上に寄与する活動を行うために閲覧することが必要である旨の申出があったとき、いかなる場合に当該申出を相当と認めるかについての判断は市区町村長に委ねられており、総務大臣による統一的判断基準は示されていない。個々の団体が実施する事業の内容や地域事情により、閲覧を認める必要性は異なり得るので、地域の実情に応じて、各市区町村長が判断することとされたのである。各市区町村長は、与えられた行政裁量を活かし、自ら適切な判断を行い、結論に至った理由について、説得ある理由を示す必要がある。また、(iv)については、禁止することとされた。

③ 審査手続

個人情報保護に優越する公益性のある場合に閲覧を限定する以上、本人の事前の同意やオプトアウト手続は不要とされたが、主体・目的を偽る者が出現することは当然予想しなければならない。そこで、同改正により、審査手続も定められた。すなわち、(i)については、(ア)当該請求をする国又は地方公共団体の機関の名称、(イ)請求事由（当該請求が犯罪捜査に関するものその他特別の事情により請求事由を明らかにすることが事務の性質上困難であるものにあっては、法令で定める事務の遂行のために必要である旨及びその

根拠となる法令の名称）、㈱住民基本台帳の一部の写しを閲覧する者の職名
及び氏名、㈓請求に係る住民の範囲、㈵事務の責任者の職名及び氏名、㈶
犯罪捜査等のための請求である場合にあっては、請求事由を明らかにする
ことが事務の性質上困難である理由を明らかにして請求を行わなければな
らず（本法11条2項、住民基本台帳の一部の写しの閲覧及び住民票の写し等及
び除票の写し等の交付に関する省令1条2項）、閲覧者が住民基本台帳の一部
の写しを閲覧するに当たっては、国又は地方公共団体の職員たる身分を示
す証明書を提示しなければならないこととされた（同令1条3項）。(ii)及び
(iii)については、㈠申出者の氏名及び住所（申出者が法人の場合にあっては、
その名称、代表者又は管理人の氏名及び主たる事務所の所在地）、㈢住民基本
台帳の一部の写しの閲覧により知り得た事項（以下「閲覧事項」という）の
利用の目的、㈱住民基本台帳の一部の写しを閲覧する者（以下「閲覧者」
という）の氏名及び住所、㈓閲覧事項の管理の方法、㈵申出者が法人の場
合にあっては、当該法人の役職員又は構成員のうち閲覧事項を取り扱う者
の範囲、㈶前記(ii)に係る申出の場合にあっては、調査研究の成果の取扱い
及び調査研究の実施体制、㈷申出に係る住民の範囲、㈸活動の責任者の氏
名及び住所（申出者が法人の場合にあっては、当該責任者の役職名及び氏名）、
㈹委託を受けて住民基本台帳の一部の写しの閲覧の申出を行う場合にあっ
ては、委託者の氏名又は名称及び住所を明らかにして請求を行わなければ
ならないこととされた（本法11条の2第2項、住民基本台帳の一部の写しの
閲覧及び住民票の写し等及び除票の写し等の交付に関する省令2条2項）。ま
た、申出者は、閲覧者等による閲覧事項の漏えいの防止その他の閲覧事項
の適切な管理のために必要な措置を講ずる義務を負う（本法11条の2第6
項）。閲覧者若しくは申出者が偽りその他不正の手段により住民基本台帳
の一部の写しの閲覧をし、若しくはさせた場合、又は申出者、閲覧者等が
目的外利用・提供禁止規定に違反した場合において、個人の権利利益を保
護するため必要があると認めるときの勧告制度（同条8項）、正当な理由
がなくてその勧告に係る措置を講じなかった場合において、個人の権利利

表2－3　住民基本台帳の閲覧請求における審査手続（閲覧請求に必要な事項）

目的	請求に必要な事項
(ⅰ)国・地方公共団体の職員による公務としての請求の場合	・以下の事項を明らかにして請求しなければならない 　㋐当該請求をする国又は地方公共団体の機関の名称 　㋑請求事由（明らかにすることが事務の性質上困難であるものにあっては、法令で定める事務の遂行のために必要である旨及びその根拠となる法令の名称） 　㋒住民基本台帳の一部の写しを閲覧する者の職名及び氏名 　㋓請求に係る住民の範囲 　㋔事務の責任者の職名及び氏名 　㋕犯罪捜査等のための請求である場合にあっては、請求事由を明らかにすることが事務の性質上困難である理由 ・閲覧者が住民基本台帳の一部の写しを閲覧するに当たっては、国又は地方公共団体の職員たる身分を示す証明書を提示する必要がある。
(ⅱ)統計調査・世論調査・学術調査等の公益性ある調査に利用するための請求の場合 (ⅲ)本人・同一世帯の者等の利害関係人、これらの者から委任を受けた弁護士等が特定の住民に係る公証のために行う請求の場合	・以下の事項を明らかにして請求しなければならない 　㋐申出者の氏名及び住所（法人の場合にあっては、その名称、代表者又は管理人の氏名及び主たる事務所の所在地） 　㋑閲覧事項の利用の目的 　㋒閲覧者の氏名及び住所 　㋓閲覧事項の管理の方法 　㋔申出者が法人の場合にあっては、当該法人の役職員又は構成員のうち閲覧事項を取り扱う者の範囲 　㋕(ⅱ)に係る申出の場合にあっては、調査研究の成果の取扱い及び調査研究の実施体制 　㋖申出に係る住民の範囲 　㋗活動の責任者の氏名及び住所（法人の場合にあっては、当該責任者の役職名及び氏名） 　㋘委託を受けて住民基本台帳の一部の写しの閲覧の申出を行う場合にあっては、委託者の氏名又は名称及び住所

益が不当に侵害されるおそれがあると認めるときの命令制度（同条9項）、閲覧者若しくは申出者が偽りその他不正の手段により住民基本台帳の一部の写しの閲覧をし、若しくはさせた場合、又は申出者、閲覧者等が目的外利用・提供禁止規定に違反した場合において、個人の権利利益が不当に侵害されることを防止するため特に措置を講ずる必要があると認めるときの命令制度（同条10項）、申出者の氏名（申出者が法人の場合にあっては、その名称及び代表者又は管理人の氏名）及び利用目的の概要等の公表制度（同条

12項）も設けられた。

④　罰則の強化

　さらに、偽りその他不正の手段による閲覧や目的外利用の禁止違反等に対する罰則が拡充された。すなわち、過料の上限が引き上げられ（本法51条）、刑罰規定が新設された（本法46条、47条、49条）。本法の罰則規定は、個人情報保護法上、個人情報取扱事業者の義務等の規定の適用が除外されている報道機関等による閲覧の場合にも適用される。

5　住民票等の写しの交付

（1）1985年の本法改正

　住民票の写しの交付についても、1985年の改正で、戸籍法に準じて、請求者に請求事由を明らかにすることが義務付けられ、請求が不当な目的によることが明らかなときは、請求を拒否することができることとされた。また、住民票に記載した事項に関する証明書（以下「住民票記載事項証明書」という）の交付について法定化され、住民票の写しの交付に当たって市区町村長が省略できる住民票の記載事項として、世帯主との続柄、戸籍の表示の事項が追加された。そして、戸籍の附票の写しの交付についても、住民票の写しの交付に関する規定が準用されることになった。さらに、偽りその他不正の手段により、住民票の写しの交付を受けた者に対する5万円以下の過料の制裁が設けられた。

（2）1999年の本法改正

　同年の本法の改正により、住民票の記載事項として住民票コードが追加された。しかし、住民票コードは、第三者からの住民票の写しの交付請求の対象外とされた。また、この改正によって、偽りその他不正の手段により、住民票の写しの交付を受けた者に対する過料の上限が10万円に引き上げられた。

（3）2004年の省令等改正

　「住民基本台帳の一部の写しの閲覧及び住民票の写し等の交付に関する

245

省令」（現在は、住民基本台帳の一部の写しの閲覧並びに住民票の写し等及び除
票の写し等の交付に関する省令）、「住民基本台帳事務処理要領」、「戸籍の附
票の写しの交付に関する省令」（現在は、戸籍の附票の写し又は戸籍の附票の
除票の写しの交付に関する省令）により、ドメスティック・バイオレンス、
ストーカー行為の被害者保護のための対策が講じられた。

（4）2007年の本法改正

①　請求者の限定

　以上のような改正にもかかわらず、何人でも自己又は自己と同一世帯に
属する者以外の第三者の住民票の写し等（住民票コードを除く）の交付の
請求が可能であった。もっとも、請求者は、請求事由、請求者の氏名及び
住所並びに請求に係る住民の氏名及び住所を明らかにしなければならず、
市区町村長は、請求が不当な目的によることが明らかなときは、請求を拒
否することができたが、交付制度の悪用の例が後を絶たなかった。そこ
で、2006年の本法改正案を審議した衆参両院の総務委員会においては、
「住民票の写しの交付制度については、個人情報保護の観点から、さらに
厳格な運用を確保するよう努めるとともに、制度の見直しを早急に検討す
ること」という附帯決議がなされた。住民基本台帳の一部の写しの閲覧制
度の改正と住民票の写しの交付制度の改正は、表裏一体の関係にあり、両
者は同時に行われてしかるべきであったが、戸籍の謄抄本の交付を何人に
も認めることを原則とする制度の改正が、2005年10月16日に法制審議会戸
籍法部会に諮問されており、その答申に基づく改正法案が2007年の通常国
会に提出される予定であったため、同審議会の議論を注視して、住民票の
写しの交付制度の改正法案もそれと平仄を合わせることが望ましいため、
2007年の通常国会に改正法案を提出することになったのである。

　同年の本法改正により、住民票記載事項証明書の交付について、何人で
も請求できる制度は廃止され、(i)住民基本台帳に記録されている者が、自
己又は自己と同一の世帯に属する者に係る交付を請求する場合（本法12条
1項。以下「本人等請求」という）、(ii)国又は地方公共団体の機関が、法令

で定める事務の遂行のために必要であるときに請求する場合（本法12条の
2第1項。以下「公用請求」という）、(iii)自己の権利を行使し、又は自己の
義務を履行するために必要がある場合、国又は地方公共団体の機関に提出
する必要がある場合、その他住民票の記載事項を利用する正当な理由があ
る場合であって、かつ、市区町村長が当該申出を相当と認める場合（本法
12条の3第1項。以下「第三者請求」という）に限定して、住民票の写し及
び住民票記載事項証明書（以下、両者を併せて「住民票の写し等」という）
の交付を認め、住民票の除票の写しの交付についても、これに準ずること
とする改正が行われた。住民票の写し等の第三者請求が認められる場合と
しては、金融機関等の債権者が債権回収のために債務者の住民票の写し等
を取得する場合、生命保険会社、企業年金等が満期となった生命保険金、
年金等の支払という債務の履行のために被保険者、年金受給者等の住民票
の写し等を取得する場合、相続手続や訴訟手続等に法令上必要な書類とし
て住民票の写し等を取得する場合、弁護士等が法令に基づく職務上の必要
から自己の権限として取得する場合、独立行政法人等が公共用地の取得の
ために住民票の写し等を取得する場合、学術研究機関が疫学上の統計デー
タを得る目的で、ある母集団に属する者を一定期間にわたり本人承諾等の
下で追跡調査をする必要があるために住民票の写し等を取得する場合等が
想定される。

② 士業従事者による請求

平成19年法律第75号による改正前は、弁護士、税理士、司法書士、行政
書士等の士業の資格者による職務上請求という範疇が認められており、そ
の場合には、請求事由を明らかにせず請求することが認められていた。し
かし、この制度が悪用されることが稀でなかったため、同改正により、職
務上請求という範疇は廃止され、第三者請求の一環として扱われることに
なった。そして、弁護士、税理士、司法書士、行政書士等の特定事務受任
者（本法12条の3第3項）について、受任している事件又は事務の依頼者
が第三者請求の要件を充足していることを理由として、住民票の写し等が

必要である旨の申出があり、かつ、当該申出を相当であると認めるとき
は、当該特定事務受任者に当該住民票の写し等を交付することができると
している（同条2項）。士業の資格者が受任事件の依頼者のために第三者
請求を行う場合には、利用目的のみならず、依頼者の氏名又は名称を明ら
かにするのが原則である。しかし、訴訟、ＡＤＲ等の紛争解決手続の代理
業務を行うために住民票の写し等を必要とする場合には、依頼者の氏名等
を具体的に明らかにすることが困難な場合があり得る。そこで、当該事件
についての資格及び業務の種類を明らかにすれば足りることとされている
（同条4項5号）。戸籍の謄抄本の交付制度についても、同様の特例が認め
られている（戸籍法10条の2第4項）。

③　基礎証明事項以外の情報

　平成19年法律第75号による改正前から、氏名、生年月日、性別、住所等
の基礎証明事項（本法7条1号〜3号、6号〜8号）以外の情報（続柄、戸
籍の表示等）については、特別の請求がない限り、住民票の写し等におけ
る記載を省略することが認められていた。同改正においても、本人等請
求、公用請求に関しては、従前通り、特別の請求があった場合のみ、基礎
証明事項以外の情報を記載することとしている。他方、第三者請求の場合
には、市区町村長が相当と認めた場合に限り住民票の写し等の交付を受け
ることができるため、基礎証明事項のみを記載した住民票の写し等を交付
することを原則とし、基礎証明事項以外の情報の記載を求められたときは
（本法12条の3第7項）、それぞれの情報につき、必要性と相当性を市区町
村長が判断し、交付するか否かを決定することとされた（同条8項）。

④　戸籍の附票の写しの交付請求

　戸籍の附票の写しは、債務者が死亡しその法定相続人の所在が不明な
ときや債務者の転居先が不明なため債権者が債権保全のために転居先を確認
したりするために利用されることが多く、その交付については、住民票の
写し等の交付に準じて行われてきたが、住民票の写し等の交付制度の改正
に合わせて、本人等請求（本法20条1項）、公用請求（同条2項）、第三者請

求（同条3項）に限定して認めることとされた。本人等請求の場合には請
求事由を原則として明らかにする必要はない。本人等請求が認められるの
は、戸籍の附票に記録されている者又はその配偶者、直系尊属若しくは直
系卑属である（同条1項）。

⑤　請求事由等の記載

　住民票の写し等の本人等請求の場合に例外的に請求事由を明らかにする
必要があるのは、ＤＶやストーカー行為の加害者による請求等の場合であ
る。住民票の写し等の公用請求については、平成19年法律第75号による改
正前は、職務上の請求であることを明らかにすれば足り、請求事由を示す
必要はなかったが、同改正により、公用請求についても、請求事由を明ら
かにすることが原則とされた。ただし、当該請求が犯罪捜査に関するもの
その他特別の事情により請求事由を明らかにすることが事務の性質上困難
であるものにあっては、法令で定める事務の遂行のために必要である旨及
びその根拠となる法令の名称を明らかにすれば足りることとされた（本法
12条の2第2項4号）。

⑥　本人確認等

　交付請求の主体と目的を限定しても、なりすましにより住民票の写し等
を不正取得されるおそれはある。したがって、住民票の写し等の交付請求
があった場合の本人確認を厳格に行わなければならない。平成19年法律第
75号による改正前は、運転免許証、旅券、住民基本台帳カード等の本人確
認書類の提示を求め、必要に応じて、質問を行う等の方法で本人確認が行
われてきたが、本人確認についての法令上の規定は存在しなかった。同改
正により、本人確認手続が明文化された（本法12条3項、12条の2第3項、
12条の3第5項）。住民票の写し等の不正取得は、本人になりすますことの
みならず、本人の代理人や使者になりすますことによっても行われ得る。
そこで、本人の代理人や使者による交付請求の場合には、本人確認書類の
提示のみならず、代理人や使者であることを確認する書類の提示を求める
等の対応が必要になり、この点も明文化されている（本法12条4項、12条

の3第6項)。

　なお、住民基本台帳については、転出届、転入届等についても、なりすましが行われることがあり、その防止が必要である。そこで、この場合についても、本人確認手続が法定されている（本法27条2項)。届出についても、代理人や使者により行われることがあるため、届出を行おうとしている者が、届出義務を負う者の依頼により、又は法令の規定に基づき届出を行おうとしていることを明らかにするための手続が定められている。ただし、代理人や使者が同一の世帯に属する者である場合には、この手続をとることを要しない（同条3項)。その理由は、同一の世帯に属する者による届出の場合、世帯主との続柄の記載が義務になっており、世帯の変更があった場合にも届出をしなければならないこと、転出届・転入届等は、世帯主でない同一世帯員により行われることが少なくなく、そのことが特に問題視されてこなかったことも考慮して、届出義務者からの指定の事実を推認してさしつかえないと判断されたためである。

⑦　罰則の強化

　平成19年法律第75号による改正前は、偽りその他不正の手段により住民票や戸籍の附票の写しの交付を受けた者に対して、10万円以下の過料を科すこととされていた。しかし、個人情報保護の意識が向上した今日、かかる行為に対して行政上の秩序罰を科すにとどめることは適切でないため、同改正により、30万円以下の罰金に処することとされた（本法46条2号)。他方、転出届・転入届等について、虚偽の届出をした者に対する本法の罰則については、平成19年法律第75号による改正の対象とはされず、他の法令の規定により刑罰を科すべき場合を除き5万円以下の過料に処することとされている（本法52条1項)。その理由は、虚偽の届出により住民票に不実の記載をさせれば、一般には公正証書原本不実記載罪（刑法157条）の構成要件に当たり、5年以下の拘禁刑又は50万円以下の罰金に処することができるためである。

第5章 選挙人名簿抄本の閲覧制度

1 2006年改正前の運用

　選挙人名簿は、有権者の範囲を画定することを目的として、市区町村選挙管理委員会が保管している公簿であり、選挙人名簿には、選挙人の氏名、住所、性別及び生年月日を記載しなければならない（公職選挙法20条1項）。2006年の公職選挙法（以下、本章において「本法」という）改正前は、市区町村選挙管理委員会は、選挙の期日の公示又は告示の日から選挙の期日後5日に当たる日までの間を除き、基本4情報を記載した選挙人名簿の抄本を閲覧に供し、その他適当な便宜を供与しなければならず、選挙人は、選挙人名簿に脱漏、誤載又は誤記があると認めるときは、市区町村選挙管理委員会に選挙人名簿の修正に関し、調査の請求をすることができるとされていた。

　選挙人名簿の閲覧を認める場合について、本法に規定は置かれておらず、一般に、市区町村選挙管理委員会の要綱等に基づき運用がなされてきた。実務上は、(i)選挙人が、本人又は他の特定の選挙人の登録の有無を確認する場合、(ii)候補者等、政党、政治団体が選挙運動又は政治活動のために閲覧する場合、(iii)報道機関・学術研究機関が世論調査・学術調査を行うために閲覧する場合に限定して閲覧を認める運用が行われ、商業目的での閲覧は認められていなかった。

2 閲覧全面禁止論

　選挙管理委員会関係者の間では、かかる運用を疑問視し、閲覧を全面的に禁止すべきとする意見が多数を占めていた。それは、以下のような論拠に基づくものであった。第1に、前記1(i)の利用は、名簿の正確性の確保

につながるものの、実際には、かかる利用は皆無に近いことである。第2に、1969年に、選挙人名簿の登録が住民基本台帳のデータを利用して行われるようになった結果、選挙人名簿の閲覧制度によって、その正確性を確保する意義が乏しくなったことである。第3に、新たに選挙人名簿に登録された者には当時は縦覧制度があり（平成28年法律第94号による改正前の本法23条）、登録に関し不服がある者は選挙管理委員会に異議の申出ができ（本法24条）、さらに、選挙管理委員会の決定に不服がある異議申出人又は関係人は、当該市区町村選挙管理委員会を被告として訴訟を提起することができることである（同法25条）。第4に、前記1(ii)(iii)のような利用は、住民基本台帳の一部の写しの閲覧制度により可能であるため、選挙人名簿抄本の閲覧を認める必要はないことである。前記1(i)について、本人の登録の有無を確認するための閲覧のみを認める見解も存在したが、全ての市区町村において、2005年度末までには、個人情報保護条例が制定されており、個人情報保護条例に基づく本人開示請求が可能であったので、本法に本人の登録の有無を確認するために選挙人名簿抄本の閲覧制度を設けておく必要性は認められないことになる。

3　2006年の改正

　選挙人名簿の閲覧制度の見直しについても、「住民基本台帳の閲覧制度のあり方に関する検討会」で検討されたが、前記1(i)については、実際には、かかる利用が稀有であるとしても、選挙人名簿の正確性の確保につながる利用であるので、引き続きこれを認めるべきとされ、2006年の本法改正で、明文の規定が置かれた（本法28条の2第1項）。前記1(ii)については、実際にかかる利用は多数なされており、選挙運動・政治活動への利用は、「民主政治の健全な発達を期する」（本法1条）という本法の目的に合致するので、引き続き認めるべきとされ、同年の改正で明文の規定が設けられた（本法28条の2第1項）。他方、前記1(iii)については、政治・選挙に関するものに限定して認めるべきこととされた。その理由は、報道機関・

学術研究機関が、政治・選挙に関する有権者の意識・関心について世論調査・学術調査を実施することは、民意を顕在化させ、政策形成に資することになり、「民主政治の健全な発達」に貢献すると言い得るからである。もっとも、世論調査・学術調査は、住民基本台帳の一部の写しの閲覧によっても行い得るが、政治・選挙に関する世論調査・学術調査を実施する場合には、選挙人資格を有する者のみが登録された選挙人名簿の抄本の閲覧のほうが、有権者でない者も記録された住民基本台帳の一部の写しの閲覧よりも、調査の効率化に資することになる。そこで、2006年の本法改正により、前記 1 (iii)を政治・選挙に関するものに限定して認めることが明記された（本法28条の 3 ）。

　また、偽りその他不正な手段による目的外の閲覧を防止するための手続規定を設ける法改正も行われた。すなわち、前記 1 (i)(ii)については、閲覧の申出は、(ア)選挙人名簿の抄本の閲覧の申出をする者（以下「申出者」という）の氏名及び住所（申出者が政党その他の政治団体である場合には、その名称、代表者の氏名及び主たる事務所の所在地）、(イ)選挙人名簿の抄本の閲覧により知り得た事項（以下「閲覧事項」という）の利用の目的、(ウ)選挙人名簿の抄本を閲覧する者（以下「閲覧者」という）の氏名及び住所、(エ)申出者が選挙人又は公職の候補者等である場合は閲覧事項の管理の方法、申出者が政党その他の政治団体である場合は閲覧事項の管理の方法及び当該政党その他の政治団体の役職員又は構成員のうち、閲覧事項を取り扱う者の範囲、(オ)特定の者が選挙人名簿に登録された者であるかどうかの確認を行うために閲覧の申出をする場合は申出に係る選挙人の氏名、住所その他の当該選挙人を特定するに足りる事項、公職の候補者となろうとする者（公職にある者を含む）である申出者が政治活動（選挙運動を含む）を行うために閲覧の申出をする場合は、申出に係る選挙人の範囲、当該申出者が候補者となろうとする公職の種類、当該申出者が公職にある者である場合にあっては当該公職の種類、閲覧者が当該申出者が指定する者である場合にあってはその旨、政党その他の政治団体である申出者が政治活動を行うた

めに閲覧の申出をする場合にあっては申出に係る選挙人の範囲、閲覧者が
当該申出者の役職員又は構成員であって当該申出者が指定する者である旨
を明らかにして行わなければならないこととされた（本法28条の2第2項、
本法施行規則3条の2第1項）。

　市区町村の選挙管理委員会は、閲覧事項を不当な目的に利用されるおそ
れがあること、閲覧事項を適切に管理することができないおそれがあるこ
とその他申出に係る閲覧を拒むに足りる相当な理由があると認めるとき
は、当該申出に係る閲覧を拒むことができる（本法28条の2第3項）。

　また、前記1(ⅲ)については、閲覧の申出は、(a)申出者の氏名及び住所
（申出者が国等の機関である場合にはその名称、申出者が法人である場合にはそ
の名称、代表者又は管理人の氏名及び主たる事務所の所在地）、(b)利用目的、
(c)閲覧者の氏名及び住所（申出者が国等の機関である場合には、その職名及
び氏名）、(d)閲覧事項を利用して実施する調査研究の成果の取扱い、(e)申
出者が法人である場合にあっては閲覧事項の管理の方法及び当該法人の役
職員又は構成員のうち、閲覧事項を取り扱う者の範囲、申出者が個人であ
る場合にあっては閲覧事項の管理の方法、(f)申出に係る選挙人の範囲、(g)
調査研究の責任者の氏名及び住所（申出者が国又は地方公共団体［以下「国
等」という］の機関である場合にあっては当該責任者の職名及び氏名、申出者
が法人［法人でない団体で代表者又は管理人の定めのあるものを含む。以下同
じ］である場合にあっては当該責任者の役職名及び氏名）、(h)申出者が国等の
機関である場合にあっては閲覧者が当該国等の機関の職員であって、当該
国等の機関が指定するものである旨、申出者が法人である場合にあっては
閲覧者が当該法人の役職員又は構成員（他の法人と共同して申出をする場合
にあっては、当該他の法人の役職員又は構成員を含む）であって当該法人が
指定するものである旨、申出者が個人であって、閲覧者を指定する場合に
は閲覧者が当該個人が指定する者である旨、委託を受けて調査研究を行う
場合にあっては委託者の氏名及び住所（委託者が国等である場合にあっては
その名称、委託者が法人である場合にあってはその名称、代表者又は管理人の

表2－4　選挙人名簿の閲覧の申出を行う際に明らかにしなければならない事項

目的			内容
(i)	選挙人が、本人又は他の特定の選挙人の登録の有無を確認する場合	(ア)	・選挙人名簿の抄本の閲覧の申出者の氏名及び住所 ・政党その他の政治団体である場合には、その名称、代表者の氏名及び主たる事務所の所在地
		(イ)	・閲覧事項の利用の目的
		(ウ)	・選挙人名簿の抄本の閲覧者の氏名及び住所
		(エ)	・申出者が選挙人又は公職の候補者等である場合は閲覧事項の管理の方法 ・申出者が政党その他の政治団体である場合は閲覧事項の管理の方法及び当該政党その他の政治団体の役職員又は構成員のうち、閲覧事項を取り扱う者の範囲
(ii)	候補者等、政党、政治団体が選挙運動又は政治活動のために閲覧する場合	(オ)	・(i)の目的で閲覧の申出をする場合は申出に係る選挙人の氏名、住所その他の当該選挙人を特定するに足りる事項 ・公職の候補者となろうとする者（公職にある者を含む）である申出者が(ii)の目的で閲覧の申出をする場合は、申出に係る選挙人の範囲、当該申出者が候補者となろうとする公職の種類 ・申出者が公職にある者である場合にあっては当該公職の種類 ・閲覧者が当該申出者が指定する者である場合にあってはその旨 ・政党その他の政治団体である申出者が(ii)の目的で閲覧の申出をする場合にあっては申出に係る選挙人の範囲、閲覧者が当該申出者の役職員又は構成員であって当該申出者が指定する者である旨
(iii)	報道機関・学術研究機関が世論調査・学術調査を行うために閲覧する場合（政治・選挙に関するものに限定）	(a)	・申出者の氏名及び住所 ・国等の機関である場合にはその名称 ・法人である場合にはその名称、代表者又は管理人の氏名及び主たる事務所の所在地
		(b)	・利用目的
		(c)	・閲覧者の氏名及び住所 ・国等の機関である場合には、その職名及び氏名
		(d)	・閲覧事項を利用して実施する調査研究の成果の取扱い
		(e)	・法人である場合にあっては閲覧事項の管理の方法及び当該法人の役職員又は構成員のうち、閲覧事項を取り扱う者の範囲 ・個人である場合にあっては閲覧事項の管理の方法
		(f)	・申出に係る選挙人の範囲
		(g)	・調査研究の責任者の氏名及び住所 ・国等の機関である場合にあっては当該責任者の職名及び氏名 ・申出者が法人である場合にあっては当該責任者の役職名及び氏名

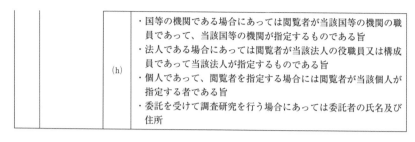

<table>
<tr><td>(h)</td><td>・国等の機関である場合にあっては閲覧者が当該国等の機関の職員であって、当該国等の機関が指定するものである旨
・法人である場合にあっては閲覧者が当該法人の役職員又は構成員であって当該法人が指定するものである旨
・個人であって、閲覧者を指定する場合には閲覧者が当該個人が指定する者である旨
・委託を受けて調査研究を行う場合にあっては委託者の氏名及び住所</td></tr>
</table>

氏名及び主たる事務所の所在地）を明らかにしなければならない（本法28条の3第2項、本法施行規則3条の3第1項）。

　市区町村の選挙管理委員会は、閲覧事項を不当な目的に利用されるおそれがあること、閲覧事項を適切に管理することができないおそれがあることその他申出に係る閲覧を拒むに足りる相当な理由があると認めるときは、当該申出に係る閲覧を拒むことができる（本法28条の3第3項）。法人である申出者は、閲覧者及び当該申出者が指定するもの（以下「法人閲覧事項取扱者」という）以外の者にその閲覧事項を取り扱わせてはならない（同条4項）。

　個人である申出者は、利用目的を達成するために当該申出者及び閲覧者以外の者に閲覧事項を取り扱わせることが必要な場合には、申出をする際に、その旨並びに閲覧事項を取り扱う者として当該申出者が指定する者の氏名及び住所をその市区町村の選挙管理委員会に申し出ることができる（同条5項）。この申出を受けた市区町村の選挙管理委員会は、当該申出に相当な理由があると認めるときは、その申出を承認するものとし、この場合において、当該承認を受けた申出者は、当該申出者が指定した者（以下「個人閲覧事項取扱者」という）にその閲覧事項を取り扱わせることができる（同条6項）。申出者（国等の機関である申出者を除く）は、閲覧者、法人閲覧事項取扱者又は個人閲覧事項取扱者による閲覧事項の漏えいの防止その他の閲覧事項の適切な管理のために必要な措置を講ずる義務を負う（同条7項）。

　申出者、閲覧者等は、本人の事前の同意を得ないで、当該閲覧事項を利

用目的以外の目的のために利用し、又は当該閲覧事項に係る申出者、閲覧者等以外の者に提供してはならない（本法28条の4第1項）。市区町村の選挙管理委員会は、閲覧者若しくは申出者が偽りその他不正の手段により選挙人名簿の抄本の閲覧をし、若しくはさせた場合、又は申出者、閲覧者等が目的外利用・提供禁止規定に違反した場合において、個人の権利利益を保護するため必要があると認めるときは、当該閲覧事項に係る申出者、当該閲覧をし若しくはさせた者又は当該違反行為をした者に対し、当該閲覧事項が利用目的以外の目的で利用され、又は当該閲覧事項に係る申出者、閲覧者等以外の者に提供されないようにするための措置を講ずることを勧告することができる（同条2項）。市区町村の選挙管理委員会は、勧告を受けた者が正当な理由がなくてその勧告に係る措置を講じなかった場合において、個人の権利利益が不当に侵害されるおそれがあると認めるときは、その者に対し、その勧告に係る措置を講ずることを命ずることができる（同条3項）。市区町村の選挙管理委員会は、閲覧者若しくは申出者が偽りその他不正の手段により選挙人名簿の抄本の閲覧をし若しくはさせた場合、又は申出者、閲覧者等が目的外利用・提供禁止規定に違反した場合において、個人の権利利益が不当に侵害されることを防止するため特に措置を講ずる必要があると認めるときは、当該閲覧事項に係る申出者、当該閲覧をし若しくはさせた者又は当該違反行為をした者に対し、当該閲覧事項が利用目的以外の目的で利用され、又は当該閲覧事項に係る申出者、閲覧者等以外の者に提供されないようにするための措置を講ずることを命ずることができる（同条4項）。

　また、住民基本台帳法50条には、偽りその他不正な手段により閲覧をしようとした者に対する罰則規定が置かれているのに対して、本法には同様の規定はなかったので、同年の改正により、過料の規定が設けられた（本法255条の4）。さらに、選挙人名簿抄本の写しの交付については、平成18年法律第62号による改正前の同法29条2項の「その他適当な便宜を供与しなければならない」という規定を根拠にこれを認める地方公共団体（約4

分の 1 ）と、便宜供与は予算と労力の範囲内で行えば足りるので写しの交付を認めない地方公共団体（約 4 分の 3 ）に分かれていたが、個人情報保護の観点からは、写しの交付は望ましくないので、この便宜供与規定は削除された。

4　2016年の本法改正

選挙人名簿の内容確認手段として、縦覧はほとんど利用されていないこと及び個人情報保護の要請の高まり等に鑑み、縦覧制度を廃止し、個人情報保護の要請に配慮した規定が整備されている閲覧制度に一本化する改正が行われた。

第6章 戸籍法における個人情報保護

1 戸籍閲覧制度の廃止

　我が国における戸籍公開原則は、1898年の戸籍法に遡る。この原則は、1914年の戸籍法、1947年の戸籍法（昭和22年法律第224号）（以下、本章において「本法」という）に継承された。しかし、個人情報保護意識の向上に伴い、戸籍公開原則が批判されるようになり、1976年の本法改正により、戸籍閲覧制度が廃止されるに至った。そして、戸籍の謄本、抄本、記載事項証明書（以下、これらを総称して「戸籍謄本等」という）の交付請求についても、同年の改正で、請求が不当な目的によることが明らかなときは、拒否することができることとされた（平成19年法律第35号による改正前の戸籍法10条3項）。また、除かれた戸籍謄本等の交付請求については、除かれた戸籍に記載されている者又はその配偶者、直系尊属若しくは直系卑属、国又は地方公共団体の職員、弁護士その他法務省令で定める者以外の者は、相続関係を証明する必要がある場合その他法務省令で定める場合に限り行うことができるとされた（平成19年法律第35号による改正前の戸籍法12条の2第1項・2項及び同項に基づく同法施行規則11条の3、11条の4）。除かれた戸籍謄本等の交付請求の要件が一層厳格にされたのは、親族的身分関係の公証機能は、通常は、戸籍謄本等の交付請求により実現可能であり、また、当時は、除かれた戸籍には、旧民法が定めていた「庶子」「私生子」等の差別的表現、犯罪歴を示す「刑務所」を出生地とする記載、自殺が原因であることを推測させる「鉄道線路上」を死亡地とする記載等が残存していたからである（小出邦夫＝相馬博之「『戸籍法の一部を改正する法律』の概要」民情250号6頁参照）。

　しかし、1976年の本法改正は、戸籍閲覧制度は廃止したものの、戸籍謄

本等の交付については、非公開原則に転換したわけではなく、戸籍公開原則の全面的な廃止には至っていなかった。

なお、住民基本台帳については、統計調査、世論調査、学術研究その他の調査研究のうち、総務大臣が定める基準に照らして公益性が高いと認められるものの実施のために、住民基本台帳の一部の写しの閲覧が認められている（住民基本台帳法11条の2第1項1号）。他方、戸籍簿、除籍簿については、かかる目的のための閲覧制度も廃止された。しかし、その後も、何人にも戸籍謄本等の交付請求権が認められていたため、交付請求制度を利用することにより、統計調査、世論調査、学術研究その他の調査研究を行うことは可能であった。ところが、後述するように、平成19年法律第35号による改正で、調査研究目的での交付請求も認められなくなった。そこで、従前から運用上行われていた調査研究目的の利用のための情報提供に法的根拠を与えるため、同改正で、本法126条に、「市町村長又は法務局若しくは地方法務局の長は、法務省令で定める基準及び手続により、統計の作成又は学術研究であつて、公益性が高く、かつ、その目的を達成するために戸籍若しくは除かれた戸籍に記載した事項又は届書その他市町村長の受理した書類に記載した事項に係る情報を利用する必要があると認められるもののため、その必要の限度において、これらの情報を提供することができる」という規定が設けられた。

2　戸籍謄本等の交付請求の制限

（1）2007年改正の経緯

2003年に個人情報保護関係5法が制定され、我が国においても、個人情報保護意識は大きく向上し、地方公共団体においても、個人情報保護条例の制定が着実に進んでいった。他方、戸籍謄本等の交付請求制度が不正に利用される例が後を絶たず、全国連合戸籍事務協議会の調査では、2004年4月1日から2005年11月18日までの約20月の間に、戸籍に関する証明書の不正取得が判明した地方公共団体は211、不正取得に係る請求書の通数は

682、証明書の発行数は936にのぼり、行政書士による制度の濫用が多かっ
た（請求書の通数で643）。かかる背景の下、戸籍謄本等の交付請求の制限
を求める世論が高まりを見せた。そして、2005年10月、法務大臣は、法制
審議会に対して、個人に関する情報を保護する観点から、戸籍及び除かれ
た戸籍の謄抄本等の交付請求をすることができる場合を制限するととも
に、当該交付請求の際に請求者の本人確認を行うものとするなど、戸籍の
公開制度の在り方を見直すため、「第 1　戸籍の謄抄本・記載事項証明書
の交付請求」について、「1　戸籍に記載されている者等一定の者は、そ
の戸籍の謄本若しくは抄本又は戸籍に記載した事項に関する証明書（以下
「戸籍の謄抄本等」という。）の交付請求をすることができるものとするこ
と」「2　1に規定する者以外の者は、相続関係を証明する必要がある場
合、官公署に提出する必要がある場合、戸籍の記載事項を確認するにつき
正当な利害関係がある場合等に限り、戸籍の謄抄本等の交付請求をするこ
とができるものとすること」「3　2の規定により戸籍の謄抄本の交付請
求をする場合には、2に該当することを明らかにしなければならないもの
とすること」「4　戸籍の謄抄本等の交付請求をする者について、本人確
認を実施するものとすること」、また、「第 2　除かれた戸籍の謄抄本・記
載事項証明書の交付請求」について、「除かれた戸籍の謄本若しくは抄本
又は除かれた戸籍に記載した事項に関する証明書の交付の請求について
も、第 1 と同様とするものとすること」に関して諮問を行った。

　法制審議会は、戸籍法部会を設置し、同年11月から審議を開始し、2006
年 7 月に「戸籍法の見直しに関する要綱中間試案」をとりまとめた。これ
は、同審議会事務局が取りまとめた「戸籍法の見直しに関する要綱中間試
案補足説明」とともに、パブリック・コメント手続に付された。その結果
を踏まえて審議が継続され、同年12月12日、同部会は、「戸籍法の見直し
に関する要綱案」を決定し、2007年 2 月 7 日、同審議会において、「戸籍
法の見直しに関する要綱」が決定され、法務大臣に答申された。法務省民
事局民事第 1 課は、同要綱に基づいて法案を作成し、同年 3 月 6 日、「戸

籍法の一部を改正する法律案」が閣議決定され、国会に提出された。同法案は、同年4月27日に、参議院本会議で全会一致で可決され成立し、平成19年法律第35号として公布された。

（2）2007年改正の内容

① 戸籍に記載されている者等による請求

　2007年当時、地方公共団体が保有する個人情報の保護に係る一般法は、当該地方公共団体の個人情報保護条例であった。個人情報保護条例では、本人の個人情報を開示請求できるのは、本人又はその法定代理人に限られるのが一般的であった（その例外については、宇賀克也・新・個人情報保護法逐条531頁以下参照）。このような一般的な個人情報保護条例においては、戸籍に記載されている者の配偶者又は直系卑属というだけでは開示請求権を有しないし、直系尊属であっても親権者等の法定代理人でなければ開示請求権を有しない。にもかかわらず、戸籍法は、戸籍に記載されている者のみならず、その配偶者、直系尊属又は直系卑属は、戸籍謄本等の交付請求を行うに際して請求理由を示す必要はないとしていることが妥当かという問題がある。前述した法制審議会戸籍法部会においても、この問題が議論されたが、結論として、この点についての制度改正の必要はないとされた。その理由は、これらの者が請求理由を示さずに戸籍の謄本等の交付請求を行うことを疑問視する意見は少数にとどまること、これらの者に代理人として請求することを強いることは、住民及び市区町村の双方にとって負担となることであった。

　戸籍に記載されている者等による請求の場合には、不当な目的によることが明らかなときに限り、請求を拒否することができる（本法10条2項）。もっとも、前述のように、これらの者は請求理由を記載する必要はないし、たとえ請求理由を尋ねて答えがあったとしても、不当な目的を正直に答えることは通常は想定し難い。したがって、戸籍に記載されている者が、その配偶者又は直系尊属若しくは直系卑属が戸籍の謄本等の交付を受けてそれを悪用するおそれがあるので、これらの者からの請求を拒否して

ほしい旨の依頼があり、それに信憑性がある場合以外は、請求を拒否することは困難であろう。

②　第三者請求

　平成19年法律第35号による改正前の本法10条３項は、平成19年法律第75号による改正前の住民基本台帳法12条２項、５項と同様、何人にも交付請求を認め、請求が不当な目的によることが明らかなときには請求を拒否できるとしていた。平成19年法律第35号による改正により、第三者請求の要件は、以下の３つの場合に限定された。

　第１の類型は、自己の権利を行使し、又は自己の義務を履行するために戸籍の記載事項を確認する必要がある場合であり、権利又は義務の発生原因及び内容並びに当該権利を行使し、又は当該義務を履行するために戸籍の記載事項の確認を必要とする理由を明らかにして行う必要がある（本法10条の２第１項１号）。債務を履行する者が債権者の相続人を調査して債務を履行する場合がこれに当たる。第２の類型は、国又は地方公共団体の機関に提出する必要がある場合であり、戸籍謄本等を提出すべき国又は地方公共団体の機関及び当該機関への提出を必要とする理由を明らかにして行う必要がある（同項２号）。第３の類型は、以上のほか、戸籍の記載事項を利用する正当な理由がある場合であり、戸籍の記載事項の利用の目的及び方法並びにその利用を必要とする事由を明らかにして行う必要がある（同項３号）。第３の類型は、成年後見人が、死亡した成年被後見人の財産を相続人に引き渡すために戸籍の謄本等を交付請求する場合等を念頭に置いている。

　第三者請求が制限された結果、交付請求の拒否処分に対する不服申立てが増加することが予想されたため、家庭裁判所の負担過重を避けること等にも配慮し、市区役所又は町村役場の所在地を管轄する法務局又は地方法務局の長に審査請求を行うこととされた（本法124条）。当初は審査請求前置主義がとられたが（平成26年法律第69号による改正前の同法125条）、「行政不服審査法の施行に伴う関係法律の整備等に関する法律」による不服申立

前置の見直しの結果、審査請求前置主義は廃止された。

③　公用請求

　平成19年法律第35号による改正前の本法10条2項及び同項の規定に基づく本法施行規則11条2号では、国又は地方公共団体の職員が職務上請求する場合には、請求事由の記載は不要であった。これは、公務員性善説に立つものといえるが、公用請求であっても、悪用される可能性はないわけではない。そこで、同改正により、「職員」ではなく「機関」が請求を行うこととされ、国又は地方公共団体の機関は、法令の定める事務を遂行するために必要がある場合であっても、当該請求を行う職員は、その官職、当該事務の種類及び根拠となる法令の条項並びに戸籍の記載事項の利用目的を明らかにしなければならないこととされた（本法10条の2第2項）。また、同改正前の本法10条2項及び同項の規定に基づく同法施行規則11条2号は、別表第1に記載された法人の役員又は職員による請求については、請求事由を明らかにすることなしに戸籍の謄本等の交付請求を行うことを認められていたが、国又は地方公共団体に準ずる位置付けをすべき法人の範囲を明確にすることは困難であると考えられたため、同改正により、これらの法人は、一般の第三者請求制度を利用することとされた。

④　士業従事者による請求

　士業従事者による戸籍の謄本等の職務上の交付請求については、平成19年法律第35号による改正前は、請求事由を明らかにすることは必要とされていなかった。しかし、そのことを奇貨として、かかる士業従事者に依頼して不正に戸籍謄本等を取得する例が多かった。そのため、かかる専門職の特権的な職務上請求制度への批判が高まり、同改正により、士業従事者（法人制度のない海事代理士を除き資格者法人も含む。以下同じ）は、受任している事件又は事務に関する業務を遂行するために必要がある場合には、戸籍謄本等の交付請求を行うことができるが、当該請求を行うに当たり、その有する資格、当該業務の種類、当該事件又は事務の依頼者の氏名又は名称及び当該依頼者について、一般の第三者請求に当たり明らかにすべき

事項を明確にすることが原則とされた（本法10条の２第３項）。

　ただし、弁護士、司法書士、土地家屋調査士、税理士、社会保険労務士又は弁理士が受任している事件について、争訟性が認められる場合には、例外的な取扱いが認められている。すなわち、(i)弁護士にあっては、裁判手続又は裁判外における民事上若しくは行政上の紛争処理の手続についての代理業務（弁護士法人については弁護士法30条の６第１項各号に規定する代理業務を除く）、(ii)司法書士にあっては、司法書士法３条１項３号及び６号から８号までに規定する代理業務（同項７号及び８号に規定する相談業務並びに司法書士法人については同項６号に規定する代理業務を除く）、(iii)土地家屋調査士にあっては、土地家屋調査士法３条１項２号に規定する審査請求の手続についての代理業務並びに同項４号及び７号に規定する代理業務、(iv)税理士にあっては、税理士法２条１項１号に規定する不服申立て及びこれに関する主張又は陳述についての代理業務、(v)社会保険労務士にあっては、社会保険労務士法２条１項１号の３に規定する審査請求及び再審査請求並びにこれらに係る行政機関等の調査又は処分に関し当該行政機関等に対してする主張又は陳述についての代理業務並びに同項１号の４から１号の６までに規定する代理業務（同条３項１号に規定する相談業務を除く）、(vi)弁理士にあっては、弁理士法４条１項に規定する特許庁における手続（不服申立てに限る）、審査請求及び裁定に関する経済産業大臣に対する手続（裁定の取消しに限る）についての代理業務、同条２項１号に規定する税関長又は財務大臣に対する手続（不服申立てに限る）についての代理業務、同項２号に規定する代理業務、同法６条に規定する訴訟の手続についての代理業務並びに同法６条の２第１項に規定する特定侵害訴訟の手続についての代理業務（特許業務法人については同法６条に規定する訴訟の手続についての代理業務及び同法６条の２第１項に規定する特定侵害訴訟の手続についての代理業務を除く）を遂行するために必要がある場合には、戸籍謄本等の交付の請求をする者は、その有する資格、当該事件の種類、その業務として代理し、又は代理しようとする手続及び戸籍の記載事項の利用の目的を

明らかにすれば足り、依頼者の氏名、受任事件の詳細を明らかにする必要
はない（本法10条の2第4項）。かかる特例が認められたのは、紛争性が認
められる受任事件の場合、依頼者の氏名、受任事件の詳細を明らかにする
と、依頼者との信頼関係を損なったり、受任事件に関する秘密が外部に漏
えいしたりするおそれがあるという日本弁護士連合会の主張に配慮したた
めである。もっとも、依頼者の氏名の記載を不要とすると、実際には紛争
性がないにもかかわらず、興信所等からの依頼を受けて戸籍の謄本等の交
付請求を行う士業従事者が現れる可能性は皆無とはいえない。そのため、
法制審議会戸籍法部会においても、「戸籍法の見直しに関する要綱中間試
案」に対するパブリック・コメントにおいても、かかる特例を認めること
に対する反対論もみられた。もっとも、紛争性を仮装して本法10条の2第
4項の特例申請を行い、戸籍の謄本等を取得した場合、本法135条の規定
により、30万円以下の罰金に処せられる。

　紛争処理手続の受任事件の特例を認めた結果、紛争処理手続の受任とは
いえないが、それと同様に扱うべき事件についても特例が認められた。す
なわち、弁護士は、㋐刑事に関する事件における弁護人としての業務、㋑
少年の保護事件若しくは「心神喪失等の状態で重大な他害行為を行った者
の医療及び観察等に関する法律」3条に規定する処遇事件における付添人
としての業務、㋒逃亡犯罪人引渡審査請求事件における補佐人としての業
務、㋓人身保護法14条2項の規定により裁判所が選任した代理人としての
業務、㋔人事訴訟法13条2項及び3項の規定により裁判長が選任した訴訟
代理人としての業務又は㋕民事訴訟法35条1項に規定する特別代理人とし
ての業務を遂行するために必要がある場合に、戸籍謄本等の交付の請求を
する場合において、弁護士の資格、これらの業務の別及び戸籍の記載事項
の利用の目的のみを明らかにすれば足りる（本法10条の2第5項）。㋐の具
体例として想定されるのは、刑事被告人の弁護士が、検察側の証人と被害
者との親族関係を明らかにして、当該証言の信憑性を否定する目的で、当
該証人の戸籍謄本等の交付請求をする場合である。

⑤　除かれた戸籍謄本等の交付請求

　先に述べたように、平成19年法律第35号による改正前の本法は、除かれた戸籍謄本等の交付請求の要件を戸籍謄本等の交付請求よりも厳格にしていた。しかし、同改正により、戸籍謄本等の交付請求の要件が厳格化されたこと、除かれた戸籍における個人情報保護上問題のある記載の塗抹作業が終了したこと等のため、両者の要件を一致させることが可能になった。そこで、戸籍謄本等の交付請求に関する規定が、除籍謄本等の交付請求に準用されている（本法12条の２）。

⑥　謄本請求権

　公用請求にも当てはまることではあるが、とりわけ、第三者請求に対しては、必要最小限の情報に限定して交付することが望まれる。そこで、第三者の謄本請求権を限定し、第三者が謄本を請求した場合であっても、請求の目的に照らし、抄本で足りる場合には、謄本の交付を認めず、抄本を交付する制度を採用することも考えられる。しかし、第１に、請求の目的に照らして謄本が必要か、それとも抄本で足りるかを判断することは、必ずしも容易でないこと、第２に、謄本を請求しているにもかかわらず、それを認めないこととした場合には、市区町村の現場でのトラブルが予想されること、第３に、抄本のみで足りる場合に謄本を交付したことへの苦情も予想されることに鑑み、平成19年法律第35号による改正時にも、謄本請求権を限定する制度は採用されなかった。戸籍謄本の交付請求は、官公署等への提出のためになされることが少なくないと考えられる。したがって、戸籍謄本の提出を求める側が、真に謄本が必要か、抄本で足りないかを吟味すべきであろう。

⑦　本人確認

　戸籍謄本等の交付請求の任に当たっている者についての本人確認は、平成19年法律第35号による改正前においても大都市においては広く行われていたが、法令上の根拠はなかった。そこで、同改正により、本人確認が法定された（本法10条の３第１項）。

　戸籍に記載されている者、その配偶者、直系尊属若しくは直系卑属による交付請求の場合又は一般の第三者請求の場合における本人確認の方法は、(i)道路交通法92条1項に規定する運転免許証、出入国管理及び難民認定法2条5号に規定する旅券、同法19条の3に規定する在留カード、日本国との平和条約に基づき日本の国籍を離脱した者等の出入国管理に関する特例法7条1項に規定する特別永住者証明書、本法施行規則別表第1に掲げる国若しくは地方公共団体の機関が発行した免許証、許可証若しくは資格証明書等、マイナンバー（番号）法2条7項に規定する個人番号カード又は国若しくは地方公共団体の機関が発行した身分証明書で写真を貼り付けたもののうち、いずれか1以上の書類を提示する方法、(ii)本法10条1項又は10条の2第1項の請求をする場合において、前記(i)に掲げる書類を提示することができないときは、(ア)国民健康保険、健康保険、船員保険若しくは介護保険の被保険者証、共済組合員証、国民年金手帳、国民年金、厚生年金保険若しくは船員保険に係る年金証書、共済年金若しくは恩給の証書、戸籍謄本等の交付を請求する書面に押印した印鑑に係る印鑑登録証明書又はその他市区町村長がこれらに準ずるものとして適当と認める書類のいずれか1以上の書類及び(イ)学生証、法人が発行した身分証明書（国若しくは地方公共団体の機関が発行したものを除く）若しくは国若しくは地方公共団体の機関が発行した資格証明書（前記(ア)に掲げる書類を除く）で、写真を貼り付けたもの又はその他市区町村長がこれらに準ずるものとして適当と認める書類のいずれか1以上の書類を提示する方法（前記(イ)に掲げる書類を提示することができない場合にあっては、前記(ア)に掲げる書類のいずれか2以上の書類を提示する方法）、(iii)前記(i)又は(ii)の方法によることができないときは、当該請求を受けた市区町村長の管理に係る現に請求の任に当たっている者の戸籍の記載事項について当該市区町村長の求めに応じて説明する方法その他の市区町村長が現に請求の任に当たっている者を特定するために適当と認める方法のいずれかによる（本法施行規則11条の2第1号〜第3号）。

表2-5　戸籍謄本等の交付請求に係る本人確認の方法

	以下のいずれか1以上の書類を提示する
(i)	・運転免許証 ・旅券 ・在留カード ・特別永住者証明書 ・本法施行規則別表第1に掲げられた国若しくは地方公共団体の機関が発行した免許証、許可証若しくは資格証明書等 ・個人番号カード ・国若しくは地方公共団体の機関が発行した身分証明書で写真を貼り付けたもの
(ii)	(i)に掲げる書類を提示することができないときは、(ア)及び(イ)をそれぞれ1以上提示する※
	(ア)・国民健康保険、健康保険、船員保険若しくは介護保険の被保険者証 　・共済組合員証 　・国民年金手帳 　・国民年金、厚生年金保険若しくは船員保険に係る年金証書 　・共済年金若しくは恩給の証書 　・戸籍謄本等の交付を請求する書面に押印した印鑑に係る印鑑登録証明書 　・その他市区町村長が上記の書類に準ずるものとして適当と認める書類
	(イ)・学生証 ・法人が発行した身分証明書（国若しくは地方公共団体の機関が発行したものを除く） ・国若しくは地方公共団体の機関が発行した資格証明書（(ア)に掲げる書類を除く） ＊上記の書類は写真が貼り付けられたものに限る ・その他市区町村長が上記の書類に準ずるものとして適当と認める書類
(iii)	(i)及び(ii)の方法によることができないときは、当該請求を受けた市区町村長の管理に係る現に請求の任に当たっている者の戸籍の記載事項について当該市区町村長の求めに応じて説明する方法その他の、市区町村長が現に請求の任に当たっている者を特定するために適当と認める方法による

※(イ)に掲げる書類を提示することができない場合にあっては、(ア)に掲げる書類のいずれか2以上を提示する。

　士業従事者による交付請求の場合には、(i)に掲げる書類又は弁護士、司法書士、土地家屋調査士、税理士、社会保険労務士、弁理士、海事代理士若しくは行政書士（以下「弁護士等」という）若しくは弁護士等の事務を補助する者であることを証する書類で写真を貼り付けたものを提示し、弁護士等の所属する会が発行した戸籍謄本等の交付を請求する書面に当該弁護士等の職印が押されたものによって請求する方法によることとされている

（同条4号）。

⑧　代理権限・使用者権限の確認

　代理人又は使者が戸籍謄本等の交付請求の任に当たっている場合、委任状等を提示させることにより、その権限を確認することが義務付けられている（本法10条の3第2項）。しかし、委任状等が偽造される可能性があるから、委任状等を作成したとされる本人に確認を行わないと、なりすましを防止できないおそれがある。しかし、本法上は、かかる確認を義務付ける規定を置いていない。これは、委任状などを偽造して行使することは、有印私文書偽造・行使という犯罪であるので（刑法159条、161条）、刑罰の威嚇による抑止が図られていること、本人が代理人や使者に本人の運転免許証等のIDの写しを交付することに抵抗を感ずることが稀でないであろうこと等が考慮されたためである。しかし、本人に電話で確認したりメールで確認したりする方法もあるので、不審な点があれば、こうした方法で本人に確認をすべきであろう。

⑨　罰則

　交付請求の主体・目的を限定し、本人確認、代理人・使者の権限確認を行ったとしても、偽りその他不正の手段による交付請求を完全に抑止することはできないであろう。したがって、かかる行為を行った者への刑事制裁が設けられており、30万円以下の罰金に処せられることになっている（本法135条）。戸籍謄本等の不正請求は、興信所等の依頼によってなされることも稀でないが、かかる行為を行うように教唆した者は、共犯として処罰される。

3　交付請求に係る本人通知制度

　令和3年法律第37号の全面施行前、自分の住民票の写し等又は戸籍謄本等に係る交付請求がなされたのか、なされたとすれば誰によりなされたのかを知るために、個人情報保護条例を用いて、自分の住民票の写し等又は戸籍謄本等に係る交付請求書の開示請求を行う例が多くなっていた。第三

者請求を行った者が個人である場合には、その者を特定し得る情報は個人情報として保護され、不開示とされることが多かった。しかし、自分の情報が本人同意なしに第三者に開示されているにもかかわらず、自分の情報を取得した者すら本人が知ることができないのは不合理ではないかという疑問の声が高まってきた。令和 3 年法律第37号の全面施行前、市区町村が保有する個人情報の保護のための一般法であった個人情報保護条例の下では、第三者が開示請求を行うことを認められなかった情報が、住民基本台帳法や本法が第三者請求の制度を設けたことにより第三者に開示されてしまうのであれば、第三者請求を行った者に係る情報を本人に開示することにより、均衡を図るべきという意見もあった。地方公共団体においては、あらかじめ登録した住民に対して、その者に係る住民票の写し等又は戸籍謄本等の交付請求があった場合、その旨と交付請求のあった日を通知して、本人が個人情報保護条例を用いて当該交付請求書の開示請求を行うことを可能にする制度を設ける例が増加していった。すなわち、2009年に大阪狭山市がこの制度を導入して以来、急速に同制度が普及し、埼玉県、大阪府、京都府、奈良県、和歌山県、鳥取県、山口県、香川県、大分県のように、府県内の全ての市町村が、かかる本人通知制度を採用している例もある。このほか、事前登録がなくても第三者請求に応じて住民票の写し等又は戸籍謄本等を交付した場合に全ての住民に通知する制度、委任状に基づき住民票の写し等又は戸籍謄本等を交付した場合に委任した本人に交付の事実を通知する制度、住民票の写し等又は戸籍謄本等の不正取得が判明した場合に不正取得された者にその事実を通知する制度を採用している地方公共団体も存在する。

　個人情報保護条例に基づく自己情報開示請求を行っても、第三者請求を行った者の氏名等が開示されるとは限らなかったが、本人通知制度は、個人情報保護条例に基づく開示請求を行う契機を与える面で、一歩前進といえた。令和 3 年法律第37号の全面施行後は、本人通知制度の下で通知を受けた住民は、個人情報保護法76条 1 項の規定に基づき、第三者請求の対象

271

になった住民票の写しや戸籍謄本等の開示請求を行うことになるが、第三者請求制度が孕む基本的な問題は同じである。今後は、住民基本台帳法や本法において、本人通知制度を法定することを検討すべきであろう。

4　戸籍の記載の真実性担保措置の整備

（1）背景

　戸籍に係る個人情報保護の問題は、戸籍謄本等の交付請求に限られない。他人になりすまして無断で婚姻届や養子縁組届等を行い、消費者金融から借金を行う事件が注目を集めるようになったため、平成15年3月18日付け法務省民1第748号民事局長通達「戸籍の届出における本人確認等の取扱いについて」に基づき、窓口で本人確認を実施し、本人確認ができない場合には、届出を受理した上で、本人に受理した旨を通知する運用がされるようになった。この通知を受けて自己の戸籍を確認し、虚偽記載を発見した場合、家庭裁判所の許可を得て戸籍の訂正を申請することができ（本法113条）、戸籍の訂正が行われれば、当該訂正に係る事項の記載のない戸籍の再製を法務大臣に申し出ることが可能である（本法11条の2第1項）。しかし、使者による届出の場合、届出人の一部について本人確認ができれば、全部について本人確認ができなくても、市区町村の実情に応じ、本人確認ができない届出を受理した旨の通知をしないことも認めていたため、地方公共団体の対応が不統一になり、また、戸籍の真実性を担保するためには、実効性のある方策を法定する必要があるという意見が強まっていった。そこで、2005年10月に法務大臣から法制審議会に対して行われた諮問事項の中に、「第3　戸籍の届出の手続」について、「届出によって効力を生ずべき行為について戸籍の届出をする者について、本人確認を実施するものとすること」も含まれることになった。

（2）2007年の改正

　平成19年法律第35号による改正により、戸籍の記載の真実性を担保するための措置が、以下のように法定された（本法27条の2）。(i)市区町村長

は、届出によって効力を生ずべき認知、縁組、離縁、婚姻又は離婚の届出
（以下「縁組等の届出」という）が市区役所又は町村役場に出頭した者によっ
てされる場合には、当該出頭した者に対し、法務省令で定めるところによ
り、当該出頭した者が届出事件の本人（認知にあっては認知する者、民法
797条1項に規定する縁組にあっては養親となる者及び養子となる者の法定代理
人、同法811条2項に規定する離縁にあっては養親及び養子の法定代理人となる
べき者）であるかどうかの確認をするため、当該出頭した者を特定するた
めに必要な氏名その他の法務省令で定める事項を示す運転免許証その他の
資料の提供又はこれらの事項についての説明を求めるものとされた（本法
27条の2第1項）。(ii)市区町村長は、縁組等の届出があった場合において、
届出事件の本人のうちに、前記(i)の措置によっては市区役所又は町村役場
に出頭して届け出たことを確認することができない者があるときは、当該
縁組等の届出を受理した後遅滞なく、その者に対し、法務省令で定める方
法により、当該縁組等の届出を受理したことを通知する義務を負うことと
された（同条2項）。(iii)何人も、その本籍地の市区町村長に対し、あらか
じめ、法務省令で定める方法により、自らを届出事件の本人とする縁組等
の届出がされた場合であっても、自らが市区役所又は町村役場に出頭して
届け出たことを前記(i)による措置により確認することができないときは当
該縁組等の届出を受理しないよう申し出ることができることとされた（同
条3項）。「離婚届不受理申出の取扱いについて」（昭和51年1月23日付け法
務省民2第900号）において、協議離婚については例外なく不受理申出制度
が適用されていたが、その他の届出については、不受理申出制度の適用は
各市区町村長の裁量に委ねられており、また、不受理申出の有効期間も6
か月に限定されていた。前記(iii)により、離婚以外の届出にも対象が拡大さ
れ、また、不受理申出の有効期間も限定されないことになった。(iv)市区町
村長は、前記(iii)による申出に係る縁組等の届出があった場合において、当
該申出をした者が市区役所又は町村役場に出頭して届け出たことを前記(i)
による措置により確認することができなかったときは、当該縁組等の届出

を受理することができないこととされた（同条 4 項）。(v)市区町村長は、前記(iv)により縁組等の届出を受理することができなかった場合は、遅滞なく、前記(iii)による申出をした者に対し、法務省令で定める方法により、当該縁組等の届出があったことを通知する義務を負うこととされた（同条 5 項）。

　前記(iii)による申出があった場合に、前記(iv)により、届出を受理しないという不受理申出制度が設けられたことは、個人情報保護の観点から大きな前進であると評価できる。しかし、前記(iii)による申出をする者は、極めて限られると思われる。したがって、個人情報保護の観点からは、事前の申出がなくても、前記(i)による確認がとれない場合、本人に通知し、本人の届出の意思が確認できない場合には、当該届出を受理しない仕組みとするほうが望ましい。実際、法務省において、かかる仕組みも検討された。しかし、かかる仕組みを採用した場合、本人確認書類を持参することを忘れた届出人が、受理証明を用いた手続を速やかに行うことができないという不利益を受けること、本人に届出意思があった場合にも、通知を受けて届出をしていないと回答することにより、身分行為の撤回が事実上可能になり、法的安定性が害されることを考慮して、かかる制度は採用されなかった。

5　改正の意義

　以上みてきたような2006年の住民基本台帳法、公職選挙法の改正、2007年の住民基本台帳法、本法の改正は、マクロの視点でみると、2003年の個人情報保護関係 5 法の改正により向上した個人情報保護水準への底上げとしての性格を持つ。すなわち、個人情報保護関係 5 法の制定時において、本来は、個人情報保護に関係する全ての法令を見直し、個人情報保護関係 5 法により設定された個人情報保護の水準に満たない法令は、整備法で一括して改正することが望ましかったのである。しかし、実際には、そのような余裕はなく、かかる整備は行われなかった。しかし、個人情報保護意

識の向上に伴い、かつてはあまり問題視されなかった法令も、個人情報保護に欠けるとして批判が高まり、法改正につながったといえる。

　別の観点からみると、これらの改正の背景には、地方公共団体において個人情報保護条例の制定が進み、個人情報保護の一般的水準が向上したことがある。すなわち、令和3年法律第37号の全面施行前においては、個人情報保護条例が制定されれば、当該条例が当該市区町村における個人情報保護の一般法になった。一般法である個人情報保護条例においては、本人の個人情報を開示請求できるのは、本人又はその法定代理人に限定されるのが一般的であったのに対し、住民基本台帳法が住民票の写し等について、また本法が戸籍謄本等について、何人にも交付請求を認めていることの不合理は、国に先駆けて、地方公共団体の現場において認識されていた。このことは、全国連合戸籍事務協議会が、かなり以前から法改正の要望をしていたことからも窺われる。前記の法改正は、一般法である個人情報保護条例と特別法である住民基本台帳法や本法に基づく交付請求の乖離を完全には解消するものではなかったが、その乖離を縮小するものと位置付けることができる。なお存在する乖離から生じている問題への部分的対応が、本人通知制度とみることができよう。令和3年法律第37号の全面施行後は、住民は、個人情報保護法76条1項の規定に基づき、第三者請求の対象になった住民票の写しや戸籍謄本等の開示請求を行うことができ、同項の規定に基づく開示請求については、任意代理も認められる（同条2項）。しかし、本法に基づく第三者請求は、本人の法定代理人でも任意代理人でもない者により行われるので、個人情報保護法に基づく開示請求制度と本法に基づく第三者請求制度の緊張関係は依然として存在することになる。本人通知制度が前提としていた個人情報保護条例に基づく開示請求制度が、個人情報保護法76条1項の規定に基づく開示請求制度に一元化されたことを踏まえると、本人通知制度を住民基本台帳法や本法で制度化することの検討の必要性はいっそう高まったといえる。

地理空間情報に係る個人情報保護

第**7**章

1 地理空間情報活用推進基本法

　土地利用図、都市計画図、ハザードマップ、衛星画像等、空間上の特定の地点又は区域の位置を示す情報又はそれらの情報に関連付けられた情報を地理空間情報という。2007年5月23日、地理空間情報活用推進基本法（以下、本章において「本法」という）が可決・成立し、同月30日、平成19年法律第63号として公布された。本法は、現在及び将来の国民が安心して豊かな生活を営むことができる経済社会を実現する上で地理空間情報を高度に活用することの推進が極めて重要であることに鑑み、地理空間情報の活用の推進に関する施策に関し、基本理念を定め、並びに国及び地方公共団体の責務等を明らかにするとともに、地理空間情報の活用の推進に関する施策の基本となる事項を定めることにより、地理空間情報の活用の推進に関する施策を総合的かつ計画的に推進することを目的とするものである（本法1条）。しかし、地理空間情報の活用の推進に関する施策を講ずるに当たっては、地理空間情報の流通の拡大に伴い、個人の権利利益、国の安全等が害されることのないように配慮されなければならないことが基本理念の一つとして明記されている（本法3条9項）。そして、国及び地方公共団体は、国民が地理空間情報を適切にかつ安心して利用することができるよう、個人情報の保護のためのその適正な取扱いの確保、基盤地図情報の信頼性の確保のためのその品質の表示その他の必要な施策を講ずるものと規定されている（本法15条）。同年5月11日に衆議院内閣委員会において、「地理空間情報の活用の推進に関する件」が決議されたが、そこにおいても、インターネット等による地理空間情報の流通の拡大に伴い、国の安全を害することのないよう措置するとともに、国民の人権が侵害されること

のないよう個人情報保護などの観点から十分に配慮することが要請された。

2　地理空間情報活用推進基本計画

　本法は、政府に対して、地理空間情報の活用の推進に関する施策の総合的かつ計画的な推進を図るため、地理空間情報の活用の推進に関する基本的な計画（以下「地理空間情報活用推進基本計画」という）を策定することを義務付けているが（本法 9 条 1 項）、第 1 期の地理空間情報活用推進基本計画第Ⅱ部第 2 章 4（1）（2008 年 4 月策定。現在は、2022 年 3 月策定の第 4 期地理空間情報活用推進基本計画が適用されている）においては、地理空間情報のうち、電子地図上における地理空間情報の位置を定めるための基準となる測量の基準点、海岸線、公共施設の境界線、行政区画その他の国土交通省令で定めるものの位置情報である基盤地図情報については、公共的な情報であり、基本的に個人を識別できる情報を含んでいないため、その整備・提供を積極的に推進していくこととされている。他方において、基盤地図情報以外の地理空間情報には多様なものがあり、個人情報を含むものもあるため、個人情報保護法制の遵守に十分な配慮が必要であること、基本基準点及び公共基準点の測量記録、道路台帳（図面）、登記情報のように土地所有者の氏名等の個人を識別できる情報を含んでいても、測量法、道路法、不動産登記法といった個別法令に基づき、公開の公益性が優先され閲覧等が義務付けられている情報もあることに注意が必要であることが指摘されている。そして、(i)個人情報保護の観点からなんらかの措置が必要な地理空間情報かどうかの判断の指針、(ii)法令等により開示・閲覧が認められている個人情報を含む地理空間情報の提供の在り方、(iii)地理空間情報の提供に当たり個人情報の保護のためにとるべき加工措置や提供制限などの措置、(iv)個人情報を保護しつつ有益な地理空間情報の提供を推進するために必要な地理空間情報の管理方法、を内容とする地理空間情報の活用における個人情報の取扱いに関する実務上のガイドラインを策定する

こととされた。

3　地理空間情報の活用における個人情報の取扱いに関するガイドライン

　これを受けて、地理空間情報活用推進会議は、2010年9月1日、「地理空間情報の活用における個人情報の取扱いに関するガイドライン」（以下「個人情報保護ガイドライン」という）を決定した。個人情報保護ガイドラインでは、(ⅰ)地理空間情報が個人情報に該当するか否かの判断基準、(ⅱ)個人情報に該当する場合においても例外的な利用・提供の判断を行う際の基本的な考え方等を整理するとともに、地図、台帳、統計、空中写真等の典型的な地理空間情報を取り上げ、個人情報への該当性や提供・流通に際する具体的な留意点等を解説している。そこでは、地番や住居番号等の特定の土地や建物の所在を示す地理空間情報であって、特定の個人との結びつきやその居住等の事実と関連付けられたものは、基本的に個人情報として取り扱う必要があること、地理空間情報については、地理情報システム（Geographic Information System, ＧＩＳ）上で管理・表示することにより、多くの情報と重ね合わせることが可能となるが、重ね合わせの対象となる情報の種類や表示方法によって、特定の個人が識別される可能性があるため、個人の権利利益を侵害することがないように、必要に応じ技術的措置を講ずるなど留意が必要であることが指摘されている。

4　統合型ＧＩＳ

　統合型ＧＩＳにおいては、ＧＩＳのデータの重ね合わせを行うため、統合型ＧＩＳを推進するに当たり重要なのは、プライバシー・バイ・デザインの観点に立って、個人情報とその他の情報をあらかじめ分離したレイヤ構成で電子データを作成することである。後者のレイヤは、個人情報保護に係る規律を受けることなく、自由に利用・提供できるのが原則であるからである（もとより、後者についても、希少動植物の生息地であって乱獲を防

止する観点、建造物不法侵入等の犯罪防止、国家安全保障、企業の競争上の地位の保護等の観点から公にできない情報はあり得る）。個人情報が記録されたレイヤであるか否かの判断は、個人情報保護ガイドラインに照らして行うことになるが、原課のみで行うことは困難な場合もあり得ると思われるので、かかる場合には、個人情報保護担当部局と協議すべきであろう。岐阜県のように、レイヤ単位のみならず、データ項目単位で閲覧可能な統合型GISとすることは望ましいと思われる。

5　解像度の調整等

空中写真について、財団法人日本測量調査技術協会は、2007年3月26日に、「個人情報保護及び国家安全保障に配慮した高解像度航空写真の公開について（注意喚起）」を発出している。その内容は、「不特定多数の人が自由に閲覧できるインターネットＷｅｂサイトに公開又は提供される航空写真については、少なくとも屋上や庭先の人物が識別できないもの、自動車の車種が特定できないもの、その個人の財産や生活状況が類推できないものとすべきであり、解像度の調整及び図面上の拡大制限等適切な処置を望むものです」というものである。航空写真については、目的にとって必要最小限度まで画像解像度を低減したり、高解像度が必要な場合にはモザイク処理をしたりすることにより、個人情報保護に配慮すべきであろう。

6　目的外利用・提供禁止原則とその例外

地理空間情報が個人情報に当たる場合、個人情報保護法の下では、目的外利用・提供は原則として禁止される。したがって、ＧＩＳのレイヤは、統合型ＧＩＳサーバ内の各部局専用フォルダ内で管理し、他部局からは閲覧できない設定にしておき、全庁共有フォルダに載せる場合には、個人情報保護法の下での目的外利用・提供禁止原則の例外に該当するかを慎重な手続で確認する必要がある。具体的には、原課のみで判断せず、個人情報保護担当部局と協議すべきであろう。また、同一部局内においても、特定

の職員にのみアクセスを認めるべき情報である場合には、当該職員にのみID、パスワードを設定することとすべきである。

　本人同意があれば、目的外利用・提供は可能であるが、避難行動要支援者が、自分が重度の障害者であることについて福祉部局が保有する情報を平常時に防災部局に利用させることには同意するが、民生委員、消防団員等の外部の者への提供には同意しない場合、統合型GISに避難行動要支援者情報をアップロードするに際して、外部からのアクセス制限をしなければならない。

　本人同意がなくても、法令（地方公共団体の場合には条例も含む）に基づく場合には、目的外利用・提供は可能である。避難行動要支援者名簿については、緊急時には、本人同意なしに民生委員、消防団員等の避難支援関係者に提供することが災害対策基本法49条の11第3項で認められているので、統合型GISに避難行動要支援者情報をアップロードする場合、緊急時には設定を変更して、外部の避難支援関係者もアクセス可能にすることが考えられる。

第**8**章　統計情報

1　オープンデータ政策の進展

　2007年に全部改正された統計法（平成19年法律第53号）（以下、本章において「本法」という）も、全部改正時、旧統計法（昭和22年法律第18号）と同様、行政機関個人情報保護法、独立行政法人等個人情報保護法の規定の適用を除外していた（令和3年法律第37号による改正前の本法52条）。これは、統計調査により得られた情報は、集計後統計処理され、特定の個人や法人などが識別されないかたちで利用・提供されることが一般的であること、本法自身において秘密保護措置がとられ、統計目的以外での使用が厳格に制限されていることを理由としていた。令和3年法律第37号による改正により、行政機関個人情報保護法、独立行政法人等個人情報保護法は廃止され、その内容は、おおむね個人情報保護法5章に統合されることになったが、本法52条は、個人情報保護法5章の規定の適用を除外している。もっとも、個人情報保護法が定める個人情報保護の水準に照らして、本法の個人情報保護措置が十分であるかは、常に検証されなければならない。

　他方、国又は地方公共団体が保有する統計情報も、オープンデータ政策（宇賀・情報公開・オープンデータ・公文書管理269頁以下参照）の下で、その有効活用が進められる必要がある。2007年に行われた旧統計法の全部改正は、「行政のための統計」から「社会の情報基盤としての統計」へのパラダイム・シフトを図ったものであり、統計情報をオープンデータ政策のフロントランナーとして位置付けることができるものであった。しかし、2016年の行政機関個人情報保護法及び独立行政法人等個人情報保護法の改正により、行政機関非識別加工情報制度、独立行政法人等非識別加工情報制度（宇賀・個人情報保護法制275頁以下参照）が設けられたことにより、統

計情報がオープンデータ政策のフロントランナーとは必ずしもいえなくなり、むしろ、一般の行政情報、法人情報のほうが、広範に民間活用を認めるようになった。さらに、同年末に、官民データ活用推進基本法（平成28年法律第103号）（宇賀克也「行政情報化に係る法制度の整備」行政法研究30号49頁以下参照）が制定され、次のような項目が基本理念として定められている（同法3条）。

(i)官民データ活用の推進は、デジタル社会形成基本法及びサイバーセキュリティ基本法、個人情報保護法、マイナンバー（番号）法その他の関係法律による施策と相まって、個人及び法人の権利利益を保護しつつ情報の円滑な流通の確保を図ることを旨として、行われなければならないこと

(ii)官民データ活用の推進は、地域経済の活性化及び地域における就業の機会の創出を通じた自立的で個性豊かな地域社会の形成並びに新たな事業の創出並びに産業の健全な発展及び国際競争力の強化を図ることにより、活力ある日本社会の実現に寄与することを旨として、行われなければならないこと

(iii)官民データ活用の推進は、国及び地方公共団体における施策の企画及び立案が官民データ活用により得られた情報を根拠として行われることにより、効果的かつ効率的な行政の推進に資することを旨として、行われなければならないこと

(iv)官民データ活用の推進に当たっては、情報通信の技術の利用における安全性及び信頼性が確保されるとともに、個人及び法人の権利利益、国の安全等が害されることのないようにされなければならないこと

(v)官民データ活用の推進に当たっては、国民の利便性の向上を図るとともに、行政運営の簡素化及び効率化に資するよう、国民の利便性の向上に資する分野及び当該分野以外の行政分野において、情報通信の技術のさらなる活用の促進が図られなければならないこと

(vi)官民データ活用の推進に当たっては、個人及び法人の権利利益を保護

　　しつつ、個人に関する官民データの適正な活用を図るために必要な基
　　盤の整備がなされなければならないこと

(ⅶ)官民データ活用の推進に当たっては、官民データを活用する多様な主
　　体の連携を確保するため、情報システムに係る規格の整備及び互換性
　　の確保その他の官民データの円滑な流通の確保を図るために必要な基
　　盤の整備がなされなければならないこと

(ⅷ)官民データ活用の推進に当たっては、官民データの効果的かつ効率的
　　な活用を図るため、ＡＩ関連技術、ＩｏＴ活用関連技術、クラウド・
　　コンピューティング・サービス関連技術その他の先端的な技術の活用
　　が促進されなければならないこと

　前記の基本理念(ⅲ)は、客観的な証拠に基づく政策決定（evidence based
policy making, 以下「ＥＢＰＭ」という）の推進を意味し、この観点からも、
統計情報の有効活用が一層求められるようになったのである。そして、国
は、この基本理念にのっとり、官民データ活用の推進に関する施策を総合
的に策定し、及び実施する責務を有し（同法4条）、地方公共団体は、基
本理念にのっとり、官民データ活用の推進に関し、国との適切な役割分担
を踏まえて、その地方公共団体の区域の経済的条件等に応じた施策を策定
し、及び実施する責務を有することとされた（同法5条）。さらに、政府
は、官民データ活用の推進に関する施策を実施するため必要な法制上又は
財政上の措置その他の措置を講ずる義務を負うことになった（同法7条）。

　このような背景の下で、2017年2月3日に、政府全体におけるＥＢＰＭ
の定着、国民のニーズへの対応等の観点から、抜本的な統計改革及び一体
的な統計システムの整備等を政府が一体となって強力に推進するための検
討を行うことを目的として、統計改革推進会議が開催され、同年5月19日
に最終とりまとめが決定された。そこでは、統計関係法制を総合的に見直
し、次期通常国会に法案を提出することとされた。また、「世界最先端Ｉ
Ｔ国家創造宣言・官民データ活用推進基本計画」（2017年5月30日閣議決定）
において、官民の保有するデータの可能な限りの相互オープン化が政策目

標とされ、「経済財政運営と改革の基本方針2017」（同年6月9日閣議決定）
において、ＥＢＰＭと統計の改革を車の両輪として、一体的に推進するこ
と、ユーザーの視点に立った統計システムの再構築と利活用推進等の取組
を推進することが謳われた。そして、2018年の通常国会に本法の改正案
（以下「改正案」という）が提出されることになった。以下において、その
内容のうち、個人情報保護と関連する部分について説明することとする。

2　調査票情報の2次利用及び提供

（1）旧統計法

　統計作成目的で取得された調査票情報を当該統計の作成という本来の目
的以外で使用することを認めることは、統計行政への信頼を損ない、ま
た、情報漏えいの危険を増加させるので、旧統計法の下でも原則として禁
止されていた（同法15条1項、15条の2第1項）。しかし、統計情報の有効
活用、被調査者の負担軽減の要請にも配慮し、指定統計調査については、
総務大臣の承認を得て使用の目的を公示したものについては、調査票情報
の2次利用が認められていた。その承認基準である「指定統計調査票の統
計目的外使用の承認申請に関する事務処理要領」（総務省政策統括官［統計
基準担当］決定）は、被調査者の秘密保護に欠けることがないことを前提
とした上で、高度の公益性を有する場合に限り、目的外使用を承認するこ
ととしていた。具体的には、国の行政機関若しくは地方公共団体の職員、
特定独立行政法人若しくは特定地方独立行政法人の役職員又は法令の規定
により公務に従事している者（国公立の学校、研究所及び病院の役職員を除
く）については、基本的に目的外使用を承認していた。そして、大学、病
院、研究施設その他これらに相当する研究施設（以下「研究施設等」とい
う）に勤務する職員が当該研究機関等における研究を行う場合について
は、(i)行政機関又はそれに準ずる機関との共同研究、(ii)行政機関又はそれ
に準ずる機関からの委託又は補助を受けた研究、(iii)行政機関又はそれに準
ずる機関により当該使用が公益性を有する旨の文書が添付された研究のい

ずれかの要件に該当する研究の一環として使用される場合に限り、調査票
の目的外使用を承認することとされていた。また、届出統計調査、承認統
計調査については、被調査者等を識別することができない方法で調査票等
を使用し、又は使用させることを妨げないとされていた（同法15条の2第
2項）。

（2）2007年の改正

　2007年に全部改正された本法（平成30年法律第34号による改正前のもの）
は、調査実施者である行政機関の長又は届出独立行政法人等が自ら調査票
情報を利用する2次利用については、(i)統計の作成又は統計的研究を行う
場合、(ii)統計を作成するための調査に係る名簿を作成する場合に限り認め
ることとした。また、調査実施者が調査実施者以外の者に提供する場合に
ついては、(iii)行政機関、地方公共団体若しくは独立行政法人等又は会計検
査院、地方独立行政法人、地方住宅供給公社、地方道路公社及び土地開発
公社が、統計の作成若しくは統計的研究を行う場合又は統計を作成するた
めの調査に係る名簿を作成する場合、(iv)前記(iii)に掲げる者が行う統計の作
成又は統計的研究と同等の公益性を有する統計の作成又は統計的研究とし
て総務省令で定めるものを行う者が、当該総務省令で定める統計の作成又
は統計的研究を行う場合に限り、目的外使用を認めた。(iv)の総務省令で定
めるものとは、(ア)行政機関等又は会計検査院、地方独立行政法人、地方住
宅供給公社、地方道路公社及び土地開発公社（以下「公的機関」という）
が、これらの者以外の者に委託し、又はこれらの者以外の者と共同して行
う調査研究に係る統計の作成等、(イ)その実施に要する費用の全部又は一部
を公的機関が公募の方法により補助する調査研究に係る統計の作成等、(ウ)
行政機関の長又は地方公共団体の長その他の執行機関が、その政策の企
画、立案、実施又は評価に有用であると認める統計の作成等その他特別な
事由があると認める統計の作成等であった。

（3）2018年の改正

　平成30年法律第34号による改正では、調査票情報の提供対象が拡大さ

れ、本法33条 1 項 2 号の要件を満たさない場合であっても、学術研究の発展に資する作成等を行う場合には、調査票情報を提供することができることとされた。さらに、学術研究の発展に資する統計の作成等と同様に、調査票情報の提供を受けることについて相当の公益性を有する統計の作成等を行うことができることとされた（本法33条の 2 第 1 項）。他方において、統計調査に対する国民の信頼を確保するため、拡大された提供を受ける者にも守秘義務を課し（本法43条 2 項）、従前から提供を受けることができた場合も含めて、(i)行政機関の長又は指定独立行政法人等は、調査票情報を提供したときは、調査票情報の提供を受けた者の氏名又は名称、提供した調査票情報に係る統計調査の名称等をインターネットの利用その他の適切な方法により公表しなければならないこと（本法33条 2 項、33条の 2 第 2 項）、(ii)調査票情報の提供を受けた者は、当該調査票情報を利用して統計の作成等を行ったときは、遅滞なく、作成した統計又は統計的研究の成果を当該調査票情報を提供した行政機関の長又は指定独立行政法人等に提出しなければならないこと（本法33条 3 項、33条の 2 第 2 項）、(iii)行政機関の長又は指定独立行政法人等は、統計又は統計的研究の成果が提出されたときは、調査票情報の提供を受けた者の氏名又は名称、提供した調査票情報に係る統計調査の名称、提出された統計若しくは統計的研究の成果又はその概要等を、インターネットの利用その他の適切な方法により公表すること（本法33条 4 項、33条の 2 第 2 項）が定められた。

3　委託による統計の作成（オーダーメード集計）及び提供

（1）2007年改正による導入

　2007年の全部改正により導入されたオーダーメード集計の制度は、匿名データ制度とともに、「社会の情報基盤としての統計」制度への転換を象徴するものであった。この制度の下では、統計の作成を委託した者は、調査票にアクセスするわけではないので、委託者による秘密漏えいの危険はないものの、調査実施者に負担を課すものであるし、広範にオーダーメー

ド集計が行われることは、被調査者の統計行政に対する信頼を損ない、統計精度の低下を招来する懸念がある。そこで、本法（平成30年法律第34号による改正前のもの）は、「行政機関の長又は届出独立行政法人等は、その業務の遂行に支障のない範囲内において、学術研究の発展に資すると認める場合その他の総務省令で定める場合には、総務省令で定めるところにより、一般からの委託に応じ、その行った統計調査に係る調査票情報を利用して、統計の作成等を行うことができる」こととした（平成30年法律第34号による改正前の本法34条）。総務省令では、(i)学術研究の発展に資すると認められる場合であって、(ア)統計成果物を研究の用に供すること、(イ)統計成果物を用いて行った研究の成果が公表されること又は統計成果物及びこれを用いて行った研究の成果を得るまでの過程の概要が公表されることという要件の全てに該当すると認められる場合、(ii)高等教育の発展に資すると認められる場合であって、(ウ)統計成果物を学校教育法１条に規定する大学又は高等専門学校における教育の用に供することを直接の目的とすること及び統計成果物を用いて行った教育内容が公表されることの全ての要件を満たすことが求められていた。2016年２月の本法施行規則改正により、学術研究を直接の目的とはせず、営利企業が通常の企業活動の一環として研究を行う場合であっても、学術研究の発展に資すると認められる研究であれば、オーダーメード集計を認めることとされた。また、オーダーメード集計を全部委託する場合には、調査票の秘密が漏えいしないように適切な管理が行われる必要があることから、政令で定める独立行政法人等（独立行政法人統計センター）に委託しなければならないこととされた（本法37条）。そして、オーダーメード集計に係る業務の全部又は一部の委託を受けた者その他の当該業務に従事する者又は従事していた者は、当該委託に係る業務について守秘義務を負い（本法41条４号）、その違反に対しては罰則を科すこととされた（本法57条１項２号）。

（２）2018年の改正

調査票情報の提供の拡大と平仄を併せて、オーダーメード集計について

も、学術研究の発展に資する統計の作成等その他の調査票情報を利用することについて相当の公益性を有する統計の作成等として総務省令で定めるものについて認めることとされた（本法34条 1 項）。また、オーダーメード集計の透明性を確保し、国民への説明責任を履行するため、(i)行政機関の長又は指定独立行政法人等は、オーダーメード集計を行うこととしたときは、オーダーメード集計の委託をした者の氏名又は名称、オーダーメード集計に利用する調査票情報に係る統計調査の名称等を公表するものとすること（同条 2 項）、(ii)行政機関の長又は指定独立行政法人等は、オーダーメード集計を行ったときは、オーダーメード集計の委託をした者の氏名又は名称、オーダーメード集計に利用する調査票情報に係る統計調査の名称、オーダーメード集計により作成した統計若しくは行った統計的研究の成果又はその概要等を公表するものとすること（同条 3 項）が定められた。

4　匿名データの作成及び提供

（1）2007年改正による導入

　匿名データの制度（本法35条、36条）も、2007年の全部改正の際に導入された。匿名データは特定の被調査者が識別できないように加工したものであるが（本法 2 条12項）、個票ベースで提供されるため、被調査者の統計行政に対する信頼を確保するため、匿名データの提供を受けた者の適正管理義務（本法42条 1 項 2 号）、目的外利用・提供の禁止（本法43条 2 項）、自己又は第三者の不正な利益を図る目的で匿名データを提供・盗用した者に対する罰則（本法61条 3 号）が法定されている。また、匿名データの提供を行うことができる場合は、(i)学術研究の発展に資すると認められる場合、(ii)高等教育の発展に資すると認められる場合又は(iii)国際社会における我が国の利益の増進及び国際経済社会の健全な発展に資すると認められる場合に限られ、かつ、(i)(ii)(iii)のそれぞれについて、厳格な要件が付されていた。匿名データの提供事務を委託した場合（全部を委託する場合には、独立行政法人統計センターに委託しなければならない（本法37条））、受託者等も

適正管理義務（本法39条 2 項）、罰則で担保された守秘義務（本法41条 4 号・
6 号、57条 1 項 2 号）を負い、目的外利用・提供を禁止される（本法43条 2
項）。

（2）2018年の改正

　調査票情報の提供の拡大と平仄を合わせて、学術研究の発展に資する統
計の作成等その他の匿名データの提供を受けることについて相当の公益性
を有する統計の作成等として総務省令で定めるものを行う者について匿名
データを提供することとされた（本法36条 1 項）。また、匿名データの提供
の透明性を確保し、説明責任の履行を図る観点から、(i)行政機関の長又は
指定独立行政法人等は、匿名データを提供したときは、(a)匿名データの提
供を受けた者の氏名又は名称、(b)提供した匿名データに係る統計調査の名
称などを公表する義務を負うこと、(ii)匿名データの提供を受けた者は、当
該匿名データを利用して統計の作成等を行ったときは、遅滞なく、作成し
た統計又は行った統計的研究の成果を当該調査票情報を提供した行政機関
の長又は指定独立行政法人等に提出する義務を負うこと、(iii)行政機関の長
又は指定独立行政法人等は、(ii)により統計又は統計的研究の成果が提出さ
れたときは、(c)匿名データの提供を受けた者の氏名又は名称、(d)提供した
匿名データに係る統計調査の名称、(e)提出された統計若しくは統計的研究
の成果又はその概要等を公表するものとすることが定められた（同条 2
項）。

5　調査票情報等の適正管理義務

　指定統計調査、届出統計調査及び報告徴集の実施者による調査票情報等
の適正管理義務については、旧統計法にも規定されていたが（同法15条の
3 ）、2007年に全部改正された本法は、統計調査の実施者のみならず、調
査票情報等の提供を受けた者にも、調査票情報等の適正管理義務を課した
（本法39条、42条）。しかし、適正管理義務の具体的内容についての法令上
の定めはなかった。平成30年法律第34号により、適正管理義務の具体的内

容を総務省令で定めることとされた。そして、かかる総務省令を制定又は改廃しようとするときは、統計委員会の意見を聴取することが義務付けられた（本法45条の 2 第 2 号）。

事項索引

著者紹介

宇賀　克也（katsuya UGA）
東京大学名誉教授

〔略歴〕
東京大学法学部卒。同大学助手、助教授を経て、1994年より同大学大学院法学政治学研究科教授、同大学法学部教授（2004年より同大学公共政策大学院教授を兼担）。この間、ハーバードロースクール客員教授等を務める。2019年より最高裁判所判事。

〔主要著書〕
情報法全般
『情報公開・個人情報保護』有斐閣（2013年）
『情報法』（共編著）有斐閣（2012年）

行政情報化関係
『マイナンバー法の逐条解説』有斐閣（2022年）
『マイナンバー法と情報セキュリティ』有斐閣（2020年）
『番号法の逐条解説』（第2版）有斐閣（2016年）
『論点解説　マイナンバー法と企業実務』（共著）日本法令（2015年）
『完全対応　自治体職員のための番号法解説［実例編］』（監修）第一法規（2015年）
『完全対応　特定個人情報保護評価のための番号法解説』（監修）第一法規（2015年）
『施行令完全対応　自治体職員のための番号法解説［制度編］』（共著）第一法規（2014年）
『施行令完全対応　自治体職員のための番号法解説［実務編］』（共著）第一法規（2014年）
『マイナンバー（共通番号制度）と自治体クラウド』（共著）地域科学研究会（2012年）
『行政手続オンライン化3法』第一法規（2003年）
『行政サービス・手続の電子化』（編著）地域科学研究会（2002年）

個人情報保護関係
『新・個人情報保護法の逐条解説』有斐閣（2021年）
『自治体職員のための2021年改正個人情報保護法解説』（編著）第一法規（2021年）
『次世代医療基盤法の逐条解説』有斐閣（2019年）
『個人情報の保護と利用』有斐閣（2019年）

『個人情報保護法制』有斐閣（2019年）

『個人情報保護法の逐条解説』（第6版）有斐閣（2018年）

『論点解説　個人情報保護法と取扱実務』（共著）日本法令（2017年）

『個人情報保護の理論と実務』有斐閣（2009年）

『解説個人情報の保護に関する法律』第一法規（2003年）

『個人情報保護の実務』（編著）第一法規（加除式）

『地理空間情報の活用とプライバシー保護』（共編著）地域科学研究会（2009年）

『災害弱者の救援計画とプライバシー保護』（編著）地域科学研究会（2007年）

『大量閲覧防止の情報セキュリティ』（編著）地域科学研究会（2006年）

『プライバシーの保護とセキュリティ』（編著）地域科学研究会（2004年）

情報公開関係

『情報公開・オープンデータ・公文書管理』有斐閣（2019年）

『新・情報公開法の逐条解説』（第8版）有斐閣（2018年）

『情報公開と公文書管理』有斐閣（2010年）

『情報公開の理論と実務』有斐閣（2005年）

『情報公開法—アメリカの制度と運用』日本評論社（2004年）

『ケースブック情報公開法』有斐閣（2002年）

『情報公開法・情報公開条例』有斐閣（2001年）

『情報公開法の理論』（新版）有斐閣（2000年）

『行政手続・情報公開』弘文堂（1999年）

『情報公開の実務』（編著）第一法規（加除式）

『情報公開法制定資料（1）〜（14）』（共編著）信山社（2020〜2022年）

『諸外国の情報公開法』（編著）行政管理研究センター（2005年）

公文書管理関係

『逐条解説　公文書等の管理に関する法律』（第3版）第一法規（2015年）

行政手続関係

『行政手続三法の解説』（第3次改訂版）学陽書房（2022年）

『行政手続法制定資料（11）〜（16）』（共編著）信山社（2013〜2014年）

『行政手続と行政情報化』有斐閣（2006年）

『行政手続・情報公開』弘文堂（1999年）

『自治体行政手続の改革』ぎょうせい（1996年）

『行政手続法の理論』東京大学出版会（1995年）

『行政手続と監査制度』（編著）地域科学研究会（1998年）

『明解行政手続の手引』（編著）新日本法規（1996年）

『税務行政手続改革の課題』（監修）第一法規（1996年）

行政争訟関係

『解説　行政不服審査法関連三法』弘文堂（2015年）

『行政不服審査法の逐条解説』（第2版）有斐閣（2017年）

『Q＆A　新しい行政不服審査法の解説』新日本法規（2014年）

『改正　行政事件訴訟法』（補訂版）青林書院（2006年）

『行政不服審査の実務』（共編著）第一法規（加除式）

国家補償関係

『条解国家賠償法』（共編著）弘文堂（2019年）

『国家賠償法〔昭和22年〕』（編著）信山社（2015年）

『国家補償法』有斐閣（1997年）

『国家責任法の分析』有斐閣（1988年）

地方自治関係

『地方自治法概説』（第10版）有斐閣（2023年）

『2017年地方自治法改正―実務への影響と対応のポイント』（編著）第一法規（2017年）

『環境対策条例の立法と運用』（編著）地域科学研究会（2013年）

『地方分権』（編著）新日本法規（2000年）

政策評価関係

『政策評価の法制度』有斐閣（2002年）

行政法一般

『行政法概説Ⅰ』（第7版）有斐閣（2020年）

『行政法概説Ⅱ』（第7版）有斐閣（2021年）

『行政法概説Ⅲ』（第5版）有斐閣（2019年）

『行政法』（第2版）有斐閣（2018年）

『ブリッジブック行政法』（第3版）（編著）信山社（2017年）

『判例で学ぶ行政法』第一法規（2015年）

『対話で学ぶ行政法』（共編著）有斐閣（2003年）

『アメリカ行政法』（第2版）弘文堂（2000年）
『行政法評論』有斐閣（2015年）

行政組織法関係

『行政組織法の理論と実務』有斐閣（2021年）

宇宙法関係

『逐条解説　宇宙二法』弘文堂（2019年）

法人法関係

『Q&A　新しい社団・財団法人制度のポイント』（共著）新日本法規（2006年）
『Q&A　新しい社団・財団法人の設立・運営』（共著）新日本法規（2007年）

その他

『日本法のトレンド』（共著）有斐閣（1993年）
『アメリカから見た日本法』（共著）有斐閣（2019年）

サービス・インフォメーション

―――――――――――― 通話無料 ――――

① 商品に関するご照会・お申込みのご依頼
　　　　TEL 0120 (203) 694／FAX 0120 (302) 640

② ご住所・ご名義等各種変更のご連絡
　　　　TEL 0120 (203) 696／FAX 0120 (202) 974

③ 請求・お支払いに関するご照会・ご要望
　　　　TEL 0120 (203) 695／FAX 0120 (202) 973

● フリーダイヤル（TEL）の受付時間は、土・日・祝日を除く
　9:00～17:30です。
● FAXは24時間受け付けておりますので、あわせてご利用ください。

2021年改正対応　自治体のための解説個人情報保護制度　改訂版
―個人情報保護法から各分野の特別法まで

2018年6月20日　初版発行
2023年1月5日　改訂版発行
2023年4月15日　改訂版第2刷発行

著　者　宇　賀　克　也

発行者　田　中　英　弥

発行所　第一法規株式会社
　　　　〒107-8560　東京都港区南青山2-11-17
　　　　ホームページ　https://www.daiichihoki.co.jp/

自治個人情報改　ISBN 978-4-474-09008-8　C0032　（4）